Dreier / Gesellschaftliche Reformen über praxisverändernde Bildung

W0068223

Wilhelm Dreier

Gesellschaftliche Reformen über praxisverändernde Bildung

Eine Problem-Skizze

Verlag Regensberg Münster

Schriftenreihe der Akademie für Jugendfragen
in Münster; herausgegeben von Wilhelm Dreier
Band 5

ISBN 3-7923-0419-8

© 1977 by Verlag Regensberg Münster
2., überarbeitete Auflage 1978
Umschlaggestaltung Fred M. Butzke, Braunschweig
Gesamtherstellung Regensberg Münster

Inhalt

Vorwort

Notwendigkeit und Möglichkeiten gesellschaftlicher Reformen scheinen heute in einen zunehmend sich verschärfenden Wiederspruch zu geraten. Der wachsenden wissenschaftlichen Erkenntnis von der Notwendigkeit tiefgreifender Reformen der gesellschaftlichen Strukturen und des herrschenden Bewußtseins gegenüber nehmen die politischen Möglichkeiten solcher Reformen offenkundig ab. Als Gradmesser dieser Art "Tendenzwende" kann die rückläufige wirtschaftliche Entwicklung der reichen Industrienationen angesehen werden. Aber auch Bildung und Politik als Mittel der Bewußtwerdung und Überwindung dieses Widerspruchs sind von den Höhen euphorischer Erwartungen und Aktivität in die Talsohle ohnmächtigen und zum Teil irrationalen Reagierens geraten. Was den genannten Gradmesser dieser Entwicklung betrifft, so ist eine vielfach verdrängte, aber nicht zu leugnende Tatsache unübersehbar: zu keiner Zeit ist die These zwar theoretisch unwidersprochen geblieben, die beste Gesellschaftspolitik bzw. Sozialpolitik sei eine erfolgreiche Wirtschaftspolitik, wobei "erfolgreich" an hohen Wachstumsraten gemessen wurde. Tatsächlich fallen jedoch die Phasen der größten gesellschaftlichen Reformfreudigkeit innerhalb der Bundesrepublik Deutschland mit denen höchster wirtschaftlicher Wachstumsraten zusammen. Das betrifft Theorie und Praxis der Reformen, die wissenschaftliche und öffentliche Diskussion, ihre Resonanz in breiten Bevölkerungsschichten und die politische Aktivität. Ganz offenkundig scheint sich diese These, nunmehr in einem negativen Sinn, erneut zu bestätigen. Mit dem Sinken der Wachstumsraten und einer Wirtschaftskrise, die den reichen Industrienationen hohe Arbeitslosenzahlen brachte, haben die Möglichkeiten der Reformen abgenommen. Null-Wachstum bedeutet offenkundig auch den Null-Punkt gesellschaftlicher Reformen.

Diese Koppelung gesellschaftlicher Reformen an hohe wirtschaftliche Wachstumsraten offenbart den geringen strukturellen Tiefgang aller bisherigen Reformwerke, auch wenn beispielsweise die Rentenreform Mitte der 50er Jahre unter dem anspruchsvollen Titel einer "Sozialreform" diskutiert und durchgeführt wurde. Vergleicht man damit die Wirkungslosigkeit aller Entwürfe und Forderungen nach einer breiteren Vermögensstreuung — sie fehlen in der Bundesrepublik bis heute in keinem Partei-, Wahl- und Regierungsprogramm —, dann wird deutlich, daß der seinerzeit erfolgreiche Wahlslogan "Keine Experimente" mehr als eine kurzfristige parteipolitische Strategie war: er dokumentiert — den Erfindern des Slogans bewußt oder unbewußt — die Macht- und Herrschaftsverhältnisse in unserer Gesellschaft, die eine soziale und wirtschaftliche Strukturreform bis heute nicht zulassen. Dies zeigt sich — trotz der mangelnden Erfolge in der Politik zur Streuung des Eigentums — in der immer wiederholten Neuauflage der These, Mitbestimmung über Miteigentum erreichen zu wollen. Was sich hier vordergründig als Prinzipientreue unserer demokratischen Verfassung und unseres marktwirtschaftlichen Ordnungssystems zeigt, erweist sich in der Tat als Festigung des status quo gegebener Machtstrukturen[1]. Aber "von Reform zu sprechen ist vor allem dann sinnvoll, wenn die Strukturveränderung bestehender Institutionen auf irgendeine Weise, direkt oder indirekt eine Umverteilung von Macht einschließt"[2]. Dabei ist nicht diese "Umverteilung" letztes Ziel; sie scheint jedoch notwendig zu sein, um gesellschaftliche Strukturreformen überhaupt zu ermöglichen.

Diese Forderung muß heute um so ernsthafter erwogen und erhoben werden, als auch die mit dem Regierungswechsel 1969 proklamierte neue Phase hochgespannter Reformerwartungen und Reformprogramme — entsprechend dem faktischen Junktim mit den wirtschaftlichen Wachstumsraten — ein Opfer des wirtschaftlichen Rückgangs geworden ist. Mit zu-

---

1 Darum ist die nüchtern-kritische Stellungnahme Dirk Cattepoels zu begrüßen, vermögenspolitische Konzeptionen an den Realitäten unserer Wirtschaft und Gesellschaft zu orientieren. Als aktives Mitglied der Arbeitsgemeinschaft zur Förderung der Partnerschaft in der Wirtschaft hat Cattepoel bis zu seinem Tode im März 1976 die "betriebliche Personal- und Sozialpolitik in der Nachkriegszeit maßgeblich beeinflußt". Cattepoel weist in seinem posthume veröffentlichten Beitrag auf den "ideologischen Hintergrund" hin, vor dem Vermögensbildung heute diskutiert und gefordert wird. Vor allem aber zerstört er durch eine nüchterne Rechnung die Illusion, über die gegenwärtigen Möglichkeiten der Vermögensbildung zu mehr Freiheit und Unabhängigkeit oder gar Mitbestimmung zu gelangen: "Wie groß muß ein Vermögen sein, um seine Aufgabe als Grundlage der materiellen Freiheit des einzelnen erfüllen zu können? Darüber wird auffallend wenig gesagt, aber dennoch ist die Antwort letztlich für eine sinnvolle Vermögensbildung entscheidend. . . Schon in den fünfziger Jahren hat der Verfasser gesagt, und er sieht auch heute keinen Anlaß, daran etwas zu ändern: Vermögen wird erst dann Vermögen im Sinne der materiellen Freiheit des einzelnen, wenn es den Lebensunterhalt des Besitzers und seiner Angehörigen für mindestens ein Jahr sichert. Wohlgemerkt: Dies ist erst der Beginn echter Vermögensbildung! Also ein sehr großes und sehr schweres Ziel, das man nicht mit den heute so oft verwendeten schönen Parolen vernebeln sollte". Denn: "Dies nämlich ist klar: DM 312,— oder DM 624,— im Jahr sind noch kein Vermögen, sie sind ein Guthaben. Auch das zehnfache verdient noch nicht den Namen Vermögen im Sinne einer materiellen Freiheit des einzelnen". Eine ähnliche Schlußfolgerung, die den endgültigen Abschied von einmal heiß diskutierten Plänen zur breiteren Vermögensstreuung bedeutet, gilt es zu ziehen hinsichtlich der Möglichkeit, über Anteile am Produktivkapital die Arbeitnehmerschicht zur wirtschaftlichen Mitbestimmung zu führen. Die endgültige Zerstörung dieser Illusion ist in unserem Zusammenhang deshalb vonnöten, weil das Thema "Mitbestimmung" damit eine notwendige Ausweitung erfährt: über den wirtschaftlichen Bereich hinaus für alle Fragen der Steuerung des gegenwärtigen sozialen Wandels und — dies ist hier von besonderer Bedeutung — durch das Verständnis von "Demokratie als Lebensform" schlechthin. Vgl. dazu M. Greiffenhagen (Hrsg.), Demokratisierung in Staat und Gesellschaft, München 1972, hier insbesondere: F. Scharpf, Demokratie als Partizipation, S. 117 ff sowie Teil 7: Demokratisierung in Institutionen, S. 321 ff.

2 Christian Graf v. Krockow, Reform als politisches Prinzip, Müchen 1976, S. 12.

nächst sinkenden Wachstumsraten verminderte sich die Reformbereitschaft auf "Reformen, die kein Geld kosten", um sodann im Zeichen des Null-Wachstums nicht nur einen Nullpunkt zu erreichen, sondern in eine Anti-Reform-Strategie umzuschlagen: Inhaber politischer Macht oder auch nicht weniger mächtige Medien der öffentlichen Meinungs- und Bewußt-seinsbildung fühlen sich immer häufiger durch Forderungen nach gesell-schaftlichen Reformen bedroht und reagieren — nach der bekannten Sün-denbock-Strategie — undifferenziert repressiv; strukturverändernde Refor-men werden immer häufiger mit totaler Systemveränderung in einen Topf geworfen.

So wird die Möglichkeit im Sinne der Machbarkeit gesellschaftlicher Refor-men nicht allein durch die Macht sozio-ökonomischer Strukturen einge-schränkt; sie ist auch durch die Ohnmacht der Politik unseres repräsentati-ven demokratischen Ordnungssystems begrenzt. Diese Ohnmacht steht wiederum in einem unmittelbaren dialektischen Zusammenhang mit der politischen Apathie breiter Wählerschichten[3]. An dieser Dialektik, die ei-nen circulus vitiosus der Ohnmacht und Destruktion bewirkt, setzen meine Überlegungen an. Sie sind von dem erkenntnisleitenden Interesse be-stimmt, ihn durch praxisverändernde Bildung aufzusprengen. Das stellt zum gegenwärtigen Zeitpunkt intensiver politischer Auseinandersetzungen, die trotz aller Polarisierung unausgesprochen von dem bekannten Slogan "Keine Experimente!" geprägt sind, das bewußte Ausgreifen in eine Uto-pie dar[4]. Die dazu ausgewählten Analysen gesellschaftlicher und wirt-schaftlicher Strukturen und Entwicklungen verdeutlichen, daß wir nicht so sehr vor der Weichenstellung weltanschaulicher Alternativen stehen, son-dern davor: die Politik grundlegender gesellschaftlicher Reformen zu prak-tizieren oder in der Verwaltung des status quo, vielleicht mit einer neuen Stimulierung des wirtschaftlichen Wachstums der reichen Industriena-tionen unser aller Zukunft zu gefährden.

In der gegenwärtigen Ohnmacht von Politik und der Macht des verengten gesellschaftlichen Problembewußtseins wird die Dialektik von sozialem Sein und Bewußtsein besonders einsichtig: wenn das bis zur politischen Apathie und zur partikularen Interessenvertretung verengte Bewußtsein als "bewußtes Sein" die gesellschaftlichen und wirtschaftlichen Strukturen widerspiegelt, dann wären tiefgreifende Strukturreformen notwendig, um dieses Bewußtsein zu verändern. Das lassen jedoch die gegebenen Macht-

---

3 Zur gegenwärtigen Diskussion politischer Apathie vgl. etwa G. Zimpel (Hrsg.), Der beschäftigte Mensch, München 1970, insbesondere D. Risman/N. Glazer, Kriterien der politischen Apathie, S. 114 ff; ferner K. Horn, Zur Überwindung politischer Apathie, in: M. Greiffenhagen (Hrsg.), Demokratisierung in Staat und Gesellschaft, S. 209 ff.
4 Zu meinem Verständnis von "Utopie" vgl. den Ausblick (Abschn. 6): "Lernziel Unsolidarität" oder "Mut zur Utopie".

und Herrschaftsverhältnisse offenkundig nicht zu. Hängen jedoch politische Macht und politische Machbarkeit solcher Reformen von einem sie tragenden Bewußtsein und von dem Willen zur Veränderung in der Gesellschaft ab — und dies ist durch mannigfache Fakten von Ohnmacht der Politik in den letzten Jahren bestätigt worden —, dann muß auch die Möglichkeit geprüft werden, dieses Bewußtsein durch Bildung zu verändern, ohne damit die genannte Dialektik von Sein und Bewußtsein zu ignorieren[5]. Sie bildet den Grund dafür, daß jeder Bildungsprozeß eine politische Dimension hat, ob er nun die politische Apathie stärkt oder politische Praxis zu verändern sucht. Bildung mit dem ausgesprochenen Ziel, gesellschaftliche Reformen möglich zu machen, diese durch die eigene Praxisveränderung in Gang zu setzen, greift heute unmittelbar in die politische Auseinandersetzung ein. Sie wird sich in Theorie und Praxis darum nur dann behaupten, wenn sie bei den zu bildenden Menschen selbst ein erweitertes soziales Problembewußtsein schafft, politische Apathie in den Willen zur Partizipation, zur Mitbestimmung und Mitverantwortung wandelt.

Die nachfolgenden Überlegungen zu einzelnen Schritten dieses Prozesses, gesellschaftliche Reformen über praxisverändernde Bildung möglich zu machen, sind auf dieses Lernziel ausgerichtet, auch wenn sie sich weithin noch im Bereich der sozialen Problemanalyse, des zu erweiternden sozialen Problembewußtseins halten. Dazu hat die Erfahrung berufsbezogener Fortbildung wichtige Erkenntnisse beigetragen. Sie ermöglicht in besonderer Weise, gegenüber einer falschen Polarisierung von persönlichkeitsorientiertem und politischem Lernen zwischen beiden die notwendige Brücke zu schlagen, die Praxisorientierung und Praxisveränderung als ein grundlegendes Prinzip der Bildung schlechthin begründen läßt. Das soll in den folgenden Abschnitten durch die Analyse von einzelnen sozialen Problemfeldern aufgewiesen werden, die keine systematische Erfassung unseres gesellschaftlichen Seins beinhalten. Vielmehr möchte ich mit Hilfe der exemplarischen Problemanalyse versuchen, Denkanstöße zur Entwicklung von Curricula eines Bildungsprozesses zu geben, der die Lösung der aufgezeigten sozialen Probleme, die dazu notwendigen Reformen über die eigene Praxisveränderung zum Lernziel erhebt. Dabei sind die Ebenen der Praxis und die Möglichkeiten ihrer Veränderung aufgrund der Einsichtigkeit und der Kompetenz der zu Bildenden höchst unterschiedlich; die Konfrontation mit den jeweils gegebenen Macht- und Herrschaftsverhältnissen wird alle Modi der Konfliktaustragung und Konfliktbeendigung provozieren. Darum wenden sich diese Überlegungen auch an jene, die aufgrund ihrer Herrschaftsposition Praxisveränderung ermöglichen oder verhindern kön-

5 Das hier vorausgesetzte Verständnis dieser Dialektik basiert auf den neueren wissenssoziologischen Erkenntnissen, wie sie etwa P. Berger und Th. Luckmann vorlegen; vgl. Die gesellschaftliche Konstruktion der Wirklichkeit. Eine Theorie der Wissenssoziologie, Frankfurt 1969.

nen. Vor allem aber soll in der ausgewählten Problemanalyse der enge Zusammenhang von irrationalen Strukturen und Entscheidungsprozessen in wirtschaftlichen und sozialen Institutionen und dem partikularistisch verengten Bewußtsein offengelegt werden. Sie bildet die Voraussetzung, daß der Problemhorizont erweitert und das Bedürfnis nach Veränderung geweckt wird.

Dazu gehört vorrangig, die Frage nach der gefährdeten Zukunft stellen zu lernen, sowie nach den Möglichkeiten, daß wir Hoffnung auf eine menschlichere Zukunft haben können. Die inzwischen aufgezeigten "Grenzen des Wachstums", die damit verbundene Einsicht in das kybernetische Ineinandergreifen von Regelkreisen der Zukunftsgefährdung, die sich vor allem in einem chaotischen Wirtschaftswachstum niederschlagen, lassen die politische und bildungsmäßige Gegenwartsverantwortung zur entscheidenden Weichenstellung für oder gegen diese Hoffnung auf Zukunft werden.[6]. Darum hat die Frage nach der Gefährdung unserer Zukunft gerade infolge der Ohnmacht zur Reform gegenwärtigen Seins und Bewußtseins existentielle Bedeutung. Da sie nur global, d.h. die Entwicklung der ganzen Menschheit umgreifend beantwortet werden kann — Leben und Überleben sind Existenzfragen jedes einzelnen und der Menschheit, die nur universal und nicht mehr partikular anzugehen sind —, erhält praxisverändernde Bildung eine neue politisch-futurologische Dimension.

Die Gefährdung der Zukunft durch ein chaotisches Wachstum mit der möglichen Folge eines "Weltkollaps" zählt vorrangig zu den "Jugendfragen", die sich in jüngster Zeit neu gestellt haben. Hier sollte eine Stimme aus Polen nicht überhört werden, die sich in die leider nur spärlichen und zum großen Teil wenig ernsthaften Diskussionen über die beiden Club of Rome-Berichte einschaltete: "Es ist gestattet, verschiedene Zweifel anzumelden und das Werk der beiden nicht als unantastbares wissenschaftliches Tabu zu behandeln. Aber es ist wohl nicht erlaubt, darüber zur Tagesordnung überzugehen . . . Halb im Ernst halb im Scherz gesprochen: uns, die heute lebende ältere Generation, berührt diese Warnung im Grunde überhaupt nicht mehr. Wenn jedoch, infolge unseres Egoismus und unserer Inaktivität, die tragischen Varianten der Prognosen sich insgesamt bewahrheiten sollten, dann möge Gott unsere Kinder und Enkel behüten"[7]. Nur zögernd hat sich bisher in der Jugendarbeit selbst das Interesse auf die gefährdete Zukunft gerichtet. Umso begrüßenswerter ist der Beschluß der Hauptversammlung des Bundes Deutscher Katholischer Jugend im Mai

6 Vgl. W. Dreier, R. Kümmel (Hrsg.), Zukunft durch kontrolliertes Wachstum. Naturwissenschaftliche Fakten, sozialwissenschaftliche Probleme, theologische Perspektiven. Ein interdisziplinärer Dialog, als Ms. hrsg. von der Universität Würzburg, 1976; Verlag Regensberg, Münster, 1977.
7 W. Wieczorek, Erneute Warnung oder der II. Report an den Club of Rome, deutsch in: Aktuelle Ostinformation, Nr. 3/4, 1975.

1976, das Thema "Zukunft verantworten" zum Schwerpunktthema der Bildungsarbeit der kommenden Jahre zu machen.

In einem mittelbaren Zusammenhang zu dieser existentiellen Gefährdung überhaupt stehen jedoch auch die Sorgen, die von den Verantwortlichen in der Jugend- und Sozialarbeit immer eindringlicher der Erwachsenen-Generation gegenüber artikuliert werden, die die Verantwortung für die Gestaltung der gesellschaftlichen und wirtschaftlichen Ordnung von heute trägt. So haben in einem Offenen Brief an den Rat der Evangelischen Kirche in Deutschland und an die Kirchenleitungen der Gliedkirchen 400 Mitarbeiter in der kirchlichen Jugendarbeit Frankfurts im August 1976 die Zukunftsängste der Jugendlichen vor allem aufgrund der katastophalen Lage im Bildungssektor und der zunehmenden Jugendarbeitslosigkeit herausgestellt. Sie schlagen sich nach diesem Alarmruf vor allem in einer allgemeinen Zukunftsangst nieder, im Mißtrauen gegenüber den staatlichen Institutionen, insbesondere der Schule, in fehlendem Einüben in soziales Verhalten, da Gruppenbildung in der Schule nicht mehr möglich ist. "In dieser Lage steigen Selbstmordzahlen, nehmen Jugendalkoholismus und Tablettensucht zu, brauchen immer mehr Jugendliche psychotherapeutische Betreuung, haben obskure Sekten und Heilsprediger starken Zulauf. Die Lehrer stehen unter dem Druck, unter ungünstigen Bedingungen die Schüler zu möglichst hoher Leistung zu bringen. Pädagogische Arbeit wird für sie immer schwieriger. Gleichzeitig werden sie von allen Betroffenen für die strukturellen Schwierigkeiten verantwortlich gemacht — sie sind die Prügelknaben. Dabei stehen sie selbst unter Existenzangst. Die Eltern wagen kaum etwas zu sagen, da sich jede kritische Äußerung auf die Noten ihrer Kinder auswirken könnte. Sie büffeln mit ihren Kindern und versuchen so, die Situation privat aufzufangen". Es ist nicht zu übersehen, es geht hier in der Tat "um eine grundsätzliche Anfrage an die Entwicklungsziele unserer Gesellschaft". An den Adressaten des Offenen Briefes, die Kirche, gerichtet, lautet die Anfrage und Forderung: "'Wir meinen, daß die katastrophale Situation im Bildungsbereich die Gemeinden, die kirchlichen Gruppen und Organisationen zwingt, neu zu überdenken, welchen Stellenwert die Jugendarbeit innerhalb des gesamten kirchlichen Lebens und seiner Strukturen hat und in Zukunft haben soll. Gerade in der Jugendarbeit werden in den nächsten Jahren um der Jugend willen, um unserer Gesellschaft und der Kirche willen besondere Anstrengungen notwendig sein".[8]

Die hier angesprochene derzeitige "katastrophale Situation" läßt die Hoffnung auf Bewältigung der Lebens-, der Überlebensprobleme für die Zukunft nicht gerade wachsen. Beide Problembereiche aber hängen mitein-

---

8 Der Offene Brief, verantwortlich gezeichnet von M. Jürgens, Ev. Stadtjugendpfarramt, Frankfurt, März 1976, ist im nächsten Abschnitt zur Illustration des Praxisfeldes "Jugendarbeit" in seinem ganzen Umfang eingebracht, wodurch ich mich nachdrücklich mit dem Anliegen dieses Briefes identifizieren möchte.

ander zusammen, ja, voneinander ab. Darum erhält eine Bildungsarbeit, die über eine Bewußtseinsveränderung zur Praxisveränderung und sodann zu den notwendigen gesellschaftlichen Reformen Anstöße gibt, existentielle Bedeutung für heute und morgen. Die dazu notwendige Erweiterung des Problembewußtseins für die verschiedenen Bildungsaktivitäten in der Jugend-, Sozial- und Gemeindearbeit vorzunehmen und die Bedeutung praxisverändernder Bildung herauszuarbeiten, macht das erkenntnisleitende Interesse der nachfolgenden Überlegungen aus. Es zielt damit zugleich auf ein neues Verhältnis von Bildung und Politik, aus dem heraus der Mut und die Machbarkeit gesellschaftlicher Reformen unter den Bedingungen unserer freiheitlich-demokratischen Grundordnung möglich werden.

Damit würde auch der derzeitigen Diskussion und politischen Auseinandersetzung über die Sicherung der Grundwerte, in die sich die Kirchen konfrontierend eingeschaltet haben, eine progressive Richtung gewiesen: zu einem die Zukunft gewinnenden neuen Wertbewußtsein können die Kirchen dann beitragen, wenn sie über ethische Appelle und Deklarationen hinaus ihre eigene Entwicklung zwischen Restauration und Revolution auf ständige Reform hin ausrichten, wenn in ihnen die biblische Forderung der "Umkehr" als Überwindung partikularen zu universalem, solidarischem Denken und Handeln verstanden und praktiziert wird. Offenkundig haben die Kirchen diese Herausforderung angenommen. Auf die diesbezügliche Situation von "Angebot und Nachfrage" kirchlichen Engagements soll nachfolgend eingegangen werden, wobei der geforderte "Mut zur Utopie" bezüglich gesellschaftlicher Reformen auch die eschatologische Perspektive christlicher Hoffnung einschließt. Hier hat die "Gemeinsame Synode" ein mutiges aber zugleich auch programmatisches Wort gesprochen, das ihr soziales Engagement zum Prüfstein "christlicher Identität" werden läßt: "Die Welt braucht keine Verdoppelung ihrer Hoffnungslosigkeit durch Religion; sie braucht und sucht (wenn überhaupt) das Gegengewicht, die Sprengkraft gelebter Hoffnung. Und was wir ihr schulden, ist dies: das Defizit an anschaulich gelebter Hoffnung auszugleichen. In diesem Sinn ist schließlich die Frage nach unserer Gegenwartsverantwortung und Gegenwartsbedeutung die gleiche wie jene nach unserer christlichen Identität: Sind wir, was wir im Zeugnis unserer Hoffnung bekennen?"[9]

Die nachfolgende Analyse der ausgewählten Problemfelder in Gesellschaft und Kirche fördert auch eine zunächst verblüffende Tatsache zutage: auf der Grundlage nüchterner Bilanzwahrheit und -klarheit sind die Strukturen unseres sogenannten "öffentlichen" Lebens vielfach nicht weniger vom

---

9 Beschluß der Gemeinsamen Synode der Bistümer in der Bundesrepublik Deutschland: Unsere Hoffnung. Ein Bekenntnis zum Glauben in dieser Zeit, in: Offizielle Gesamtausgabe, Freiburg 1976, S. 101.

Prinzip tätiger Solidarität gekennzeichnet als die des "privaten" Lebens. [10])
Sie entsprechen damit de facto auch den diversen Deklarationen gesellschaftspolitischer Zielwerte — nicht zuletzt der Sozialen Marktwirtschaft —
und auch der neueren kirchlichen Interpretation ihres Selbst- und Sendungsverständnisses. Was das Konkurrenzprinzip, das Versicherungsprinzip oder auch die bloße Verteidigung des status quo gegebener Macht- und
Herrschaftspositionen wie die Ohnmacht bildungsmäßigen und politischen
Handelns kaschieren, gilt es offenzulegen, um sowohl die Kluft zwischen
Deklarationen und Praxis zu schließen, als auch, gleichsam von der "Sache" her, die rationalen politischen Strategien zu entwickeln und das dazu
notwendige allgemeine Bewußtsein zu schaffen. Dies macht den realen
Ansatz aller so utopisch klingenden Forderungen nach Partizipation, nach
Demokratisierung, nach Solidarität, nach einer die Zukunft einholenden
Strategie in Bildung und Politik aus. Der "Mut zur Utopie" dazu notwendiger Reformen, wie er den nachfolgenden Überlegungen zugrunde liegt,
erhält ebenfalls dadurch sein historisches konkretes Ausgangs- und Bezugsfeld.

10 Damit soll nicht die offenkundig dichotomische Entwicklung der Gesellschaft in
   einer Art ethischen Wunschdenkens übersehen werden: privates und öffentliches
   Leben, institutionell betrachtet: Familie und Gesellschaft sind im Verlauf des sozialen Wandels zu unterschiedlichen Beziehungsstrukturen gelangt. Das Theorem
   der Primär-Sekundär-Systeme beispielsweise macht diesen Unterschied vor allem
   an den nur-funktionalen Beziehungen in den Sekundär-Systemen und dem noch-
   personal-ganzheitlichen, emotional-affektiven Beziehungsgefüge des Primär-Systems Familie fest. Daraus werden bis heute unterschiedliche, auch widersprüchliche Schlußfolgerungen gezogen: gilt die Familie einerseits als "Stabilitätsrest" und
   letzter privater Lebensraum, im Funktionsverlust und Funktionswandel der industriellen Revolution auf ihre eigentliche Aufgabe der Primärsozialisation zurückgeworfen, so wird andererseits mit Recht auf die gesellschaftliche Vermittlung nicht
   nur familiärer Normen und Werte, sondern sogar individueller und familiärer Bedürfnisse, auf die Abhängigkeit der Familie von Wirtschaft und Gesellschaft, wie sie etwa in fast anpassungsmechanistischen Sozialisationszielen und
   -praktiken der Familie zum Ausdruck kommt. Wird demgegenüber jedoch — womit sich die Widersprüche verdichten — vom Versagen "privatistisch" verengter
   familiärer Sozialisation im Hinblick auf die Anforderungen der modernen Gesellschaft gesprochen, dann wird letztere als ein System von Konkurrenzkampf und
   Leistungswettbewerb verstanden, wo Solidarität bestenfalls Ergebnis, nicht Voraussetzung eines vielfach tatsächlich marktmechanistisch geregelter Funktions-
   und Beziehungsgefüge ist. Gerade diese Thesen fordern zu den nachfolgenden
   Analysen heraus: ausgehend von der Arbeitsteilung und der ihr zugrunde liegenden "funktionalen" Solidarität soll aufgewiesen werden, wie die Industriegesellschaft mit ihrem noch anhaltenden Differenzierungsprozeß den heutigen "Stabilitätsrest" von "tätiger", und d.h. vielfach unbekannter, von wirtschafts-, finanz-
   oder sozialpolitischen Praktiken verdeckter und dennoch erzwungener Solidarität
   verdankt. Vielleicht kann eine auf Bilanzwahrheit und Bilanzklarheit ausgerichtete "Renten-Diskussion" (vgl. Abschn. 4.3.1) zu diesem Durchblick verhelfen.

1. Praxisverändernde Bildung und die Dialektik von sozialem Sein und Bewußtsein

Mit dem Terminus technicus "praxisverändernde Bildung" ist — wie schon angedeutet — eine Form des Lernens umschrieben, dessen kognitive und affektive Lernziele darauf gerichtet sind, Fähigkeiten zu entwickeln, die Probleme der privaten, beruflichen und politischen Praxis zu erkennen und die notwendigen Veränderungsprozesse einzuleiten. Die Erfahrungen berufsbegleitender Fortbildung von Fachkräften der Jugend-, Sozial- und Gemeindearbeit haben dazu erheblich beigetragen, Typen eines solchen Lern- bzw. Bildungsprozesses auf den drei Grundpfeilern: Vermittlung kognitiver Wissensgehalte — Einbeziehung der Lerngruppe als sozialemotionales Erfahrungs- und Übungsfeld — systematische Praxisreflexion in verschiedenen Formen der Supervision zu entwickeln. Die Akademie für Jugendfragen, Münster, sucht mit einem solchen Angebot seit Jahren Menschen zu befähigen, mit ihrer eigenen Fortbildung auch anderen, vor allem in ihrem beruflichen Praxisfeld, zu mehr Freiheit, mehr sozialer und politischer Kompetenz, mehr solidarischem Bewußtsein und Handeln zu verhelfen.

Trotz immer noch mangelhafter "Erfolgskontrolle" über die erreichbaren Veränderungen kann vermutet werden, daß die Motivation, die Kompetenz und die Kraft der so Fortgebildeten zur Praxisveränderung zwar gewachsen sind, der Radius des Veränderungsprozesses jedoch infolge verhärteter institutioneller Strukturen und der herausgeforderten Macht- und Herrschaftsverhältnisse vielfach auf den privaten Lebensbereich beschränkt blieb. Vielleicht wurde sogar nicht selten die Lückenbüßerrolle durch die höhere Qualität der beruflichen Tätigkeit verfestigt, verbunden mit dem persönlichen "Erfolg" einer einkommensmäßigen und statusmäßigen Höhergruppierung. Aber auch aus dieser Situation einer evtl. persönlichen Frustration und machtmäßigen Verhinderung von Veränderungsprozessen ist eine wichtige Erkenntnis gewonnen: mag auch die Machbarkeit einer den beruflichen und politischen Bereich erfassenden Praxisveränderung heute noch äußerst begrenzt sein, so zeigt sich selbst in der Ohnmacht eines darauf abzielenden Bildungsprozesses, welche weiteren Schritte möglich und notwendig sind, den Veränderungsprozeß weiterzuführen. Die sich hier zeigende Dialektik von sozialem Sein und Bewußtsein legt es nahe, in einem weiteren Schritt die Veränderung des Bewußtseins der kleinen Teilhaber der Macht in der Hierachie gegebener Machtverteilung anzustreben, des Jugendamtsleiters, des Pfarrers, des Caritasdirektors; die Reformfrage erweist sich bereits hier für jeden einsichtig als eine Frage der "Umverteilung von Macht", was sodann in den nur politisch anzugehenden gesellschaftlichen Reformen besonders deutlich wird.

Im Zeichen eines immer noch revolutionären sozialen Wandels bewirkt die Dialektik von sozialem Sein und Bewußtsein jedoch auch Veränderungsprozesse, deren Eigenart mit der Etablierung gegebener Machtstrukturen dadurch gekennzeichnet ist, daß sie Ergebnis der Eigendynamik vor allem eines chaotischen Wirtschaftswachstums darstellen. An die Stelle dieser Veränderungen eine von humanen Zielwerten bestimmte Entwicklung zu setzen, erfordert Eingriffe durch gesellschaftliche Reformen, die ein hohes Maß an politischem Mut voraussetzen, aber auch einer Basis im sozialen Problembewußtsein der Gesellschaft bedürfen. Praxisverändernde Bildung sucht dazu die Wege zu öffnen, gleichsam "von unten nach oben" eine neue Basis auch für politische Reform-Entscheidungen zu schaffen.

Die neuerliche Diskussion der hier angesprochenen Dialektik wird auch unter der Fragestellung geführt, wie ein Höchstmaß personaler Freiheit gegenüber dem eben genannten faktischen Veränderungsprozeß zu einer immer mehr "verwalteten Welt" gesichert oder überhaupt zurückgewonnen werden kann. Wenn dies durch Bildung erreicht werden soll, dann ist auf dem Hintergrund der Dialektik von sozialem Sein und Bewußtsein zu beachten, daß auch die Verlagerung der Fragestellung auf eine mehr persönlichkeitsorientierte Perspektive des Bildungsprozesses die politische Dimension nicht einschränkt: Kann personale Freiheit, die in unserer "verwalteten Welt" zunehmend in die Gefahr gerät, den Zwängen und verschiedensten Macht- und Herrschaftsansprüchen immer mehr geopfert zu werden, durch Bildung erhalten oder kann gar ihr Aktionsraum durch Bildungsbemühungen erweitert werden? Soll durch mehr Bildung ein existentiell-wesentliches Stück Humanität gegenüber dem "verwaltenden", eben diese Freiheit einschränkenden, die Gefahr der Selbstentfremdung stärkenden Druck der Gesellschaft verteidigt und gerettet werden? — Zweifelsohne würde mit dieser Erwartung der Bildung ein hoher anthropologischer und zugleich politischer Stellenwert beigemessen. Wenn personale Freiheit durch Bildung in einer "verwalteten Welt" erreicht werden soll, dann erfordert dies auch eine freiere, weil weniger "verwaltete" Gesellschaft, wenn nicht die Freiheit in den Hohlraum personaler Innerlichkeit gebannt und damit pervertiert werden soll. Bildung muß darum immer zugleich auch ein Stück Praxis der Unfreiheit, der "Verwaltung" verändern.

Das wird noch deutlicher, wenn man diese Perspektive: Erhaltung oder gar Erweiterung des Freiheitsraumes durch praxisverändernde Bildung mit Auffassungen und Forderungen konfrontiert, die aus der Veränderung unserer sozio-ökonomischen Strukturen die Hoffnung auf neue Chancen für Freiheit und Bildung zugleich schöpfen, wobei die gesellschaftskritische Analyse unserer "verwalteten Welt" gleiche oder vergleichbare Aussagen enthält.

Mögen beide Positionen noch so polarisiert in die gegenwärtige politische Auseinandersetzung eingebracht werden, so verbindet sie doch die gemeinsame Gegnerschaft gegenüber einer sterilen "Verwaltermentalität" mit den bekannten Ängsten, Widerständen und Herrschaftsansprüchen, die vielfach rationalisiert wird durch Argumentation zugunsten von "bestehender Ordnung" oder von "gegebenem Recht", gegen angebliche Willkür individueller Entscheidungen und damit einhergehende mangelnde "Verwalter-Kompetenz", was auch eingeschränkte Kontroll- und Sanktionsmacht bedeutet. Auch diese Gegenüberstellung bestätigt die These, daß gesellschaftliche Reformen, die bis in die Struktur der Gesellschaftsordnung reichen, direkt oder indirekt eine "Umverteilung von Macht" einschließen. Darum sind Folgerungen der Art, durch eine Struktur- bzw. Systemveränderung zur Ermöglichung von mehr Freiheit und nichtentfremdenden Bildung für alle Schichten zu gelangen, nicht völlig abwegig und für unsere eigene Gegenposition bedenkenswert. Es ist der Versuch, den genannten circulus vitiosus, der infolge der Dialektik von Sein und Bewußtsein den status quo einer bloß "verwalteten Welt" aufrecht erhält, von der Seite radikaler Systemveränderung aufzubrechen. In diesem Zusammenhang bekommt im übrigen das Stichwort der "verwalteten Welt" eine neue Bedeutung, indem "Verwaltung" als Gegensatz zur "Reform" die gegebenen Macht- und Herrschaftsverhältnisse absichert und den laufenden Veränderungsprozeß des sozialen Wandels einseitig in den Dienst der Interessen gegebener Machtpositionen stellt.

In der ideologischen Auseinandersetzung über die Möglichkeiten, den genannten circulus vitiosus aufzubrechen, totale Veränderung oder notwendige gesellschaftliche Reformen zu erreichen, und zwar zugunsten von mehr Freiheit, Gerechtigkeit und Solidarität, sind die nachfolgend skizzierten drei Positionen bedenkenswert:

— Für Herbert Marcuse, dem engagierten Vertreter der "Kritischen Theorie", ist auf der Grundlage neomarxistischer Zukunftsperspektive die derzeit bloß "verwaltete Welt" Übergang in die Realutopie totaler Freiheit und absoluter Humanität. "Die Welt tendiert dazu, zum Stoff totaler Verwaltung zu werden, die sogar die Verwalter verschlingt. Das Gewebe der Herrschaft ist zum Gewebe der Vernunft selbst geworden, und diese Gesellschaft ist verhängnisvoll darein verstrickt", denn "die gesellschaftliche Stellung des Individuums und seine Beziehung zum andern scheinen nicht nur durch objektive Qualitäten und Gesetze bestimmt, sondern diese Qualitäten und Gesetze scheinen auch ihren geheimnisvollen und unkontrollierbaren Charakter zu verlieren; sie erscheinen als berechenbare Manifestationen wissenschaftlicher Rationalität".[1] Hier erhält der Begriff der "Verwaltung" bzw. "verwalteten Welt" die zusätzliche Dimension wissenschaftlicher bzw. technischer Rationalität. Äußerer Ausdruck für den gegenwärtigen Entfremdungs- und Verdinglichungsprozeß ist für Marcuse die Technik. Aber nicht sie, sondern die mit ihr ausgeübte "Verwaltung" bzw. "Herrschaft" schränkt den Freiheitsraum des einzelnen immer mehr ein,

1 H. Marcuse, Der eindimensionale Mensch, 5./6. Aufl. Neuwied u. Berlin 1968, S. 183.

sowohl des "verwalteten" Menschen, als auch des "Verwalters" selbst. Denn: "Auf ihrer fortgeschrittensten Stufe fungiert Herrschaft als Verwaltung, und in den überentwickelten Bereichen des Massenkonsums wird das verwaltete Leben das gute Leben des Ganzen, zu dessen Verteidigung die Gegensätze vereinigt werden. Das ist die reine Form der Herrschaft".[2]

Da für Marcuse "die Verdinglichung vermöge ihrer technologischen Form die Tendenz hat, totalitär zu werden, werden umgekehrt die Organisatoren und Verwalter selbst immer abhängiger von der Maschinerie, die sie organisieren und handhaben. Und diese wechselseitige Abhängigkeit ist nicht mehr das dialektische Verhältnis von Herr und Knecht, das im Kampf um wechselseitige Anerkennung durchbrochen worden ist, sondern eher ein 'circulos vitiosus', der beide einschließt, den Herrn und Knecht".[3] Marcuse fragt: "Herrschen die Techniker oder ist ihre Herrschaft die von andern, die sich auf die Techniker als ihre Planer und Vollzugsorgane verlassen"?[4] Ohne eine befriedigende Antwort bereit zu haben, apostrophiert er die "reine Form von Knechtschaft" als Ende aller Freiheit, nämlich, "als ein Instrument, als ein Ding zu existieren".[5]

Wie bekannt, kommt Marcuse in Ausrichtung seiner Überlegungen auf die "Realutopie" einer neuen, einer wirklich freien Welt zu der Lösung, dieser "verwalteten Welt" die totale "Weigerung", den totalen "Protest" entgegenzustellen. Erst die entschiedene Negation ermöglicht den qualitativen Umschlag zu einer neuen Stufe der Menschheit, die eine Befriedigung von Bedürfnissen ermöglicht, welche für ihn in der gegenwärtigen "antagonistischen Gesellschaft" weithin erstickt sind. Erst der auf dieser Stufe sich bildende Mensch, der frei ist von allen Herrschaftsansprüchen ehemals "verwalteter Welt", findet seine Entfaltung in radikal veränderten Beziehungen der Menschen und in einer ebenso radikal anderen sozialen und natürlichen Umwelt: "Solidarität anstelle des Konkurrenzkampfes, Sinnlichkeit anstelle von Repression, Verschwinden der Brutalität, Vulgarität und ihrer Sprache, Friede als Dauerzustand!"[6]

— Helmut Schelsky kommt in einer Situationsanalyse der "verwalteten Welt" zu ähnlichen Ergebnissen. Er hält es für eine der wichtigsten politischen Grundsatzentscheidungen, "ob der selbständige Mensch oder der betreute Mensch zum Ziel der staatlichen, wirtschaftlichen, sozialen und kulturellen Ordnungspolitik gemacht wird".[7] Ausganspunkt solcher politi-

2 Ebd., S. 266.
3 Ebd., S. 53.
4 Ebd., S. 53.
5 Ebd., S. 53.
6 H. Marcuse, Zum Begriff der Negation in der Dialektik, in: Ideen zu einer kritischen Theorie der Gesellschaft, 3. Aufl., Frankfurt 1969, S. 190.
7 H. Schelsky, Der selbständige und der betreute Mensch, in: FAZ, Nr. 227 vom 29.9.1973, S. 11.

schen Entscheidungen ist nach Schelsky die Einsicht: "Mit der wissenschaftlichen Zivilisation, die der Mensch selbst planmäßig faßt, ist eine neue Gefährdung in die Welt getreten: Die Gefahr, daß der Mensch sich nur in äußere, umweltverändernde Handlungen auslegt und alles, den anderen Menschen und sich selbst, in dieser Gegenstandsebene der konstruktiven Handlung festhält und behandelt. Diese neue Selbstentfremdung des Menschen, die ihm die Identität seiner Selbst und des Anderen rauben kann . . ., ist die Gefahr, daß der Schöpfer sich in sein Werk, der Konstrukteur in seine Konstruktion verliert. Der Mensch schaudert zwar davor zurück, sich restlos in die selbstproduzierte Objektivität, in ein konstruiertes Sein zu transzendieren und arbeitet doch unaufhörlich am Fortgang dieses Prozesses der wissenschaftlichen Selbstobjektivierung".[8]

Für die ordnungspolitische Bewältigung dieser die Freiheit des Menschen gefährdenden Situation heißen für Schelsky die "realistischen Fragen": "Hält man in der Bundesrepublik die soziale Gerechtigkeit für gefährdeter oder die freie Selbstbestimmung der Person? Nach welcher Seite ist die immer notwendige Balance des freiheitlichen Sozialstaates verschoben, und welches Gewicht muß man in den Wahlen verstärken, das der gerechteren Verteilung des Sozialprodukts oder das der selbständigeren Bestimmung des eigenen Lebens gegenüber bürokratischen und sonstigen sozialen Vormundschaften? Ist mehr Selbständigkeit oder mehr Betreuung erforderlich?"[9]

Gegenüber Thesen und Forderungen nach einem revolutionären Umschlag, nach "sprunghaften Systemüberwindungen" setzt Schelsky die politische Fähigkeit zum "stabilen sozialen Wandel". In ihm sieht er die Grundlage "individuell selbständiger Lebensplanung", die wiederum abgesichert ist durch "Wahrung der Rechtssicherheit" und Wahrung der wirtschaftlichen Stabilität". Ich hoffe, Schelsky nicht mißverstanden zu haben, wenn ich seine These im Zusammenhang unserer Fragestellung auf den einfachen Nenner bringe: Individuelle Freiheit bzw. Selbständigkeit statt Betreuung und Verwaltung, gesichert durch ordnungspolitische Aktivität, die einen stabilen sozialen Wandel garantiert. Diese Position läßt sich derjenigen Marcuses ebenso antithetisch gegenüberstellen, wie die persönlichkeits- bzw. innerlichkeitsbezogenen Positionen eines alten oder neuen Bildungsidealismus.

— Ist dazu die Position Alexander Mitscherlichs als eine Synthese zu verstehen, wenn er, nicht minder bedeutender Exponent der "Kritischen Theorie", sowohl die "totale Weigerung" als auch die Ohnmacht der gegenwärtigen Gesellschaftspolitik gegenüber dem wachsenden Entfremdungsprozeß in einer "verwalteten Welt" psychoanalytisch hinterfragt? Die "konkrete

8 H. Schelsky, Einsamkeit und Freiheit, Hamburg 1963, S. 299.
9 Ders., Der selbständige und der betreute Mensch, S. 11.

Utopie" Mitscherlichs ist ein "befriedeter Mensch", der wiederum Erbauer und Garant einer "befriedeten Welt" ist. Auf der Grundlage seiner psycho- analytischen Aggressionsforschung, die auch die Wechselwirkung von Indi- viduum, Bildung und Gesellschaft einbezieht, setzt er eindeutig andere Ak- zente als Marcuse oder Schelsky: "Es ist überhaupt nicht nur die böse Ge- sellschaft, die uns da entfremdet. Die Quellen der Aggression sind vielmehr Quellen, die in uns fließen, zu unserer Natur gehören. Zu hoffen, daß wir von außen, von einem Heilbringer, von unseren Triebwünschen erlöst wer- den, ist leere Hoffnung. Wir können uns nur soweit frei und unfrei fühlen, wie wir Kenntnis von uns selbst haben: nicht verklärte, sondern unbeschö- nigte Kenntnis. Zu dieser Einsicht gehört, daß wir in dauerndem Konflikt mit den Triebbedürfnissen, mit den Glückwünschen der anderen leben. Im besten Fall ist Kultur Anweisung zu Harmonisierung unserer Bedürfnisse. Dieser beste Fall ist selten".[10]

So sehr also auch die Gesellschaft, die "verwaltete Welt", auf den einzel- nen entfremdend einwirkt, für Mitscherlich ist es derselbe Mensch, der die- se Gesellschaft verantwortet. "Dem Psychoanalytiker muß es etwas vorein- genommen erscheinen, den Unfrieden immer wieder überwiegend von den erstarrten repressiven Machtansprüchen übermächtiger sozialer Gewalten abzuleiten, so bedeutungsvoll diese sind. Vielmehr ist es doch so, daß die- ser in seinem Ursprung unfriedliche Mensch durch die Jahrtausende, und immer deutlicher, je größer seine zivilisatorische Potenz wurde, derart un- erträgliche Machtverteilungen und ein solches Ausmaß organisierter Un- vernunft produzierte, für die dann kein anderer Ausweg als organisierte Destruktion oder Selbstdestruktion bleibt".[11]

Für Mitscherlich ist die "verwaltete Welt" ein Ausdruck für die Ohnmacht des Menschen, sich mangels Handhabung "gekonnter Aggressivität"[12], als ziel- und sachgerechter Aktivität, den Gegebenheiten der Industriegesell- schaft anzupassen. So erhält Bildung hier einen hohen Stellenwert.

Vergleicht man alle drei Positionen miteinander und stellt sie in Rela- tion zur These: "Gesellschaftliche Reformen über praxisverändernde Bil- dung", dann ist eine gewisse Nähe zu Mitscherlich nicht zu übersehen. Wir dürfen dabei jedoch Mitscherlichs Warnungen von den "gefährlichen" weil "verdummenden" Auswirkungen einer "verwalteten Gesellschaft" nicht übersehen. Die von ihm geforderte "Anpassung" bedeutet nicht, Schaffung eines Freiheitsraumes des gebildeten Menschen innerhalb einer verwalteten

10 A. Mitscherlich, Thesen über Grausamkeit, in: Die Idee des Friedens und die menschliche Aggressivität. Vier Versuche, Frankfurt 1974, S. 101 f.
11 Ders., Die Idee des Friedens und die menschliche Aggressivität, S. 125.
12 Ders., Aggression und Anpassung, in: Die Idee des Friedens, S. 91; zur Aggres- sionsforschung und ihrem derzeitigen Stand vgl. W. Michaelis, Verhalten ohne Aggression? Versuch zur Integration der Theorien, Köln 1976.

Welt, sondern Veränderung solcher Strukturen aus der Kraft "gekonnter Aggressionen" des befreiten und gebildeten Menschen.

Um in einem offenen Dialog, ohne vorschnelle Abgrenzung oder auch Vereinnahmung die gegebenenfalls einander ergänzenden oder auch korrigierenden Perspektiven aufzudecken, ist die der neueren Wissenssoziologie zu verdankende Einsicht bedenkenswert: Wenn heute von "verwalteter Welt" die Rede ist, und zwar in den verschiedenen Dimensionen von Verwaltung als Gegenstück zu gesellschaftlicher Reform, zur humanen Steuerung des sozialen Wandels, zur Sicherung und Ausweitung der Freiheitsräume, dann ist die damit definierte Wirklichkeit der "institutionalen Welt" als "gesellschaftliche Konstruktion" dieser Wirklichkeit erfaßt und wiedergegeben. Vor allem der soziale Wandel," so betonen Berger und Luckmann, muß "immer in dialektischer Beziehung zur Ideengeschichte gesehen werden".[13] Die Erkenntnisse und das diese leitende Interesse zielt u.a. darauf, daß die Auseinandersetzung mit der gegenwärtigen gesellschaftlichen Realität einer "verwalteten Welt" davon auszugehen hat, "daß jede symbolische Sinnwelt und jede Legitimation Produkt des Menschen ist. Die Grundlage ihres Daseins ist das Leben lebendiger Menschen. Abgetrennt von dieser ihrer Grundlage besitzen sie keinen empirischen Status". Ersetzt man den Begriff der "Verwaltung" durch den der Verdinglichung", dann tritt in der nachfolgend zitierten Aussage Berger/Luckmanns die seit Marx heiß diskutierte Dialektik vom sozialem Sein und Bewußtsein als ein vom Menschen zu verantwortender Prozeß deutlich zutage: "Verdinglichung bedeutet, menschliche Phänomene aufzufassen, als ob sie Dinge wären, d.h. als außer- oder gar übermenschlich. Man kann das auch so umschreiben: Verdinglichung ist die Auffassung von menschlichen Produkten, als wären sie etwas anderes als menschliche Produkte: Naturgegebenheiten, Folgen kosmischer Gesetze oder Offenbarungen eines göttlichen Willens. Verdinglichung impliziert, daß der Mensch fähig ist, seine eigene Urheberschaft der humanen Welt zu vergessen, und weiter, daß die Dialektik zwischen dem menschlichen Produzenten und seinen Produkten für das Bewußtsein verloren ist. Eine verdinglichte Welt ist per definitionem eine enthumanisierte Welt. Der Mensch erlebt sie als fremde Faktizität, ein opus alienum, über das er keine Kontrolle hat, nicht als das opus proprium seiner eigenen produktiven Leistung . . . Die wahre Beziehung zwischen dem Menschen und seiner Welt wird im Bewußtsein in ihr Gegenteil verkehrt. Der Mensch, der Hervorbringer einer Welt, wird als deren Hervorbringung gesehen, menschliches Tun nur als Epiphänomen außermenschlicher Vorgänge . . . Verdinglichung ist — das muß nachdrücklich betont werden — eine Modalität des Bewußtseins, oder präziser: eine Modalität der Objektivation der menschlichen Welt durch den Menschen".

13 P. Berger, Th. Luckmann, Die gesellschaftliche Konstruktion der Wirklichkeit. Eine Theorie der Wissenssoziologie, Frankfurt 1969, S. 137.

Aber "noch wenn der Mensch die Welt als Verdinglichung erlebt, läßt er nicht davon ab, sie zu schaffen. Das bedeutet: der Mensch ist paradoxerweise dazu fähig, eine Wirklichkeit hervorzubringen, die ihn verleugnet".[14] Mit diesen Erkenntnissen neuerer Wissenssoziologie wird über die schärfere Analyse sogenannten "falschen Bewußtseins" hinaus die Institutionalisierung einer "verwalteten", einer "verdinglichten Welt" gleichermaßen provozierender Anstoß bewußtseins- und praxisverändernder Bildung und politischer Reformen. Der intendierte Veränderungsprozeß schließt die Praxis und die sie tragende und prägende Theorie ein.

Das bedeutet auch, daß "Theorien, die höchst verworren und abwegig waren, als ihre Erfinder sie in die Welt setzen, in der Geschichte realisiert werden". Berger/Luckmann weisen dazu auf den "in der Bibliothek des Britischen Museums brütenden Karl Marx" als "exemplarischen Fall dieser Möglichkeit der Geschichte" hin.[15] Über die Internalisierung im Sozialisationsprozeß wird diese gesellschaftliche Realität Lebenswirklichkeit des Menschen. Die Schlußfolgerung kann m.E. nur lauten: Vom Ansatz der Analyse her, in einer "verwalteten Welt" zu leben, schließt jede Forderung auf Veränderung des status quo, auch die Vorstellung, durch Bildung mehr Freiheit zu erlangen, eine ideologiekritische Komponente ein. Man muß also auch nach der "Verwaltungs"- bzw. "Herrschafts-Theorie" fragen, mit deren Praxis wir lebensmäßig und wissenschaftlich zugleich konfrontiert sind.

Das schließt wiederum aus, die anthropologische Frage nach "Freiheit durch Bildung" von der in gleicher Weise auch soziologisch zu stellenden Frage zu trennen: sie konkretisiert die Zuordnung von Individuum und Gesellschaft auch in dem dialektischen Bezug von Freiheit und Verwaltung, was bedeutet, jedwede Bildung im Zusammenhang des gesamten Sozialisationsprozesses menschlicher Entfaltung zu sehen und ihre Chancen aus dem Gelingen abzuleiten, die "verwaltete Welt" in eine "emanzipative" umzugestalten.

Mit der Einführung des Emanzipationsbegriffs, so umstritten er zur Zeit auch sein mag, ist eine weitere wichtige Ausgangsbasis für unsere These der praxisverändernden Bildung als Weg gesellschaftlicher Reformen geschaffen worden. Ohne diese Kritik, wie sie vor allem am Emanzipationsbegriff von Jürgen Habermas geübt worden ist, übersehen zu wollen, halte ich dennoch das von ihm damit in engem Zusammenhang entwickelte und für die wissenschaftstheoretische Diskussion bedeutsame Theorem der Dialektik von Erkenntnis und Interesse auch für unsere Fragestellung von großer Bedeutung. Habermas meint: "In der Selbstreflexion gelangt eine Erkenntnis um der Erkenntnis willen mit dem Interesse an Mündigkeit zur

14 Ebd., S. 138 und 95 f.
15 Ebd., S. 137.

22

Deckung; denn der Vollzug der Reflexion weiß sich als Bewegung der Emanzipation. Vernunft steht zugleich unter dem Interesse an Vernunft. Wir können sagen, daß sie einem emanzipatorischen Erkenntnisinteresse folgt, das auf den Vollzug der Reflexion als solchen zielt".[16]

So ließe sich das erkenntnisleitende Interesse innerhalb unserer Fragestellung etwa folgendermaßen umschreiben: Freiheit, als Emanzipationsprozeß verstanden, läßt sich nicht trotz oder gegen eine zunehmende Tendenz zur "verwalteten Welt" entdecken und aktivieren; sie ist vielmehr unlösbar verbunden mit der Notwendigkeit, diese Art "Konstruktion unserer Wirklichkeit" sozialen Lebens, eben die "verwaltete Welt", aus emanzipatorischem Interesse zu verändern. Es ist dies nur eine andere Umschreibung der bereits zuvor angesprochenen Zuordnungsproblematik von Individuum und Gesellschaft, von individueller, freiheitlicher Entfaltung und sozialer Einbindung desselben Individuums, von der Chance zur Veränderung bestehender Herrschafts- bzw. Verwaltungsverhältnisse in kommunikativen Prozessen von Politik und Bildung. Darauf zielt wohl Habermas' weitere These: "Ein Akt der Selbstreflexion, der 'ein Leben ändert', ist eine Bewegung der Emanzipation".[17] Damit kann das Verständnis von Freiheit vor jeder falschen Verinnerlichung individualistischer oder auch bildungs-idealistischer Herkunft bewahrt werden.

Wir sollten jedoch auch der Frage nicht ausweichen, ob aufgrund dieser Voraus-Setzungen nicht das Proprium von Bildung und Politik jeweils aufgehoben wird oder zumindest die Grenzen so fließend werden, daß die Bildung der ständigen Gefahr einer sie überfremdenden Politisierung ausgesetzt ist. In der pluralen Bildungslandschaft der deutschen Bundesländer lassen sich sicherlich genügend Beispiele finden, wo diese Gefahr akut ist und der Bildungsbereich als Experimentierfeld politischer Ideen und Theorien herhalten muß.[18]

Das Problem ließe sich auch so umschreiben: wird unter den genannten Voraussetzungen einer solch engen und direkten Zuordnung von Freiheit — Bildung — Gesellschaft nicht jede Bildung zur politischen Bildung, und wird damit, um noch kritischer zu fragen, eine neue Gefährdung der Freiheit des Menschen heraufbeschworen, indem die Selbstbestimmung der Person (als Ausdruck individueller Freiheit) in der der Bildung zugewiesenen sozialkritischen Funktion unter der Hand sozialisiert wird? —

Sollten wir uns also doch wieder zurückorientieren auf den Freiheits- und Bildungsbegriff der Aufklärung, dem Kant in seinen denkwürdigen Ant-

---

16 J. Habermas, Erkenntnis und Interesse, Frankfurt 1968, S. 244.
17 Ebd., S. 261.
18 Vgl. dazu die kritische Analyse von Christian Graf von Krockow: Idylle oder Konflikt? Das Beispiel einer notwendigen Reform — und wie man sie ruiniert, in: Reform als politisches Prinzip, S. 62 ff.

worten auf die Frage: "Was ist Aufklärung?" die bekannte Interpretation gab: "Aufklärung ist Ausgang des Menschen aus seiner selbstverschuldeten Unmündigkeit. Unmündigkeit ist das Unvermögen, sich seines Verstandes ohne Leistung eines anderen zu bedienen".[19] Sollen wir Freiheit im Sinne des Kantschen Verständnisses von Mündigkeit, oder mit Habermas als Emanzipation interpretieren? Die unterschiedliche Gesellschaftsbezogenheit ist offenkundig! Gibt uns zur Lösung dieses Problems die heutige bildungstheoretische Diskussion Anhaltspunkte oder gar überzeugende Beiträge?

In dieser Diskussion nimmt die Relationsfrage von Freiheit — Bildung — Gesellschaft eine zunehmend gewichtigere Position ein. Sie hat vor allem das Verständnis heutiger Erwachsenenbildung bereits entscheidend mitgeprägt.

Da hier keine historische Abhandlung über die Genesis des heutigen Bildungsverständnisses möglich ist, so interessant und lehrreich diese auch sein mag, sei nur kurz daran erinnert, daß der Begriff "Bildung" nicht alternativ für "Erziehung" entwickelt wurde. Im Gegenteil: mit der modernen Gesellschaft und ihren technoökonomischen Strukturen, ihren verschiedenen politisch-ideologischen Systemen und neueren Bewegungen zur Demokratisierung wurde nicht selten das pädagogisch-andragogische Verständnis von "Bildung" bewußt dem der "Erziehung" gegenübergestellt, und zwar mit der Zielsetzung, dem Autonomieanspruch des mündigen Individuums die notwendige Basis zu verschaffen. Allerdings sind noch über lange Jahrzehnte hinweg "Autonomie", "Mündigkeit", "persönliche Vervollkommnung" Legitimationsatteste für ein bürgerliches Gesellschaftsdasein. Erst in unseren Tagen wird die letzte Ausprägung dieses Bildungsideals, nämlich das auf Wilhelm von Humboldt zurückgehende neuhumanistische Bildungsverständnis in Frage gestellt, ein Bildungsideal, dessen Gesellschaftsbezug sich bekanntlich in den Zielwerten der geistigen Unabhängigkeit, Zweckfreiheit und vor allem der Trennung von Bildung und Ausbildung niederschlägt. Die Unterscheidung von Kultur und Zivilisation war für den so Gebildeten eine wesentliche.

Wenn heute Ausbildung, aber auch Fort- und Weiterbildung, als wesentliche Bestandteile des lebenslangen Bildungsprozesses angesehen werden, dann ist vielen die damit verbundene "kopernikanische Wende" in der Bildungstheorie gar nicht bewußt. Hier hat sich ein erfolgreicher Demokratisierungsprozeß vollzogen: mit ihrem Anspruch auf Bildung artikulieren immer mehr Menschen ihre Not, in einer zunehmend "verwalteten Welt" Mensch zu bleiben, den Entfremdungsprozessen in der Berufs- und

---

19 I. Kant, Beantwortung der Frage: Was ist Aufklärung? in: Gesammelte Schriften, Akademie-Ausgabe, Bd. 8, Berlin 1968, S. 35.

Arbeitswelt oder auch den nicht weniger, wohl sublimer "verwalteten" Lebensbereichen sogenannter Freizeit entgegenwirken zu können.

Ein bloßes "Entgehen" ist hier nicht möglich. Darum wendet sich die Bildungstheorie in gleicher Intensität dem einzelnen Menschen wie den gesellschaftlichen und wirtschaftlichen Strukturen zu. So wird beispielsweise die Sozialisationsforschung zum Verbindungsglied zwischen persönlichkeitsorientierter und gesellschaftskritischer Theorie, und zwar ausgehend von der Einsicht, daß sich einerseits hochkomplexe Sozialstrukturen, wie sie unsere Gesellschaft auf der Grundlage einer hochindustrialisierten, arbeitsteiligen Wirtschaft darstellt, nur stabil und fungibel halten lassen, wenn es gelingt, nachwachsende Generationen immer wieder in das bestehende System von Rollen, Normen usw. zu integrieren. Andererseits machen die sozialkritischen Analysen "verwalteter Welt" deutlich, wie hoch der Preis für diese Stabilität ist, wie neben Wohlstand und Sicherheit eine Organisation und Verwaltung des Lebens einherschreitet, die diesen Integrationsprozeß fragwürdig erscheinen läßt, zumal wenn diese Strukturen — was noch aufzuzeigen ist — irrational organisiert sind und ein falsches soziales Bewußtsein stabilisieren. So steht die Bildungstheorie heute vor dem Problem, "die Entwicklung von personaler Autonomie gegen die schon als 'Sachzwänge' interpretierten funktionalen Rollen- und Organisationsstrukturen der Gegenwartsgesellschaft" zu stärken, d.h.: "Neben der Vermittlung theoretischer und praktischer Kenntnisse zum 'Funktionieren' im Positionsgefüge der Gesellschaft . . . Menschen zur Rückübersetzung ihrer Wissensresultate in den politischen und gesellschaftlichen Horizont ihrer Lebenswelt zu befähigen".[20]

Günter Hartfiel spricht damit genau die gegenwärtige Konfliktsituation an, wenn Bildung über "persönlichkeitsbildende Aktivitäten" den "gesellschaftsprägenden Beitrag" leisten will, daß "eine breitere Teilnahme aller Gesellschaftsmitglieder an den Entscheidungsprozessen über künftige Gesellschaftsgestaltung" erreicht werden soll, denn "damit setzt sie sich in einen Gegensatz zu gesellschaftlichen Interessen, die Bildung nur als Ausschöpfung intellektueller Leistungsfähigkeit des Menschen zum Zwecke möglichst hoher technischer Mittel-Zweck-Rationalität und Effizienz im Rahmen von (anderswo entschiedener und damit vorgegebenen) Zwecksystemen betrachten, und die allenfalls bereit sind, den Bildungs'Überschuß' über solche Systemnützlichkeit als intellektuelle Potenz einer unverbindlichen 'Freizeitbeschäftigung' sich entfalten zu lassen".[21]

Aus dieser von Hartfiel aufgerissenen kritischen Perspektive möchte ich noch einmal auf den von Habermas verwendeten Begriff der "Selbstre-

20 G. Hartfiel, Einführung in die Hauptprobleme der pädagogischen Soziologie, in: Bildung und Erziehung in der Industriegesellschaft, Opladen 1973, S. 19.
21 Ebd., S. 19.

flexion" verweisen, in welcher "eine Erkenntnis um der Erkenntnis willen mit dem Interesse an Mündigkeit zur Deckung" komme. Wenn wir fernerhin auf diesem Hintergrund die von M.S. Knowles als Schlüsselvariablen im Lernprozeß Erwachsener bezeichneten Kategorien "Umgebung und Interaktion" in die Betrachtung einbeziehen[22], vor allem auch den damit verbundenen Anspruch, damit den Kern der grundlegenden Lerneinheit "Lernerfahrung" erfaßt zu haben, dann wird zweierlei offenkundig:

— Jeder Lern- bzw. Bildungsvorgang ist ein innerer Prozeß selbstgesteuerten Nachforschens und Diagnostizierens der eigenen Bedürfnisse. Gerade der Erwachsenenbildner weiß darum heute um die Notwendigkeit, die Verantwortung für das Lernen im Lernenden selbst zu lokalisieren, Lernen durch Selbst-Entdecken und Selbst-Aneignen zu aktivieren.

Solches Lernen bringt den Lernenden (wie auch den Lehrenden) in eine unmittelbare Interaktion mit seiner Umgebung, mit Situation und Problemen, die ihn in seiner Selbsterfüllung hindern. Lehren und Bilden zielt hier im Ansatz jedes Bildungsprozesses auf die Motivation, diese Barrieren zu erkennen und zu überwinden.

— Die eigene Praxiserfahrung im alltäglichen Geschehen unserer Erwachsenenbildung läßt sich unmittelbar mit dem Gedankengang Habermas' über die "Selbstreflexion" verbinden. Der Entdeckung eigener Bedürfnisse und Erwartungen folgen bekanntlich die weiteren Lernschritte: die eigenen Interessen zu artikulieren und in dem so gewonnenen Freiheitsraum Entscheidungen zu treffen. Der Bildungs-Praktiker weiß, welche Lernprozesse einzuübender Befähigung besserer Selbst- und Fremdwahrnehmung, oder auch eines sicheren Reflexionsvermögens in der Beobachtung und Wahrnehmung des anderen bzw. der Gruppe hier angestoßen werden müssen. Er sollte vor allem auch um die Notwendigkeit und Schwierigkeit wissen, den im "Schon-Raum" einer Lerngruppe begonnenen Veränderungsprozeß auf die politische Ebene zu transferieren, institutionalisierte Macht und Herrschaft (Verwaltung) zu erkennen und zu verändern.

Wann also, so lautet die kritische Frage, erweist sich der "Vollzug der Reflexion" als "Bewegung der Emanzipation" oder — um das Problem mit unserer Themenstellung zu umschreiben — : Wann erwirkt die von uns vermittelte Bildung mehr Freiheit, weil eine durch die so Gebildeten mitentschiedene Veränderung der "verwalteten Welt" erreicht wird?

Fünf Schlußfolgerungen bieten sich an:

1. Es ist auffallend, daß in zunehmendem Maße die Grenzen fließend werden, durch die ältere bildungsidealistische Positionen von solchen einer

---

22 Vgl. die als Pionierarbeit für die Erwachsenenbildung anzusprechende Studie von M.S. Knowles, Informal Adult Education, New York o.J. (1950); auszugsweise dt. zusammen mit einer Arbeit von Husén: Knowles/Husén, Erwachsene lernen, Stuttgart o.J. (1963).

konfliktlosen Anpassung in die Strukturen einer "verwalteten Welt" und dem Verständnis von Bildung mit gesellschaftsverändernder Motivation und Kraft unterschieden werden können. Es nimmt die kritische Aufarbeitung der Motivationen und Ziele der beiden erstgenannten Positionen zu. Gleichzeitig verstärkt sich die Tendenz einer Ablösung von der orthodoxen neomarxistischen Position einer Systemveränderung durch die "totale Weigerung". Auch hier wächst die Erkenntnis, Bildungsmotivationen und Bildungsziele sowie die Wirkmacht von Politik theoretisch neu überdenken zu müssen, da gerade eine dialektische Analyse jeden Determinismus ausschließt. Zunehmend erweitern sich auch unsere Kenntnisse über die Praxis lebenslangen Lernens. So steht also nicht mehr der Stellenwert von Bildung schlechthin zur Diskussion, sei es in realistischer Zuordnung zur Politik, sei es als "Bewegung der Emenzipation". Gerade die unter geringeren Wachstumsraten der Wirtschaft zunehmende Verteidigung herrschaftsmäßig in Anspruch genommener Privilegien im nationalen wie im internationalen Raum verstärkt die Provokation der so "verwalteten Welt". Zunehmend wächst die Einsicht, daß wir auch mit der Theorie und Praxis unserer Bildungsbemühungen entweder zur notwendigen Veränderung oder zur Festschreibung solcher Macht- und Herrschaftsstrukturen beitragen. Ernest Jouhy betont zu Recht: "Zum erstenmal tritt nicht nur die Frage nach der Abhängigkeit des Bildungswesens vom herrschenden Gesellschaftssystem auf, sondern die Frage kann umgekehrt werden: Welches sind die Anforderungen des Bildungswesens an die moderne Gesellschaft? Damit würden wir fragen, was für die jungen Menschen für heute das Leben in der Gesellschaft von morgen lebenswert zu machen geeignet ist, welche der Varianten möglicher gesellschaftlicher Entwicklungen den potentiellen Fähigkeiten und den realen Bedürfnissen der Individuen am besten entgegenkommen, bzw. welche Trends ihnen abträglich oder gefährlich werden können. Die Fragestellung ist dann nicht mehr: Wie stellt man Bildung auf Anforderungen gesellschaftlicher Gruppen heute ab, sondern umgekehrt: Wie ist es möglich, aus den heute sich abzeichnenden Erfordernissen der Bildung die Gesellschaft von morgen umzugestalten?"[23] Jouhy ist kritisch genug einzugestehen, daß "das Hantieren mit der Abstraktion des 'Spätkapitalismus' die kritische Bewußtseinsbildung und die politische Praxis gleichzeitig weit mehr hemmen als fördern kann", und "nur ein Prozeß, in dem die Praxis aufklärt und die bildende Aufklärung Praxis verändert, die gegenwärtige Entwicklung zu größerer Humanität führen" wird.[24] Ich wiederhole darum noch einmal: Die Grundfrage nach dem Stellenwert von Bildung ist bereits positiv beantwortet, das gilt sowohl für ihre dialektische Position gegenüber der Politik als auch für ihren Zielwert, emanzipatorisches Interesse, bzw. den freiheitlichen Lebenswillen der Menschen in

23 E. Jouhy, Das programmierte Ich. Motivationslernen in der Krisengesellschaft, München 1973, S. 29.
24 Ebd., S. 19.

dieser unserer "verwalteten Welt" bewußt zu machen und zu entsprechendem Handeln zu befähigen. Ob jedoch damit jener Durchbruch zur Veränderung des Bewußtseins erreicht ist, der — aufgrund der dialektischen, d.h. in gegenseitiger Bedingung und Beeinflussung stehenden Spannung von sozialem Sein und Bewußtsein — erst die notwendigen politischen Schritte erlaubt, möchte ich offen lassen. Um die Dialektik als solche zu wissen und sie im Bildungsgeschehen zu beachten, würde unseren Bildungsbemühungen bereits eine "emanzipatorische Zündwirkung" verleihen.

2. Wie aber muß ein solcher Bildungsprozeß näherhin gestaltet werden, soll er diese gesellschaftsverändernde, emanzipatorische Wirkung haben? Die im Ausgangsstadium unserer Bildungsprozesse vielfach vorgenommene Einübung der Interessenartikulation des Lernenden ist beispielsweise dann von entscheidender Bedeutung für die zuvor genannte Zielsetzung, wenn die daraus resultierenden Entscheidungen auch getroffen und rational wie emotional akzeptiert werden. Dazu bietet die Lerngruppe mit demokratischem Führungs- und Lernstil den unverzichtbaren Ausgangspunkt. Entscheidungsunfähigkeit bedeutet — lerntheoretisch betrachtet — nicht nur im Anfang bereits das Ende emanzipatorischer Bildung zu mehr Freiheit, sondern legt auch die Weichen zu passiver Hinnahme von Herrschaft und Verwaltung in den sozio-ökonomischen Strukturen der Gesellschaft. Darüber hinaus muß eine weitere Gefahr gesehen werden: Analog zum Mißverständnis von Mitscherlichs "befriedigtem Menschen" (gleichsam als Voraussetzung, eine "befriedete Welt" zu schaffen), ist die "heile Welt" von Lerngruppen zu sehen, in denen die sozialen und politischen Dimensionen interessenmäßig gesteuerter Interaktionen auf die "Hier- und Jetzt-Situation" der Gruppe verkürzt und damit das Konfliktfeld von Freiheit und Herrschaft bzw. Verwaltung künstlich eingeengt wird. Man spricht hier gern von einem "schwierigen Transferproblem". Mir scheint, daß damit eine falsche Polarisierung Platz greifen kann, wo im Grunde eine Dialektik waltet: Lernfähigkeit als Wahrnehmung eigenen und fremden Interesses, als realistische Reflexion der Situation und daraus abgeleitete Entscheidungen und Handlungsstrategien zur Veränderung der eigenen wie der Gruppensituation sind Elemente politischen Agierens, dessen gesellschaftskritische und -verändernde Kraft jedoch nur dann wirksam wird, wenn die Diagnose im Lerngeschehen den gesamten Bezugsrahmen gesellschaftlich vermittelter Normen und Rollenzwänge umgreift. Was sich als sogenannter Transfer aus dem Erfahrungsfeld der Lerngruppe in die Situationen und Strukturen der "verwalteten Welt" darstellt, hat in der Aufarbeitung des individuellen Sozialisationsprozesses unter der sozialen Hilfestellung reflektierter Lerngruppen bereits zu beginnen. So entscheidet sich bereits hier, ob Bildung zu mehr Freiheit durch Veränderung der "verwalteten Welt" führt.

3. So kann uns der kritische Blick in die eigene "Werkstatt" des Bildungsgeschehens den Sinn für die wichtige Frage schärfen, ob wir mit der Demo-

kratisierung des Lernprozesses auch der politischen Dimension einer auf mehr Freiheit ausgerichteten Bildung gebührend Rechnung tragen, oder ob wir Sandkastenspiele ohne emanzipatorische Wirkung für den einzelnen wie für die gesellschaftlichen Strukturen veranstalten. Mit dem realistischen Blick für die notwendige politische Dimension ist jedoch – und auch das ist ein Kennzeichen der "verwalteten Welt" – eine nicht geringe Portion Mut, Risiko- und Konfliktbereitschaft des Bildungsträgers zu investieren; denn jede auf Veränderung etablierter Macht- und Herrschaftsansprüche gerichtete Aktivität fordert deren institutionalisierte Sanktionsmacht heraus. Wie ohnmächtig der einzelne "Gebildete" bzw. "Fortgebildete" gegenüber den "Verwaltungs"-Strukturen ist, läßt sich bei sorgfältiger Effizienzkontrolle unserer Bildungsarbeit schnell feststellen. Auch "qualifizierteres", durch Weiterbildung erworbenes Können vermag die jeweilige Arbeit etwa des Erwachsenenbildners oder Sozialarbeiters nur dann aus der Lückenbüßerfunktion mit entsprechender stabilisierender Wirkung für das System "verwalteter Welt" herauszureißen, wenn auch die politische Kraft zur Veränderung entfaltet wird. Dies kann etwa geschehen durch Aktivierung einer "Countervailing-Power" (J.K. Galbraith). Nur durch sie ist es beispielsweise gelungen, den imperialistischen Kapitalismus im nationalen wie internationalen Raum gewissen sozialpolitischen Korrekturen zu unterwerfen. Dabei sollten wir nüchtern feststellen, daß dieser Veränderungsprozeß noch nicht als abgeschlossen gelten kann, so lange wir mit Recht von einer "verwalteten Welt" sprechen.

4. Die unmittelbare Erfahrung des eigenen Lebensraumes, die Praxis täglichen Lebens, täglicher Berufsarbeit muß darum das Zielfeld bildungsmäßiger Aktivität zur Veränderung des Bewußtseins ausmachen. Praxisorientierung von Jugend- und Erwachsenenbildung kann darum kein zusätzliches Attribut sein, das sich vielleicht als besonderes Merkmal berufsbezogener Fortbildung zeigt. Vielmehr sind die Lernziele jeder Bildungsarbeit so auszurichten, daß mit der notwendigen Persönlichkeitsorientierung eine gesellschafts- und wirtschaftspolitische Mitverantwortung für unsere Zukunft angestrebt wird. Die Reformversuche unseres Bildungssystems, die Bildung vielfach nur als Ausschöpfen intellektueller Leistungsfähigkeit des Menschen für das Funktionieren in gesellschaftlichen und wirtschaftlichen Zwecksystemen einfordern, widersprechen diesem Anspruch. Wird ein über diese Art von "Systemnützlichkeit" hinausgehender Bildungs-Überschuß als unverbindliche Freizeitbeschäftigung qualifiziert bzw. disqualifiziert, dann würde sie keinen Beitrag zur Gewinnung der Zukunft leisten. Weckung und Entwicklung eines für diese Zukunft notwendigen Problembewußtseins gehört darum primär zum Inhalt des lebenslangen Bildungsprozesses. Aus solchem neuen Problembewußtsein kann allein die Einsicht und die Fähigkeit erwachsen, die Praxis des eigenen privaten, familiären oder beruflichen Lebens daraufhin zu verändern, daß die genannte wirtschaftliche und gesellschaftliche Mitverantwortung wächst. Dazu muß be-

reits der Bildungsprozeß die Möglichkeit der Einübung solchen Denkens und Handelns einräumen. Die Einbeziehung der Lerngruppe als sozial-emotionales Erfahrungs- und Übungsfeld, die Einbeziehung der Praxisfelder des täglichen Umgangs mit dem Wohlstand, mit den Problemen der Wohlstandsgesellschaft, wie sie sich etwa in der Ausprägung von Randgruppen zeigt, mit den typischen Fragen einer "Leistungsgesellschaft", in der nicht mehr die notwendigen Leistungen zur Gewinnung der Zukunft, sondern das sich heute und in Zukunft "Leisten-Können" im Vordergrund steht, diese und andere Perspektiven lassen den Bildungsprozeß zum entscheidenden Anstoß bewußtseinsmäßiger und politischer Veränderung werden.

5. Alle bildungsmäßige Aktivität zielt also auf eine notwendige Veränderung des gegenwärtigen Bewußtseins breitester Schichten unserer Gesellschaft. Praxisveränderung als Lernziel intendiert diese Bewußtseinsveränderung und die Bereitschaft wie Fähigkeit, die Lebens- und Berufspraxis mit ihren sozialen Bezügen zur Ermöglichung einer freiheitlichen Entfaltung zu wandeln. Dies bedeutet auch, aus dem jeweiligen Kompetenzbereich heraus das gegenwärtige Macht/Ohnmacht-Gefälle in eine demokratische Gestaltung der gesellschaftlichen Strukturen umzuformen. Die Chancen des einzelnen, durch Bildung bzw. Fortbildung freiheitliche Entfaltung zu erlernen — etwa in der Fähigkeit, seine wahren Bedürfnisse zu erkennen, authentische Beziehungen aufzubauen, Mitbestimmung und Mitverantwortung wahrzunehmen — sind untrennbar mit einer Entwicklung der Gesellschaft verknüpft, die diesen Prozeß in ihren Institutionen und Strukturen ermöglicht und politisch absichert. Doch ist dabei nicht zu übersehen, daß uns die gegenwärtigen Krisen in der eigenen Volkswirtschaft wie in der Weltwirtschaft, aber auch im Bildungsbereich eher zurückgeworfen als zur nunmehr noch dringlicher gewordenen Handlungsfähigkeit herausgefordert haben. Für den Bildungsbereich haben dazu ohne Zweifel solche Politisierungen der Vergangenheit beigetragen, deren utopischer Charakter zwar immer offenkundig, deren Grundanliegen jedoch pädagogisch wie politisch nicht genügend aufgearbeitet wurden. Wenn nunmehr das Ende aller Reformen droht, gleichzeitig aber auch die Stimmen lauter werden, die eine Veränderung der Wertpräferenzen unserer Wohlstandsgesellschaft für dringend geboten halten, dann muß Bildungsarbeit zum Handlungsfeld dieser Veränderung werden. Schon jetzt ist die Kluft zwischen den verschiedenen Deklarationen über unsere Verantwortung für eine menschlichere Zukunft und unserem Handeln unübersehbar. Wir spüren sie auch in der eigenen Ohnmacht gegenüber einer Entwicklung im gesamten Bildungsbereich, die die Probleme gefährdeter Zukunft kaum einholt. Dazu ist in der gegenwärtigen Phase sogenannter "Rückbesinnung" im Bildungsbereich verstärkt der unlösbare Zusammenhang von persönlichkeitsorientiertem Lernen und seinen gesellschaftlichen Bedingungen wie seiner politischen Verantwortung aufzuzeigen. Der bildungsmäßige wie

der politisch anzugehende Veränderungsprozeß betrifft damit die Soziali-
sationsgeschichte des zu bildenden einzelnen wie die Sozialisationsinstan-
zen der Gesellschaft und deren sozio-ökonomische Strukturen. So ist Lernen zugleich Erkenntnisvorgang und Veränderung des Lebens, untrenn-
bare Einheit von Denken und Handeln, und zwar aus der Lebens- und Be-
rufssituation des einzelnen heraus und auf sie wiederum ausgerichtet.

Mit diesen grundsätzlichen Überlegungen, die nur den fundamentalen Ansatz eines Konzepts praxisverändernder Bildung und seinem Veränderungs-
Focus darstellt, sollte eine Basis geschaffen werden, von der her die nachfolgende soziale Problemanalyse ihren spezifischen Stellenwert erhält: aus-
lösender Faktor einer Bewußtseinsveränderung zu sein. Wie notwendig dazu die Erweiterung des sozialen Problembewußtseins gehört, hoffe ich an
den exemplarisch erarbeiteten Problembereichen verdeutlichen zu können.
Die unmittelbar anschließend skizzierten — keineswegs adäquat dargestell-
ten — Problemfelder der Jugend- und Sozialarbeit bilden den Übergang:
sie sind bereits Beispiele der intendierten sozialen Problemanalyse; gleichzeitig bilden sie Praxisfelder zur Anwendung und Einübung praxisverändernder Bildung, die zudem für den gesamten Bereich der Jugend- und Erwachsenenbildung eine provokatorische Entwicklung genommen haben.

Nicht geleistet wird in dieser Studie, was weiterer interdisziplinärer Forschung von Sozialwissenschaft, Pädagogik/Andragogik, Agogik u.a. bedarf:
die Handlungsstrategien etwa in der Form von Curricula praxisverändernder Bildungskonzepte für die einzelnen Praxisfelder zu entwickeln. Ich hoffe jedoch, daß diese Problem-Skizze dazu den Anstoß gibt, um damit auch
zur "Internalisierung" vielfach vorhandener struktureller Solidarität (bzw.
Zwangssolidarität des Lebens und Überlebens) und zur "Externalisierung"
ethisch gewollter Solidarität zu kommen.[25]

---

25 Vgl. P. Berger, Th. Luckmann, Die gesellschaftliche Konstruktion, S. 139 ff.

2. Exemplarische Praxisfelder: Jugend- und Sozialarbeit

Wie ich bereits in meinem Vorwort begründete, ist hier von der Jugend- und Sozialarbeit als exemplarischen Arbeitsfeldern für praxisverändernde Bildung die Rede, da die darauf bezogene Fortbildung ihrer Fachkräfte meinen bisherigen Erfahrungshorizont entscheidend mitbestimmt hat.[1] Das Spezifikum dieser berufsbegleitenden Fortbildung, wie es sich in den berufsbezogenen Lernzielen und ihren die berufliche Praxis kritisch reflektierenden Lernmethoden zeigt, bringen die Persönlichkeitsorientierung auch dieses Bildungsprozesses zwangsläufig in den Spannungsbezug zur bisherigen beruflichen Praxis. Sie wiederum spiegelt ausschnitthaft die Strukturen sozialen Seins wieder; ihre Veränderungsmöglichkeit signalisiert die Chance gesellschaftlicher Reformen. Das vieldiskutierte "Transfer"-Problem, das neu Erlernte in die berufliche aber auch in die politische Praxis zu übertragen, ist ein nicht zu übersehendes Indiz für den genannten Spannungsbezug. Die nachfolgend versuchte Ausweitung des sozialen Problembewußtseins und die damit vorgelegten Anknüpfungspunkte in der "Sache" wollen auch zur Lösung dieses Problems beitragen und praxisverändernde Bildung für Jugend- und Sozialarbeit vertieft ermöglichen.

Die außerschulische Jugendarbeit sowie die heute äußerst differenzierte Sozialarbeit signalisieren darüber hinaus auch von ihrer "Sache" her den Reformwillen bzw. -unwillen der Gesellschaft. Denn ihre Praxis kommt nicht an der Aufgabe vorbei, mehr Hoffnung auf Zukunft zu vermitteln, und aus dieser Hoffnung die Gegenwart mit ihren Lebensproblemen machbar, veränderbar erfahren zu lassen. Mit anderen Worten: wenn das Ausbleiben notwendiger gesellschaftlicher Reformen in anderen Bereichen individuellen und sozialen Lebens als "Legitimationskrise des Systems"[2] gedeutet werden kann – hier, in der Jugend- und Sozialarbeit, wird der Reformmangel zur Ursache persönlicher Not bis Ausweglosigkeit, zum auslösenden Faktor eigenen Scheiterns, aber auch von Diskriminierung und Stigmatisierung in gesellschaftlicher Randgruppenexistenz. Auch die derzeit wachsende Mut- und Ratlosigkeit vieler Jugendbildner und Sozialarbeiter ist mit dem Nullpunkt aller Strukturreformen in ursächlichem Zusammenhang zu sehen. Hier wird dieser vielfach sogar unmittelbar in der Sanktionsmacht etablierter Herrschaft erfahren.

Wiederum ist dabei die Dialektik von sozialem Sein und Bewußtsein zu beachten. Mit einem Wort und exemplarisch für viele andere Probleme ge-

---

1 Vgl. dazu die von mir seit 1970 herausgegebenen Jahresprogramme und Jahresberichte der Akademie für Jugendfragen, dem in kirchlicher Trägerschaft stehenden bundeszentralen Fortbildungsinstitut für Fachkräfte aus der Jugend- und Sozialarbeit.
2 Vgl. J. Habermas, Legitimationsprobleme im Spätkapitalismus, Frankfurt 1973, S. 96 ff.

sagt: die Auswirkungen fehlender Reformen zur Beseitigung etwa von Jugendarbeitslosigkeit werden verstärkt durch das verengte Problembewußtsein und das partikulare, d.h. auf den eigenen Vorteil bedachte Denken breitester Schichten der Gesellschaft. Zugleich aber steigt die Tendenz der Radikalisierung. Sie wächst nicht nur aus der Frustration von Jugendbildnern und Sozialarbeitern, die sich in ihren Intentionen und Arbeiten zur Praxisveränderung von der Gesellschaft verlassen und von den Machtträgern ihrer Institutionen blockiert sehen. Radikalismus, nicht nur als Folge, sondern auch als Gegensatz zur Reform droht immer auch innerhalb eines partikular verengten Bewußtseins zu wachsen und entspricht damit den geübten Strategien institutioneller und politischer Macht. Nach Krockow bietet sich auch dieses "Fazit" an: "Wie der Revisionismus den Erzteufel kommunistischer Bewegungen darstellt, die sich unter eben diesem Begriff wechselseitig der Ketzerei anklagen, so ist Reformismus der Todfeind jenes Radikalismus, den 'Gemeinschaft' notwendig voraussetzt und erzeugt. Weil Reformer das Bestehende in kleinen Schritten verändern und bessern wollen, weil sie dem Entweder-Oder, dem grandiosen Unheils- und Heilsentwurf sich entziehen, weil sie gegenüber allem Endgültigen skeptisch bleiben, darum wirken sie gegenüber dem Radikalismus der Gemeinschaft als 'Fermente der Dekomposition'; sie kompromittieren, beschmutzen jede 'reine Lehre' durch ihre Kompromisse mit den gegebenen, immer auch fragwürdigen, immer auch ungerechten Verhältnissen: mit einer Wirklichkeit, die noch als reformierte hinter ihrer proklamierten Idee stets enttäuschend zurückbleibt. — 'Rein bleiben und reif werden' lautet die Kernformel deutscher Jugendbewegung. Helmut Plessner hat einmal kommentiert, dies heiße auf schlecht deutsch: rein bleiben und niemals reif werden. In der Tat: Man kann rein bleiben oder reifen, aber nicht beides. Es gibt die Reform als Prinzip — oder Radikalismus und Resignation. Aber es gibt zu dieser Alternative keine Alternative".[3]

An dieser Stelle münden die grundsätzlichen Überlegungen über die nähere Analyse der Praxisfelder von Jugend- und Sozialarbeit bereits in die soziale Problemanalyse, die alle weiteren Ausführungen prägen; denn ohne Problemerfahrung und Problemanalyse wird keine Praxisveränderung, keine gesellschaftliche Reform anstoßbar und machbar sein. Ohne Problemerfahrung und Problemanalyse wachsen jedoch auch Radikalismus und Resignation; beide bilden den besten Nährgrund zu nicht minder radikalen Strategien der Festigung des status quo gegebenen Macht/Ohnmacht-Verhältnisses. Problemerfahrung ist jedoch auch unabdingbare Voraussetzung von praxisverändernder Bildung, eines auf Praxisveränderung gerichteten Bildungsprozesses. Wenn solche Prozesse heute vielfach an den gegebenen Machtstrukturen scheitern, also auch kleine Reformschritte von unten nach oben weniger machbar werden, dann ist allerdings auch der

3 Christian Graf von Krockow, Reform als politisches Prinzip, S. 116 f.

Punkt festgemacht, der das Aufbrechen des circulus vitiosus gegebener Dialektik von Sein und Bewußtsein verhindert, dann ist hier dokumentiert, daß — im Sinne der eingangs zitierten Feststellung von Krockows — die durch Reform angezielte Strukturveränderung bestehender Institutionen tatsächlich daran scheitert, weil sie "eine Umverteilung von Macht" einschließt.

Dabei handelt es sich gerade in der Jugend- und Sozialarbeit nicht nur um individuelle Machtausübung innerhalb der staatlich/gesellschaftlichen oder kirchlichen Amts- und Verwaltungshierarchie. Diese "Teilhaber der Macht" agieren, besser: reagieren zumeist relativ ohnmächtig in einem System kollektiver Herrschaft, das sich selbst den diversen Zwängen des status quo ausgeliefert hat, weil es irrationalen Ordnungsvorstellungen der Gesellschaft, vor allem der Wirtschaft, folgt. Dazu zählt insbesondere die absolute Vertretung und Verteidigung des Konkurrenz- und Leistungsprinzips (Leistung = Marktleistung, s. Abschnitt 4.5), obwohl inzwischen ihre Quellen in den theologisch begründeten Harmonieerwartungen (der sogenannten "natürlichen" Theologie der Aufklärung) innerhalb der Klassischen Nationalökonomie aufgedeckt und ihre Folgen zu der unsere Zukunft gefährdenden "Sozialen Frage" eines chaotischen Wachstums geführt haben.

Der nachfolgende Aufriß von Problemen aus den Praxisfeldern heutiger Jugend- und Sozialarbeit stellt in seinem Anspruch, exemplarisch zu sein, nur eine perspektivische Analyse dar, deren erkenntnisleitendes Interesse darauf gerichtet ist: an einem Punkt festzumachen, wo sowohl bereits in der Problemanalyse als auch in den agogischen oder therapeutischen Folgerungen als Handlungsstrategien zur Veränderung der genannte circulus vitiosus von verengtem sozialen Bewußtsein und politischer Reform-Lethargie offenbar wird. Darin liegt der exemplarische Wert nachfolgender Problemanalyse, ohne damit die Vielfalt und die Differenziertheit der Praxisfelder Jugend- und Sozialarbeit zu unterschätzen. Die in den danach folgenden Abschnitten weitergeführte gesellschaftliche Problemanalyse sucht den Hintergrund dieses Teufelskreises aufzureißen.

Für Jugend- und Sozialarbeit zugleich in einer höchst eindeutigen, eindringlichen und engagierten Weise beschreiben Mitarbeiter in der Kirchlichen Jugendarbeit Frankfurts — wie bereits im Vorwort erwähnt — die gegenwärtige Situation ihrer eigenen beruflichen Praxis. Exemplarisch für die Praxiserfahrung vieler anderer Jugendbildner und Sozialarbeiter zitiere ich hier den Offenen Brief der Frankfurter, wobei — vergleichbar meinen späteren Ausführungen zum speziellen Angebot der Kirche — die diesbezüglichen Forderungen an den Rat der Evangelischen Kirche in Deutschland und an die Kirchenleitungen der Gliedkirchen in der BRD hier ein weiteres Feld der Problemerfahrung ansprechen.

Der Offene Brief lautet:

"Als Mitarbeiter in der kirchlichen Jugendarbeit stellen wir fest, daß Jugendliche in Schule, Lehre und Elternhaus durch die Auswirkungen der augenblicklichen wirtschaftlichen Situation in großer Gefahr sind.

Die Lage läßt sich in folgenden Thesen zusammenfassen:

1. Die Tatsachen:

— 25 % der Hauptschulabgänger bleiben ohne Hauptschulabschluß. Sie müssen damit rechnen, keine Lehrstelle zu bekommen.

— Jeder zweite Abiturient kann wegen des Numerus clausus nicht das Studium und damit den Beruf ergreifen, den er will. Abiturienten nehmen Realschülern die für sie vorgesehenen Ausbildungsplätze weg, Realschüler den Hauptschülern; Hauptschulabgänger ohne Abschluß, ausländische Jugendliche, Sonderschüler und Behinderte sind die Leidtragenden.

— Die Angst um die Lehrstelle bzw. den Studienplatz wirkt sich in allen Schultypen bis in die unteren Klassen aus: Der Kampf aller gegen alle um die besseren Noten ist an der Tagesordnung und verhindert soziales Lernen. Soziales, sozialpolitisches oder sonstwie außerschulisches Engagement (auch in der kirchlichen Jugendarbeit) wird durch die Angst vor negativen Einflüssen auf die Zensuren immer riskanter.

— 25 % des normalen Unterrichts fallen wegen "Lehrermangels" aus. Die Zahl der Schüler je Klasse und Lehrer ist so hoch, daß ein gezieltes Eingehen auf einzelne Schüler oder Schülergruppen kaum noch möglich ist; gleichzeitig sind mehrere tausend Lehrer arbeitslos.

— In den nächsten sechs bis zehn Jahren werden besonders geburtenstarke Jahrgänge die Schulen verlassen.

2. Die Folgen:

— Für Jugendliche: Zukunftsangst; Mißtrauen gegenüber den staatlichen Institutionen, insbesondere der Schule; fehlendes Einüben in soziales Verhalten, da Gruppenbildung in der Schule nicht mehr möglich ist.

In dieser Lage steigen Selbstmordzahlen, nehmen Jugendalkoholismus und Tablettensucht zu, brauchen immer mehr Jugendliche psychotherapeutische Betreuung, haben obskure Sekten und Heilsprediger starken Zulauf.

— Für die Lehrer: Sie stehen unter dem Druck, unter ungünstigen Bedingungen die Schüler zu möglichst hoher Leistung zu bringen. "Pädagogische" Arbeit wird für sie immer schwieriger. Gleichzeitig werden sie von allen Betroffenen für die strukturellen Schwierigkeiten verantwortlich gemacht — sie sind die "Prügelknaben". Dabei stehen sie selbst unter Existenzangst.

— Für die Eltern: Sie können kaum etwas sagen, da sich jede kritische Äußerung auf die Noten ihrer Kinder auswirken könnte. Sie büffeln mit ihren Kindern und versuchen so, die Situation privat aufzufangen.

3. In dieser Lage kann außerschulische Jugendarbeit nur noch Hilfe zum Durchhalten geben, sie kann versuchen, einzelne zu stabilisieren und vor der Resignation zu bewahren. Erziehungsziele wie Partnerschaft, Sensibilisierung und Emanzipation, schrittweise Schaffung einer neuen Gesellschaft, Hinarbeiten auf das Reich Gottes sind nicht zu verwirklichen, denn unter dem übermäßigen Druck der Schule und der Arbeitswelt erleben Jugendliche oft das genaue Gegenteil. Manchmal werden wir sogar unsicher, ob solche Erziehungsziele im Augenblick nicht eher Jugendlichen schaden: sensible Jugendliche, die sich partnerschaftlich zu verhalten versuchen, leiden besonders stark unter dem Leiden anderer und sind weniger durchsetzungsfähig.

Konsequenzen für die Kirchen:

Wir halten es für unbedingt notwendig, daß sich kirchliche Gremien auf allen Ebenen mit der Bildungssituation befassen und entsprechende Konsequenzen ziehen:

1. Auch wenn die kirchlichen Geldmittel geringer werden, muß im Bereich kirchlicher Jugendarbeit mehr investiert werden. Ehrenamtliche Mitarbeiter leisten viel — sie sind aber überfordert, wenn es um die Bewältigung der augenblicklichen Notlage der Jugendlichen geht. Darum müssen alle vorhandenen Planstellen für Jugendarbeit mit gut ausgebildeten Mitarbeitern besetzt werden. Außerdem muß Geld für unkonventionelle Hilfsmaßnahmen bereitgehalten werden.

2. In den Gremien und an allen anderen Stellen kirchlicher Basisarbeit muß der Versuch unternommen werden, durch Gespräche mit Jugendlichen, Eltern und Lehrern die Situation bewußt zu machen und Hilfen vor Ort anzubieten. Eltern und Erzieher müssen die Not der Jugendlichen begreifen lernen; Schüler, Eltern, Lehrer und Ausbilder müssen lernen, daß auch in dieser Situation einer des anderen Last tragen kann und muß.

3. Die Kirchen müssen ihren politischen Einfluß bei allen für die Bildungspolitik Verantwortlichen (in Gemeinden, Land und Bund) dafür einsetzen, daß die augenblickliche Notsituation als Chance verstanden wird, grundsätzlich neu über unsere Bildungsinhalte und Erziehungsziele nachzudenken.

Die katastrophale Entwicklung im Bildungssektor ist kein augenblickliches, vordergründiges Problem — sie ist insofern nicht als Wahlkampfthema geeignet, zumal in allen Bundesländern die Situation grundsätzlich gleich ist.

Es geht hier vielmehr um eine grundsätzliche Anfrage an die Entwicklungsziele unserer Gesellschaft. Dazu kann und muß die Kirche ihren Beitrag
leisten.

> (Ansätze dazu sind in der Stellungnahme des Rates der
> EKD zur schulpolitischen Situation in der BRD vom
> 24.10.1975 vorhanden, z.B. die Infragestellung der Lei-
> stung als des beherrschenden Selektionsfaktors unseres
> sozialen Lebens).

— Es muß deutlich gemacht werden, daß die Bildungsreform in allen Bundesländern nicht theoretische Planspiele waren, sondern praktische Experimente mit lebenden Menschen. Diese Menschen kann man jetzt nicht aus
finanzpolitischen Gründen einfach sich selbst überlassen.

— Es muß deutlich gemacht werden, daß es in den nächsten Jahren nicht
nur eine schulpolitische und wirtschaftliche Situation zu meistern gilt —
es geht vielmehr darum, dem Zerstören von Leben und Lebensmöglichkeiten junger Menschen, die wir kennen und gern haben, Einhalt zu gebieten.

— Es muß deutlich gemacht werden, daß fortschrittliche Erziehungsziele
der Bildungsreform durch die tägliche Praxis widerlegt werden und verloren gehen.

Wir meinen, daß die katastrophale Situation im Bildungsbereich die Gemeinden, die kirchlichen Gruppen und Organisationen zwingt, neu zu
überdenken, welchen Stellenwert die Jugendarbeit innerhalb des gesamten
kirchlichen Lebens und seiner Strukturen hat und in Zukunft haben soll.
Gerade in der Jugendarbeit werden in den nächsten Jahren um der Jugend
willen, um unserer Gesellschaft und um der Kirchen willen besondere Anstrengungen notwendig sein.

Daher fordern wir die kirchenleitenden Gremien auf, in verschiedenen
Formen — Denkschrift, Kanzelverlesungstexte, Gespräche mit politisch
Verantwortlichen — die kirchliche und außerkirchliche Öffentlichkeit auf
die Notlage der Jugendlichen aufmerksam zu machen und zur unmittelbaren Hilfe und zur langfristigen positiven Veränderung der Situation auf-
zurufen".[4]

Eine solche konstruktive Öffentlichkeitsarbeit stellt der, wie es heißt, aus
dem "Anwaltscharakter" der Caritas resultierende Schritte in die Öffentlichkeit dar, mit einer Dokumentation über den Tatbestand und die Situation
von "jährlich 100.000 Jugendlichen ohne Hauptschulabschluß". Unter
dem provozierenden Titel: "Das 'Schlußlicht' der Nation?" kommen aus
dem von Hubertus Junge geleiteten Referat "Jugendhilfe" des Deutschen
Caritasverbandes, Freiburg, Unterlagen für Reportagen, Interviews und

4 Hrsgb. vom Ev. Stadtjugendpfarramt, Frankfurt, März 1976, verantwortlich
  M. Jürgens.

Kommentare, insgesamt eine Dokumentation zur Erweiterung des Problembewußtseins unserer Gesellschaft, die in der Tat ein Alarmzeichen setzen: "Jährlich beenden mindestens 100.000 deutsche Jugendliche ihre Schulzeit ohne Hauptschulabschluß. Sie scheitern schon an der ersten Hürde, bevor das Berufsleben, der eigentliche 'Ernst des Lebens' beginnt. Und dieses Scheitern führt dazu, daß sie später auch in anderen Problemgruppen überproportional vertreten sind, z.B. bei den Jugendlichen ohne Berufsausbildung und bei den Arbeitslosen. Dieser Kehrseite entspricht übrigens am anderen Ende zahlenmäßig fast genau die 'Spitze der Bildung' — 1976 im Hochschulbereich 114.000 Ausbildungsplätze für Studienanfänger. Es besteht nun die Gefahr, daß die Probleme der Bildungspolitik, der Streit um die Neuordnung der beruflichen Ausbildung und die Angst vor einer drohenden Arbeitslosigkeit diese Misere der Jugendlichen ohne Hauptschulabschluß erneut überdecken und wiederum verdrängen, wie es bisher immer der Fall war, selbst und vor allem in der Hochkonjunktur. Je schneller sich zudem das Rad der Bildung und Ausbildung dreht — unvermeidlich, wünschenswert oder überdreht? —, desto mehr drohen diese Jugendlichen weiterhin das unbemerkte 'Schlußlicht der Nation' zu bleiben. Das ist alarmierend." Die auf, wenn auch nur spärlich vorhandenen, so doch soliden Quellen aufbauende Dokumentation bestätigt meine These, daß sich die Bildungskrise zur Beschäftigungskrise auszuweiten droht, und damit das Bildungssystem unserer Gesellschaft von einer neuen Seite her mit einem zusätzlichen Fragezeichen versehen wird. Die schon genannten 100.000 deutschen Jugendlichen ohne Hauptschulabschluß machen immerhin rund 15 % eines Geburtsjahrgangs aus. Mit gutem Grund lassen sich noch einmal 50.000 Jugendliche dieser Gruppe zurechnen, die mit einem "weniger guten Hauptschulabschluß", nicht zuletzt unter der Konkurrenz von Absolventen der Realschulen und Gymnasien, immer schwerer einen Arbeitsplatz finden. "Die Rede war immer von der Chancengleichheit für alle Kinder. Gemeint aber war die Chance, Gymnasiast oder Student zu werden". Die Dokumentation zitiert diese Feststellung von Franz Niehl, Pressereferent des nordrhein-westfälischen Kultusministeriums, aus seiner Untersuchung "Chancengleichheit ohne Chance?" und kommt zu dem Ergebnis: "Die 'Volksschule' — Grund- und Hauptschule — und die in ihr Tätigen zum alleinigen Prügelknaben für diese Situation zu machen, wäre deshalb ungerecht, weil ihr die Ziele politisch vorgegeben wurden — berechtigt oder modisch oder beides zugleich — und weil vor allem in der Hochkonjunktur der 'Rest' problemlos von der Wirtschaft aufgesogen wurde. Nach dem Wie?, nach den Kindern, fragte niemand''. So wurde und bleibt die Grundschule "Lieferant" für wirtschaftliche Interessen: "Bei den 13 – 15jährigen Schülern an allgemeinbildenden Schulen ergab sich 1975 folgendes Bild, wie aus den 'Grund- und Strukturdaten' des Bundesministeriums für Bildung und Wissenschaft hervorgeht: Von 1960 bis 1975 stieg der Anteil der Schüler an Realschulen und Gymnasien von

24 % auf 42 %, während die Schüler an Grund- und Hauptschulen von 59,3 % auf 46,5 % sanken. Das bedeutet nichts anderes, als daß heute etwa die gleich große Anzahl von Schülern nicht von der Grundschule zur Hauptschule geht, sondern an Realschulen und Gymnasien abwandert. Die Experten mögen sich darüber streiten, wie weit das notwendig, wünschenswert oder auch nur modisch ist, Tatsache bleibt, daß schon in der Grundschule für Lehrer, Eltern und Schüler eine Art Existenzkampf einsetzt, was nachher werden soll und werden kann. Oder anders ausgedrückt: Wer soll gefördert werden, welche Hälfte, die zukünftigen Hauptschüler oder die 'Abwanderer' auf Realschulen und Gymnasien? Natürlich beide, in der Theorie. Aber auch in der Praxis? Und wenn dies möglich sein sollte — mit welchem Lehrplan, mit welchen Mitteln und mit welchen Schüler-Lehrer-relationen?" In der Tat, diese Frage bleibt und verschärft sich von Jahr zu Jahr: "Wie muß die Grund- und Hauptschule aussehen, immerhin noch für 46,5 % die 'Schule des Volkes', damit sie auch denen gerecht wird, die nicht auf den Zweig der weiterführenden Schulen umsteigen? Und erst recht denen, die ihren Abschluß überhaupt nicht oder nur mit Mühe schaffen? Wie steht es mit der Koordination von Schule und Berufsausbildung: Ein Nebeneinander, Gegeneinander, Ineinander — aber wie? Nachdem die Bildungsreform sich sehr lange — notwendig oder auch modisch — mit olympischen Höchstleistungen beschäftigt hat, ist die Forderung vielleicht nicht ganz so abwegig, sich dem zu oft vergessenen großen Rest stärker zuzuwenden. Ob aber das 'Schlußlicht der Nation' genug Leuchtkraft für Experten und Politiker hat?"

Mit einiger Skepsis wird man selbst den Erfolg dieses Alarmrufes in der gegenwärtigen Situation gesellschaftspolitischer und bildungspolitischer Lethargie einschätzen müssen. Ob dazu die "Bombe aus Nürnberg" in der Dokumentation des Deutschen Caritasverbandes einen Schritt nach vorn bringt?" Was nicht passieren sollte (!), geschah doch — die alarmierenden Zahlen blieben nicht in den Geheimfächern des Instituts für Arbeitsmarkt- und Berufsforschung der Bundesanstalt für Arbeit —, sondern gelangten in die Öffentlichkeit. Der wesentliche Inhalt: Wenn im Ausbildungswesen alles so bleibt, wie es nach den jetzigen Planungen aussieht — was nicht gerade unwahrscheinlich ist —, dann werden im Jahre 1982 von insgesamt 960.000 Schulabgängern 283.000 keinerlei Aussicht auf eine Berufsausbildung haben. Zum Vergleich: Im 'normalen Jahr' 1976 betrug bei 775.000 Schulabgängern dieser 'Rest' 117.000 Personen. Nur? Man braucht nicht die Gabe der Hellseherei zu besitzen," stellt die Dokumentation fest, "um zu der Schlußfolgerung zu kommen, daß — 'den letzten beißen die Hunde' — dieser Kampf ums Überleben vor allem die schulisch schwächsten Glieder hart treffen wird: nämlich die Jugendlichen ohne Hauptschulabschluß, die Sonderschüler und die 'weniger guten' Hauptschüler mit Abschluß." Diese Trends zeichnen sich in der Statistik bereits deutlich ab.

Nach einer Übersicht der Bundesanstalt für Arbeit waren von den 115.753 Jugendlichen unter 20 Jahren, die Ende September 1975 arbeitslos waren, 37.363 = 32,27 % ohne Hauptschulabschluß. Das ist mehr als doppelt so viel wie ihr Bevölkerungsanteil. Da die meisten, 69,8 %, außerdem ohne eine abgeschlossene Berufsausbildung sind, liegt bei dem genannten Personenkreis eine dramatische Doppelbelastung vor. Die Dokumentation kommt zu dem Ergebnis: "Seit der menschlich und vor allem politisch brisanten Jugendarbeitslosigkeit wird für den fraglichen Personenkreis gewiß mehr getan, obwohl die schulische Vorbelastung seit eh und je bestand . . . Es bleibt nur zu hoffen, daß die Etatmittel weiterhin fließen, auch wenn das 'Ärgernis der Arbeitslosigkeit' — wie vor Bundestagswahlen — nicht mehr in solcher Eindringlichkeit als Zeitbombe tickt".

Die Dokumentation kommt insgesamt zu dem Ergebnis, das sie — offenkundig noch ungewohnt in ihrem gesellschaftskritischen Engagement — "Anmerkungen" nennt, die jedoch mehr als eine "Zeitbombe" darstellen: Der hier angesprochene Personenkreis der "Jugendlichen ohne Hauptabschluß" gehört bereits jetzt und vor allem später "nicht selten zu den 'Armen im Lande', zu den Schlechtergestellten und den Einsamen, die der Stütze von Menschen und Gesellschaft bedürfen. Fehlende Schulbildung und fehlende Ausbildung sind gewiß meist 'nicht an allem Schuld'. Sehr oft kommen widrige Lebensumstände, fehlendes oder geschädigtes Elternhaus, Umweltverhältnisse und auch Mängel in der eigenen Persönlichkeit hinzu, die alle zusammen bewirken, daß eine an sich schon tragische Situation noch unerträglicher und schlimmer wird. In der Beratung wird deutlich, wie für viele Menschen die Zukunft keine Hoffnung, sondern ein Albdruck ist". [4a]

Diese eindringlichen Appelle werfen eine doppelte Frage auf:

— Erneut, und gerade für die Jugendarbeit mit bisher ungewohnter Dringlichkeit und Schärfe, werfen die gegenwärtigen Defiziterscheinungen unserer so fortschrittsgläubigen Gesellschaft die Frage nach der Funktion von Jugend- und Sozialarbeit auf: nur Lückenbüßer einer für die einzelnen Betroffenen wie die Gesellschaft schicksalhaften Entwicklung zu sein, oder damit zugleich die Gestaltungskraft des einzelnen und der Gesellschaft für den sich hier defizitär zeigenden sozialen Wandel zu entdecken, zu stärken. Wir sind heute offenkundiger, weil in zunehmendem Maße individuell betroffen, mit dem schon genannten Veränderungsprozeß konfrontiert, der das Gegenstück von reformerischer Gestaltung des sozialen Wandels darstellt, der politische Ursachen und politische Konsequenzen hat, und der die institutionell-strukturelle Situation unmittelbar in das je einzelne Problemfeld der Jugend- und Sozialarbeit hineinzieht. Die Frage un-

4a Deutscher Caritasverband, Informationen, hrsg. von der Pressestelle des DCV, verantwortlich Joseph Scheu, Nr. 16, 1976.

serer Macht oder Ohnmacht gegenüber diesem sozialen Wandel erweist sich dabei immer mehr als vom Bildungsgeschehen untrennbares Politikum. Um der Bewahrung und — für viele Menschen, vor allem viele junge Menschen überhaupt erst — Erlangung freiheitlicher, selbstbestimmender Lebensgestaltung willen zwingt der gegenwärtige Veränderungsprozeß zu je individueller und politisch-gesellschaftlicher Auseinandersetzung. Soll diese nicht nur in aggressiver Auflehnung und radikaler Ablehnung enden, dann weist ein Bildungsprozeß, der der eigenen Veränderung, der größeren Befähigung in der beruflichen Praxis dient, unmittelbar in die politische Dimension: die Mitbestimmung und Mitverantwortung für den gegenwärtigen sozialen Wandel im praxisverändernden beruflichen Handeln einzuüben.

— Auf diesem Hintergrund stellt sich die weitere Frage nach der speziellen sozialen Verantwortung des Bildungsbereichs gegenüber einzelnen Gruppen, die diese Defizite sozialen Wandels unmittelbar spüren, neu: Praxisorientierung der Bildung bedeutet dann konkret, die gegenwärtig so offenkundige Dialektik von sozialem Sein und Bewußtsein, näherhin: von mangelndem sozialen Problembewußtsein und defizitärer, weil reformfeindlicher Entwicklung der gesellschaftlichen und wirtschaftlichen Strukturen zum Ansatz des bildungsmäßig intendierten Veränderungsprozesses zu machen. Das hat zur Folge, daß der eigene Lernprozeß freiheitlicher Entfaltung untrennbar die Vermittlung und Einübung jener Kenntnisse und Fähigkeiten einbezieht, mit denen auch in beruflicher Praxis gerade der heutigen Jugendarbeit Jugendlichen ein höheres Maß dieser freiheitlichen Entfaltung ermöglicht wird. Gerade die Jugendarbeit verdeutlicht heute zunehmend in exemplarischer Weise für alle Bereiche von Bildung und Agogik, wie sehr der Erfolg des personalen Angebots von unserer Befähigung abhängig wird, in diesem personalen Ansatz auch die Veränderung sozialer und wirtschaftlicher Strukturen anzustreben und einzuüben, so daß sie ein höheres Maß an freiheitlicher, solidarischer Lebensgestaltung ermöglichen. Diese Befähigung und ihr, wenn auch partieller, Erfolg entscheiden über die Möglichkeit, trotz aller gegenwärtigen Ohnmachtserlebnisse Hoffnung auf eine Zukunft zu haben, die sich dieser Mitbestimmung und Mitverantwortung als zugänglich und machbar erweist, machbar für mehr Freiheit und Partizipation, mehr Solidarität und personale Selbstbestimmung.[5]

5 Vgl. dazu das von H. Steinkamp und mir in den Jahren 1969 — 1971 entwickelte "Bildungskonzept des Bundes Katholischer Jugend", das sodann von den "Gemeinsamen Synode der Bistümer in der Bundesrepublik Deutschland" aufgegriffen und als Beschluß "Ziele und Aufgaben kirchlicher Jugendarbeit" 1975 verabschiedet wurde, in: Offizielle Gesamtausgabe, Freiburg 1976, Vgl. ferner R. Bleistein (Hrsg.), Kirchliche Jugendarbeit, Düsseldorf 1976, hier insbesondere den Beitrag von H. Steinkamp, Paralysierte Strukturen. Kirchliche Jugendarbeit zwischen Systemzwängen und Selbstorganisation, S. 52 ff.; ders., Neue Akzente in

Hier liegt jedoch auch eine neue Gefahr des Ohnmachtserlebnisses gerade jener auf Praxisveränderung gebildeter bzw. fortgebildeter Multiplikatoren der Jugend- und Sozialarbeit. Sie gründet in der geringen oder gar nicht erreichten Auswirkung des auf Mitbestimmung und Mitverantwortung ausgerichteten Lernprozesses innerhalb des persönlichen oder beruflichen Lebensraums, der kleinen Gruppe, der erfahrbaren sozialen Lebenswelt, auf die Veränderung auch der diese prägenden strukturell-institutionellen Machtfaktoren. Wo die Möglichkeiten der Bildungsarbeit und der daraus resultierenden Jugend- und Sozialarbeit einem zunehmenden Verengungs- bzw. Begrenzungsprozeß unterliegen, signalisiert dieses Ohnmachtsver- hältnis die politische Auseinandersetzung. Dabei darf jedoch nicht über- sehen werden, wo die Grenzen auch der politischen Verantwortung ver- laufen: sie liegen eindeutig auch in den begrenzten, die politische Aktivität hemmenden Strukturen des sozialen Bewußtseins breitester Schichten der Gesellschaft.

Dies soll nachfolgend für den Bereich der Sozialarbeit — als Pendant zur vorhergehenden Problemskizze für die Jugendarbeit — am Praxisfeld so- zialarbeiterischen Einsatzes für Strafgefangene und Haftentlassene aufge- zeigt werden. Die sogenannte Bewährungshilfe nimmt von diesem Einsatz nur einen Teil ein; die Arbeit mit Haftentlassenen kann nur im engsten Zusammenhang mit dem Tatbestand ihrer Bestrafung gesehen werden.

Strafgefangene und Haftentlassene sind kaum noch als Randgruppe der Gesellschaft zu bezeichnen, sie sind vielmehr Ausgestoßene, die nur in den seltensten Fällen den Weg zurückfinden. Rd. 70.000 Menschen verbü- ßen im Jahresdurchschnitt eine Haftstrafe, 70 v.H. sind sogenannte Wieder- holungstäter. Unter ihnen gibt es nicht nur eine eigene Sprache, sie bilden eigentlich eine Gegenwelt zu der unseren — mit eigenen Gesetzen, auch eigenen Leistungsnormen.

Mögen auch viele gerade bei diesen Menschen auf persönliches Versagen und eigene Schuld hinweisen, ihr Lebensweg ist in unserer Gesellschaft in erschreckender Weise vorprogrammiert: sie kommen zumeist aus zerrütte- ten oder unvollständigen Familien, wachsen in Heimen auf, haben zum großen Teil keine abgeschlossene Schulausbildung. Als Jungarbeiter wer- den sie unvorbereitet mit der vollen Härte und allen Risiken des Arbeits-

der kirchlichen Jugendarbeit, in: Kirchliche Jugendarbeit, Nr. 5, 1973, S. 77 ff.; H. Scarbath, Jugend als Veränderungspotential, in: Diakonia, H. 5, 1974, S. 305 ff.; M. Schibilski, Emanzipative Sensibilisierung. Hinweise für sozialpädagogi- sche Praxis, in: F. Menne (Hrsg.), Neue Sensibilität. Alternative Lebensmöglich- keiten, Neuwied 1974, S. 126 ff.; N. Belardi, Die vernachlässigte Beziehungs- und Erfahrungsebene in der Jugendbildungsarbeit, in: Deutsche Jugend, H. 23, 1975, S. 506 ff.; E. Seydel, Kirchliche Jugendarbeit. Freiraum und Konflikt, Stuttgart 1974; Religiöse Gruppen. Alternativen in Großkirchen und Gesellschaft. Berichte, Meinungen, Materialien. Im Auftrag des Deutschen Ökumenischen Stu- dienausschusses hrsg. von J. Lell und F. Menne, Düsseldorf, Göttingen 1976.

lebens konfrontiert. Gesellschaftlich anerkannte Leistungserfolge bleiben ihnen versagt. Leisten können sie nur etwas gegen diese Gesellschaft, was mit deren Leistungsnormen radikal in Konflikt gerät, wie beispielsweise Erwerb durch Diebstahl statt durch Arbeit. Wer von ihnen einmal aus der Bahn geworfen wird — und sei es auch wegen einer geringfügigen Sache — ist gekennzeichnet und wird geradezu in eine Kriminellenlaufbahn gedrängt.

Die behördlichen Hilfen, die in letzter Zeit verstärkt werden[6], stoßen vielfach auf Verständnislosigkeit und Ablehnung in der Gesellschaft. Arbeit, Wohnung und gar Freunde zu finden, ist für den Haftentlassenen oft unmöglich. So findet auch die verbüßte Strafe mit der Haftentlassung noch nicht ihr Ende. Die Voraussetzungen für einen neuen Anfang sind kaum zu schaffen. Sie bleiben Verurteilte, Ausgeschlossene.

Aber nicht nur sie trifft dieses Urteil der Menschen. Es bezieht auch ihre Angehörigen, Mann oder Frau sowie die Kinder ein. Auch ihnen wird ein normales Leben unmöglich gemacht, auch sie werden ausgeschlossen, sind auf Sozialhilfe verwiesen und müssen die Verurteilung ihrer Umwelt hinnehmen. Aus eigener Kraft sich in dieser Gesellschaft zu behaupten, wird ihnen, wie viele Beispiele zeigen, fast unmöglich gemacht. Aus einer Umfrage des Bonner Infas-Instituts 1970 geht hervor, daß 77 % der Bundesbürger etwas dagegen haben, daß ein Haftentlassener zum Freund wird, 71 % wollen nicht, daß er in die eigene Familie einheiratet, 65 % wollen nicht mit einem Vorbestraften im eigenen Haus, 44 % nicht in der gleichen Siedlung wohnen; 47 % wollen ihn nicht als Arbeitskollegen.

Die zeitlebens diskriminierte Randgruppe der Straftäter stellt jedoch damit eine indirekte Frage nach den Normen unserer Leistungsgesellschaft, vor allem nach der der Verteilung von Lebenschancen dar. Denn das Gelingen oder Mißlingen von Sozialisation und Resozialisation sind gesellschaftlich bedingte Startpositionen für ein Leben in Freiheit oder im Gefängnis.

So drängen sich unmittelbar die folgenden Fragen auf: muß das heutige System des Strafvollzugs verstanden werden

---

6 Vgl. dazu die Diskussionen über eine Strafrechtsreform und Reform des Strafvollzugs, etwa bei H. Müller-Dietz, Strafzwecke und Vollzugsziel. Ein Beitrag zum Verhältnis von Strafrecht und Strafvollzugsrecht, Tübingen 1973; ders., Der Alternativentwurf eines Strafvollzugsgesetzes und die Strafvollzugsreform, in: Vorgänge, 12. Jg. 1974, H. 7, S. 15 ff.; Erziehung zur Freiheit durch Freiheitsentzug. Internationale Probleme des Strafvollzugs an jungen Menschen, hrsg. von M. Busch und G. Edel, Darmstadt 1969; H. Einsele antwortet E. Klee: Das Verbrechen, Verbrecher einzusperren. Strafvollzug der positiven Hinwendung, Düsseldorf 1970; H. Schüler-Springorum, Was stimmt nicht mit dem Strafvollzug? Hamburg 1970; Strafvollzug. Analysen und Alternativen, hrsg. von U. Kleinert, Mainz, München 1972; H. Treiber, Widerstand gegen Reformpolitik. Institutionelle Opposition im Politikfeld Strafvollzug, Düsseldorf 1973.

— als eindeutige Entscheidung der Leistungsgesellschaft für den Vollzug eines gewissen "Schuldstrafrechts", bei dem der geringe Resozialisierungseffekt, bzw. die hohe Rückfallquote in Kauf genommen wird, da den Erwartungen der Gesellschaft auf Bestrafung der Täter und auf Schutz vor ihnen Rechnung getragen wird?

— Als Ausdruck der Ohnmacht einer Gesellschaft, weder mehr Hilfestellung leisten zu können im Sozialisationsprozeß und den darin verborgenen vielfältigen mitmenschlichen Beziehungsnotständen, noch die in diesem Notstand Scheiternden anders zu behandeln als in einem sozialen Subsystem zu kasernieren, das zwangsläufig zu einer Subkultur mit kriminellen Karrieren führt?

— Als unbewußte Reaktion der Gesellschaft, das Spiegelbild der eigenen Morbidität aus dem Blickfeld zu haben — wobei "gekonnte" Verbrechen evtl. als Kavaliersdelikt verstanden werden und nicht die gleichen Sanktionen nach sich ziehen? Symptomatisch dafür wäre die geistige Mauer, die die Gesellschaft um das Gefängnis zieht, und die von Verständnislosigkeit bis zu aggressiver Abwehr reicht.[7]

In einem solchen "System" des Strafvollzugs gesellschaftlicher Sanktion gegenüber dem Straftäter erhält das Gefängnis eine soziale Abwehrfunktion, die mehr die Gesellschaft als die Straftäter meint. Die Absicht, den Täter und die Gesellschaft vor weiteren Straftaten zu schützen, sind als ein auswegloser Versuch anzusehen, die strukturellen Mängel unserer Gesellschaftsordnung zu kaschieren. Der diesen Strukturen angepaßte Mensch in und außerhalb des Gefängnisses spiegelt symptomatisch die Mängel unserer "Leistungsgesellschaft" wider. Diese Kritik wird heute offen geäußert. Wie aber soll das Gefängnis im Vollzug einer "helfenden Behandlung" von Menschen, die mehr "Gestörte" denn "Störer" der Gesellschaft sind, gelingen, wenn das System des Strafvollzugs, das Gefängnis, in dieser seiner gesellschaftlichen Sanktionsmacht vom sozialen Bewußtsein breiter Schichten in der "Leistungsgesellschaft" toleriert, akzeptiert wird?

Diesem Bewußtsein liegt es fern, zu bedenken, daß in vielen Fällen der Straftäter schuldig geworden ist, weil ihm in Kindheit und Jugend, Eltern-

---

7 Vgl. D. Rollmann (Hrsg.), Strafvollzug in Deutschland. Situation und Reform, Frankfurt und Hamburg 1967; B. Gareis und E. Wiesnet, Gefängniskarrieren, Innsbruck, Würzburg 1973; H. Müller-Dietz, Strafvollzug und Gesellschaft, Bad Homburg, Berlin, Zürich 1970; B. Gareis, Hat Strafe Sinn? Freiburg 1974; A. Mergen, Tat und Täter. — Das Verbrechen in der Gesellschaft, München 1971; E. Naegeli, Die Gesellschaft und die Kriminellen. Strafreform als Gesellschaftsreform, Zürich 1972; P. Reiwald, Die Gesellschaft und ihre Verbrecher, Frankfurt 1973; T. Moser, Jugendkriminalität und Gesellschaftsstruktur. Zum Verhältnis von soziologischer, psychologischer und psychoanalytischer Theorie des Verbrechens, Frankfurt 1972; E. Klee, Prügelknaben der Gesellschaft, Düsseldorf 1971; U.G. Stuberger, V. Frielinghaus, Die ausgeschlossenen Eingeschlossenen. Straffälligkeit und Strafvollzug, Stuttgart 1974.

haus und Schule, Wohnverhältnisse und Lebenschancen — kurz: die Gesellschaft etwas schuldig geblieben sind. Er verkörpert die Defizite der Leistungsgesellschaft, der der Wille und die Fähigkeit fehlen, die eigenen, im Straftäter sichtbar gewordenen Mängel zu erkennen, anzunehmen und sie in der helfenden Beziehung und im ordnungspolitischen Handeln anzugehen. Vielmehr konsumieren wir täglich im Fernsehen und in der Presse Verbrechen und Gewalttaten, ziehen Genuß und Gewinn daraus. Wir genießen und bestrafen das Verbrechen zugleich. Die Trennlinie zwischen dem Verurteilten und uns ist oft äußerst durchlässig und zufällig.

Die Antwort der Gesellschaft auf die Straftat besteht dann auch in der repressiven Machtausübung am Schuldiggewordenen, nämlich in Verurteilung, Verwahrung bzw. Kasernierung und Disziplinierung und danach in Stigmatisierung und Aussperrung. Im Strafvollzug und in einem Leben als Strafentlassener nehmen die heute allgemein beklagten Formen der Selbstentfremdung wesentlich primitivere Formen an. Hier liegt die Entfremdung in einer oft sinnlosen Verwahrung, einer maßlosen Überziehung von objektiver Macht der Anstaltsordnung und nicht zuletzt in einer oft sinnlosen Arbeit. Da ein großer Anteil der Gefangenen ungelernte Arbeiter sind, sind die traditionell stumpfsinnigen Gefangenenarbeiten kaum durch sinnvollere Arbeitsaufträge zu ersetzen. Gleiches aber wiederholt sich für den Strafentlassenen, selbst wenn er sich mit eigener Kraft um eine Wiedereingliederung in die Gesellschaft, und d.h. auch in eine angesehene berufliche Rolle bemüht. Die Folge einer randständigen Position ist oft der Suizid oder eine weitere strafbare Selbstbehauptung im aggressiven Widerstand gegen die geltenden Normen und Gesetze dieser Gesellschaft. Die oft als unsinnig empfundene Strafe, die Rache der Gesellschaft, trägt so den Keim des neuen Verbrechens in sich, das dann zur Rache an der Gesellschaft wird. Der Teufelskreis schließt sich.

Hier Sozialarbeit zu leisten, ob im Gefängnis oder an dem Haftentlassenen, heißt näherhin: dem einzelnen Strafgefangenen und Haftentlassenen zu seiner menschlichen Entwicklung zu verhelfen, Bedingungen zu schaffen, die verhindern, daß aus der Verurteilung eine Abstempelung des Menschen zum Kriminellen wird, und: der "Leistungsgesellschaft" ihr Versagen, ihre blinde Sanktionsmacht bewußt zu machen.[8] Dies gilt es auch dann immer

8 G. Grieswelle, Sozialarbeit, Pädagogik und Jugendstrafrecht, Stuttgart 1972; U. Heierli, Gefangenenarbeit und Resozialisierung, Zürich 1973; E. Klee, Resozialisierung — Handbuch zur Arbeit mit Strafgefangenen und Entlassenen, München 1973; Kriminalität und Sozialarbeit, hrsg. von B. Schmidtobreick, Freiburg 1972; H. Müller-Dietz, Sozialarbeit als zentrale Aufgabe der Strafrechtspflege, in: Bewährungshilfe, 20. Jg. 1973, S. 104 ff.; ders., Seelsorge im Strafvollzug, in: Zeitschrift für Strafvollzug, Jg. 1970, S. 136 ff.; ders., Straffälligenhilfe als gesellschaftliche Aufgabe, in: Archiv für Wissenschaft und Praxis der sozialen Arbeit des Deutschen Vereins für öffentliche und private Fürsorge, Frankfurt 1976, H. 1, S. 23 ff.

wieder erneut zu vertreten, wenn das öffentliche Bewußtsein durch schwere gewalttätige Straftaten gegen Freiheit und Leben einzelner Bürger und gegen die Ordnung der Gesellschaft belastet sind.[9]

Auf dem "Schrotthaufen der Menschlichkeit" liegt jedoch nicht nur die Randgruppe der Strafgefangenen und Haftentlassenen. Unter dem genannten Titel hat Ernst Klee nach einer ganzen Reihe sozialkritischer Veröffentlichungen in diesen Tagen ein "Lesebuch zur sozialen Wirklichkeit in der Bundesrepublik Deutschland" vorgelegt.[10] Es ist ein erschütterndes Dokument, dessen Daten und Fakten jedem Glied der Gesellschaft unmittelbar zugänglich, weil tagtäglich erfahrbar sind. "Die Zahl der Sozialhilfeempfänger steigt. Die Armut wächst in einem Land, das als Wohlstandsland gepriesen wird. Armut bedeutet nicht nur Hunger, kein Geld haben, Betteln oder um Sozialhilfe bitten müssen. Arm ist der, der gesellschaftlich isoliert lebt, dessen Kontakte, dessen menschliche Beziehungen verarmt, ja gar erloschen sind. Arm sein heißt auch: keine Ziele, keine Zukunft haben.

— Wer verbraucht ist, wird ausgegliedert, abgeschoben, fühlt sich weggeworfen. Wer verbraucht ist, zählt zum alten Eisen, ist Schrott. Wer nichts oder nichts mehr leisten kann, verliert seinen sozialen Status, wird zum Sozialschrott geworfen, abgeschrieben".[11] Daß zu diesem "Sozialschrott", daß als neue Randgruppe der Gesellschaft auch unsere Kinder zählen, klingt paradox bzw. selbstmörderisch. Ich werde im Zusammenhang der

---

9 Darum ist es zu begrüßen, daß sich über die zitierten und andere Einzelpersönlichkeiten hinaus Universitätsinstitute und Einrichtungen der Jugend- und Erwachsenenbildung der Aufgabe annehmen, ein neues Bewußtsein zu schaffen. So gibt bereits mehrfach das Institut für Praktische Theologie der Universität Würzburg ein Kontaktstudium für Strafgefangenen-Seelsorge an; vgl. den Studienbericht der 1. Tagung: Kirche im Strafvollzug. Einführung in die Seelsorgearbeit mit Strafgefangenen. Studientagung 18.(2. – 22.2.1974 in Würzburg). Referate und Ergebnisse der Arbeitskreise, hrsg. von der Konferenz der kath. Geistlichen bei den Justizvollzugsanstalten der Bundesrepublik mit Westberlin, Landsberg a. Lech, o.J.; ferner: Der Straffällige und die Gesellschaft. Strafvollzug und Öffentlichkeit. Protokoll Nr. 102 und 103, 1975. Akademietagungen der Evangelischen Akademie Hofgeismar, 1975; Strafvollzug — Stiefkind der Kirchen? Dokumentation zusammengestellt aus Anlaß des Politischen Forums der Katholischen Akademie Trier am 9.11.1974, 3. verb. Aufl. Trier 1976; dies. Katholische Akademie Trier: Strafvollzug im Wandel. Zur Frage der Konsequenzen einer neuen Ethik, Seminarbericht 2. – 6. Juni 1975 sowie Strafvollzug — Öffentlichkeit ausgeschlossen? Zur Situation der ehrenamtlichen Hilfe. Beiträge und Materialien der Informationstagung für Journalisten und im Strafvollzug Tätige vom 17. – 19. Oktober 1975, Trierer Protokolle 3, 1976; W. Dreier, Die Rolle des Gefangenenseelsorgers in Kirche und Gesellschaft, in: Zeitschrift für Strafvollzug und Straffälligenhilfe, H. 4, 1976, S. 209 ff.

10 Vgl. E. Klee, Der Schrotthaufen der Menschlichkeit. Ein Lesebuch zur sozialen Wirklichkeit in der Bundesrepublik Deutschland. Reports und Reportagen, Düsseldorf 1976.

11 Ebd., Klappentext.

Problemanalyse unseres sozialen Sicherungssystems in den späteren Ausführungen darauf zurückkommen.

Zusammenfassend läßt sich feststellen:

— Wenn in der Jugendarbeit heute die Frage nach der Zukunft im Sinne individueller beruflicher Chancen und Sicherheiten, aber auch einer stabileren Weltordnung unter Beachtung der "Grenzen des Wachstums" und der zunehmenden Kluft zwischen armen und reichen Völkern aufgeworfen wird, dann werden wir Antwort geben müssen, die radikale Reformen unseres sozialen Seins und Bewußtseins beinhalten. Diese werden sich im Rahmen praxisverändernder Bildung sowohl auf ein neues Problem- und Wertbewußtsein als auch auf neue politische Handlungsstrategien erstrekken müssen, die in der Praxisveränderung von Jugend- und Sozialarbeit beispielsweise als Mitbestimmung und Mitverantwortung jedes einzelnen für unsere Zukunft beginnen.

— Sozialarbeit mit ihren bildenden, beratenden und helfenden Diensten stellt einerseits einen Brennpunkt der Erfahrung von individueller Ohnmacht oder gar Hoffnungslosigkeit dar; sie kann aber auch andererseits zum Praxisfeld der Einübung von Zukunft gewinnender Veränderung unseres Denkens und Handelns werden. Dazu müssen jedoch die Ziele ihrer agogischen Handlungslehren auch die politische Dimension einer humanen Steuerung des sozialen Wandels umgreifen;[12] sie zu erlernen und einzuüben ist Inhalt praxisverändernder Bildung. Sie wird damit zum entscheidenden Kriterium, ob wir die Herausforderung gefährdeter Zukunft erkennen und anzunehmen in der Lage sind.

12 Vgl. W.G. Bennis, The Planing of Change, New York 1966; Th. Hanf, M. Hättich, W. Hilligen, R.E. Vente, H. Zwiefelhofer, Sozialer Wandel, 2 Bde. Frankfurt 1975; A. Bäuerle, Sozialarbeit und Gesellschaft, Weinheim 1976; Grundbegriffe und Methoden der Sozialarbeit, Hrsg. der amerikanischen Ausgabe W.A. Friedländer, der dt. Ausgabe H. Pfaffenberger, 2. Aufl. Neuwied, Berlin 1974; K. Mollenhauer (Hrsg.), Zur Bestimmung von Sozialpädagogik und Sozialarbeit, Weinheim 1966; M. van Beugen, Agogische Intervention, Planung und Strategie, Freiburg 1972; W. Dreier (Hrsg.), Über Ziel und Methoden der Sozialarbeit. Ein Tagungsbericht, Münster 1970; zur bes. Bedeutung für praxisverändernde Bildung vgl. die Diskussion über das Lernelement "Supervision", etwa: B. Blinkert, N. Huppertz, Der Mythos der Supervision. Kritische Anmerkungen zu Anspruch und Wirklichkeit, in: Neue Praxis, H. 2, 1974, S. 112 ff., J. Wilhelm, Einige Gedanken zur Supervision in Theorie und Praxis der Sozialarbeit, in: Neue Praxis, H. 2, 1975, S. 133 ff.; H. Lander, Macht Supervision emanzipatorische Lernprozesse machbar? Macht/Gegenmacht und Partnerschaft als Dialektik der Supervision, in: Der Sozialarbeiter, Nr. 3, 1975, S. 1 ff; dies. Subjektive Aggression — ungleiche institutionelle Machtverhältnisse, in: Sozialpädagogik, 18. Jg., H. 6, 1976, S. 277 ff.

3. Gefährdete Zukunft — die globale Perspektive aller Reformen

Wenn zunehmend davon die Rede ist, daß Gerechtigkeit und Freiheit in der Welt unteilbar seien[1], daß es kein Recht auf Arbeit ohne mehr Solidarität gebe[2], dann wird damit eine neue Sicht der Interdependenz nationaler und internationaler sozialer Probleme sichtbar. Sie hat auch zur Folge, daß gesellschaftliche Reformen immer auch auf globale Veränderungen ausgerichtet sein müssen, und zwar nicht nur aus einem ethischen Anspruch heraus, sondern um ihrer eigenen Erfolge willen. Dies resultiert, wie ich im Vorwort bereits ausführte, vor allem daraus, daß die gefährdete Zukunft zur entscheidenden globalen Perspektive auch nationaler gesellschaftlicher Reformen geworden ist. Ihr soll in diesem Abschnitt nachgegangen werden, und zwar unter dem Aspekt, diese für uns alle lebenswichtige Perspektive aus der Problemanalyse erfahrbarer Widersprüche in unserer eigenen Gesellschaft für eine praxisverändernde Bildung auszuziehen.

Wir fragen in den letzten Jahren verstärkt nach dem Wert und der Würde des Menschen, stellen Qualität und Quantität des Lebens einander gegenüber, fordern eine Entwicklung von "weniger menschlichen zu menschlicheren Lebensbedingungen" in weltweiter Perspektive. Damit kommt der Prozeß unseres gegenwärtigen sozialen Wandels ins Blickfeld, der offenkundig durch vielfache Widersprüche und irrationale Faktoren gekennzeichnet ist:

— So steht beispielsweise dem wachsenden und für breite Schichten in noch nie erreichter Höhe angewachsenen Wohlstand eine Gefährdung des Menschen gegenüber, eine neue Form menschlicher Selbstentfremdung, eine neue "soziale Frage", ohne daß sich dessen unsere Gesellschaft bewußt ist.

— Diesem mangelnden sozialen Problembewußtsein entspricht in oft irrationaler Argumentation eine öffentliche Meinungsbildung durch die Wissenschaft, die publizistischen Medien, die Bildungsinstitutionen, so daß zu Recht die Frage nach der Identität unseres Gesellschaftssystems aufgeworfen wird.

— Da die Hauptfaktoren für die Dynamik des sozialen Wandels, den wir derzeit erleben, wirtschaftliche Aktivitäten darstellen — lange Zeit auf

1 Vgl. O. von Nell-Breuning, Wir, unsere Politiker, die Ölscheichs und das große Unrecht in der Welt. Worauf es ankommt: Unsere Selbstgerechtigkeit erschüttern und die Selbstkritik schärfen — Gerechtigkeit ist unteilbar, in: Publik-Forum, Sonderdruck zum Katholikentag, 1974, S. 3 ff.
2 Vgl. E. Eppler, Kein Recht auf Arbeit ohne mehr Solidarität, Auszug aus einer Rede in der Evangelischen Akademie Herrenalb, in: Frankfurter Runschau vom 28.5.1976.

höchstmögliche Wachstumsraten innerhalb der Grenzen nationalen Wohlstands ausgerichtet —, stehen die dazu erbrachten gewaltigen Leistungen der Menschen, aber auch das diese Leistungen erfordernde Wirtschaftssystem heute in Frage; und dies um so mehr, als mit dem eigenen Gefühl, einem unmenschlichen Leistungsdruck ausgesetzt zu sein, auch der Blick für die verfeinerten Ausbeutungsmethoden im internationalen Handel oder auch innerhalb der sogenannten Entwicklungsländer (zwischen einer kleinen reichen Oberschicht und einer breiten verarmten Unterschicht) geschärft wird.

— Trotz rationaler Einsicht und beschwörender Appelle in bzw. an die notwendige Solidarität der Völker, die immer mehr auf Einheit verwiesene Menschheit, sowie trotz der vielfachen Feststellungen unteilbarer Freiheit und Gerechtigkeit in dieser Welt ist kein Ende des partikularistischen Denkens und Handelns (auf den Vorteil des eigenen Volkes, der mächtigeren Gruppe), kein Abbau des Macht/Ohnmacht-Gefälles innerhalb unserer eigenen Gesellschaft wie der auf universalistisches, solidaristisches Denken und Handeln verwiesenen Gemeinschaft der Völker abzusehen. So nimmt offenkundig trotz zahlreicher Deklarationen für Freiheit und Gerechtigkeit, für Solidarität und Gleichberechtigung, für Frieden und Entwicklung das Maß an Gewalt und Unrecht, an Ausbeutung und Abhängigkeit, an Friedlosigkeit und Elend in der Welt eher zu als ab. Für die unabdingbare Solidarität als Überlebenschance der Menschheit fehlen weithin die bewußtseinsmäßigen und politisch-strukturellen Voraussetzungen. Das gilt sowohl für die Völkergemeinschaft insgesamt als auch für unsere eigene hochentwickelte Industriegesellschaft.

Auf diesem Hintergrund bekommt ein Wort, das dem französischen Dichter und Lyriker Paul Valéry (1871 — 1945) zugeschrieben wird, erneute Aktualität, die vielleicht heute größer ist als zur Zeit seiner Kreation: "Das Schlimmste an unserer Zeit ist, daß die Zukunft nicht mehr ist, was sie einmal war". Wenn man die Wahrheit dieses Wortes hinter dem Schleier der freundlichen Ironie zu entdecken sucht, dann ist die Tatsache eines äußerst zwiespältigen Verhältnisses zur Zukunft nicht zu übersehen. Dabei widerspricht es — vordergründig betrachtet — eigentlich unser aller Lebenserfahrung, von einem solchen zwiespältigen Verhältnis zu sprechen; ist doch unser Denken und Handeln in vielen Lebensbereichen auf die Gestaltung des Hier und Jetzt gerichtet, um es in Zukunft besser zu haben. Wir lernen und lassen uns aus- und weiterbilden, um hochgesteckte berufliche Ziele in der Zukunft zu erreichen; wir sparen und planen mittel- und langfristig, um in Zukunft einen höheren Lebensstandard zu erreichen. Glauben wir und hoffen wir nicht auch an bzw. auf eine Zukunft, die uns den Frieden erhält, die Unruheherde von Krieg und Revolution fernhält — wünschen wir das in Zukunft nicht auch allen Menschen? —

Bereits die hier ausgewählten Lebens- und Erfahrungsbereiche eines jeden von uns bergen den genannten Zwiespalt: unsere Zukunft ist durch eine gute Bildung und einen darauf aufbauenden beruflichen Erfolg nicht mehr gesichert; die Erreichung eines eigenen hohen Lebensstandards und seine individuelle und wirtschaftlich-gesellschaftliche Absicherung garantiert keine Zukunft mehr; der Glaube und die Hoffnung auf unseren Frieden ist nicht zu trennen vom Frieden, und d.h. von der Entwicklung und der damit zu gewinnenden Zukunft aller Menschen in dieser Welt von heute und morgen.

Gegenüber dieser globalen Ausweitung der Zukunftsperspektive und damit zugleich auch globalen Einschränkung unserer Hoffnung auf Zukunft zeigt sich unser Bewußtsein in einer fast hoffnungslosen Verengung. Es spiegelt als "bewußtes Sein" jedoch auch die gesellschaftlichen Strukturen und Zielwerte des sozialen Wandels wider. Sie sind von einer ebenso hoffnungslosen partikularistischen Verengung gekennzeichnet, der der Physiker A.M.K. Müller die folgende überzeugende Deutung gab: "Partikulares Denken ist ein isoliertes, ausschnittartiges, im Grunde fahrlässig selbstgenügsames Denken, das gleichwohl — auf seinen Ausschnitt unbedingt und unaufgebbar zentriert — mit dem Anspruch auftritt, komplett zu sein, alles Notwendige autark leisten zu können, gegebenenfalls mit Gewalt". Müller zieht auch die für unsere Zukunft entscheidende Schlußfolgerung daraus: "Denken in Ausschnitten der Wirklichkeit ist so alt wie die Menschheit selbst . . . Dieses Denken ist an das Ende seiner Möglichkeiten gekommen. Die heutige Krise ist die Steigerung der mörderischen Kollision partikularer Interessen ins Selbstmörderische".[3]

Zu einem ähnlichen Schluß kam Georg Picht, als er die Rolle der Wissenschaft für unser angeblich so wissenschaftliches Zeitalter, näherhin ihr Verhältnis zur Zukunft untersucht. Sein Ergebnis: "Die positiven Wissenschaften standen zur Zukunft immer in einem zwiespältigen Verhältnis. Auf der einen Seite haben sie sich vom Fortschrittsglauben in seinen naivsten und unreflektiertesten Formen tragen lassen; auf der anderen Seite wurde die Zukunft nie zum Gegenstand wissenschaftlicher Forschung gemacht. Jeder Entwurf einer möglichen Zukunft wurde als 'Utopie' betrachtet, und Utopien galten als unwissenschaftlich".[4]

Inzwischen haben wir zur Kenntnis genommen, daß die neomarxistische Kritik an unserem als "Spätkapitalismus" bezeichneten Gesellschafts- und Wirtschaftssystem — womit das "liberalkapitalistische" des Westens wie das sogenannte "staatskapitalistische System" des Ostens gemeint sind — mit dem Begriff der Real-Utopie in die Zukunft ausgreift, und da-

---

3 A.M.K. Müller, Die präparierte Zeit. Der Mensch in der Krise seiner eigenen Zielsetzungen, Stuttgart 1972, S. 30.
4 G. Picht, Mut zur Utopie, München 1969, S. 11 f.

mit ihrem "Prinzip Hoffnung" (Ernst Bloch), ihrer Vorstellung, die Zukunft zu gewinnen, einen Fixpunkt setzt. Im Begriff "Real-Utopie" bzw. "Konkrete Utopie" spiegelt sich allerdings auch ein zwiespältiges Verhältnis zur Zukunft, weil es aus der totalen Negation der Gegenwart resultiert.[5]

Hier, wie aber auch in Analysen und Perspektiven, die keinen dialektischen Sprung zur Gewinnung der Zukunft voraussetzen, ist das Wissen um die Gefährdung der Zukunft — ausgesprochen oder unausgesprochen — impliziert. Damit ist die Geschichte der Menschheit offenkundig an einen entscheidenden Wendepunkt gelangt; konnten bisher Existenzkrisen partikular überwunden werden, gegebenenfalls mit dem Opfer des Untergangs ganzer Völker und Kulturen, so ist heute eine Krise der gesamten Menschheit in ihrem Verhältnis zu den natürlichen Lebensgrundlagen eingetreten, eine Krise, die sich zunehmend verschärft. Sie ist mitbedingt durch eine explosive Bevölkerungsentwicklung in den Hungerzonen der Welt und durch ein in West und Ost forciertes exponentielles Wirtschaftswachstum der reichen Industrienationen. Letzteres reicht jedoch heute schon nicht mehr aus und wird in Zukunft noch weniger ausreichen, die Menschheit zu ernähren. Die zivilisatorische Tätigkeit hat zu einer rücksichtslosen

5 U. Hommes greift diese Frage aus dem Blickwinkel praktischer Philosophie auf: "Während für wahrhaft kritische Theorie alles hängen würde an der Überzeugung von der Möglichkeit einer Weiterbildung des Bestehenden hin auf eine Wirklichkeit menschlichen Miteinanders, in der mehr Vernunft als gegenwärtig wirklich ist, bleibt dem Denken im Widerspruch deshalb nur der Glaube an die revolutionäre Umwälzung mit einem Schlag. Als totale Negation kann diese Utopie ihren eigenen Entwurf nicht mehr so begründen, daß mit dem Bedürfnis nach einem Wandel der Verhältnisse wirklich zugleich dessen Möglichkeit sichtbar wird. Die Utopie, die aus der Erfahrung des bestehenden Widerspruchs heraus unvermittelt zur Notwendigkeit seiner Aufhebung kommt, bleibt vielmehr theoretisch; sie überspringt, daß — nach einer alten Einsicht der praktischen Philosophie — das Ziel vernünftigen Handelns nur eine im sozialen Zusammenhang selbst angelegte Möglichkeit sein kann. Löst sich utopische Intention jedoch hiervon, verfällt sie der Alternative von Resignation und Gewalt. Der Widerspruch, der darin liegt, daß utopische Intention sich nur noch als totale Negation will äußern können, wird gerade damit unübersehbar. Was zur Verwirklichung der Intention aufs Humane dann an sich bleibt, ist Dogmatismus, Intoleranz und Terror, das also, was die Utopie eigentlich nicht will, wovon sie aber nicht loskommt, solange sie zu verwirklichen empfiehlt, was sich nicht verwirklichen läßt. Die begriffsgeschichtliche Entwicklung führt damit selbst auf den wesentlichen Punkt zurück. In dem Maße, wie die Utopie sich am Ideal des vollendeten Lebens bemißt, entfernt sie sich von der Chance ihrer Realisierung. Das Problem liegt danach in ihrem Bezug zur Geschichte. Nicht wie weit ein utopischer Entwurf über das Bestehende hinausgreift, ist das Entscheidende, sondern ob es überhaupt einen Weg dorthin gibt, aus dem Bestehenden selbst hinaus, ob es sich bei dem, was die Utopie präsentiert, also um eine geschichtliche Möglichkeit handelt, oder um das Ende der Geschichte" in: Art. Utopie, in: Handbuch philisophischer Grundbegriffe, Studienausgabe Bd. 6, München 1974, S. 1575. Vgl. auch H. Marcuse, Das Ende der Utopie, in: Psychoanalyse und Politik, Frankfurt 1968, S. 69 ff.

Ausbeutung der Natur geführt, die sich zu rächen beginnt: die Verunreinigung der Umwelt, der drohende Verlust des ökologischen Gleichgewichts und die Erschöpfung wichtiger Rohstoffvorräte sind — nach den beiden Club of Rome-Berichten[6] Symptome einer Krise, eines drohenden Welt-Kollapses, wenn . . . — und hier, in diesem "Wenn" liegt die noch nie von der Menschheit geforderte Handlungs-Alternative — wenn nicht etwas geschieht, was derzeit nicht geschieht: die Zukunft machbar zu machen, sie zu gewinnen aus der globalen Entscheidung heraus, ja zu ihr zu sagen. Darum trägt der zweite Club of Rome-Bericht den bezeichnenden Titel: "Menschheit am Wendepunkt".

Diesen Wendepunkt umschrieb Georg Picht bereits vor den vom Club of Rome angeregten Studien über die "Grenzen des Wachstums" und den "Wendepunkt der Menschheit" mit der folgenden fünffachen Aufgabe:

"Die Vernunft gebietet, daß wir uns im Rahmen unserer Möglichkeiten darum bemühen müssen, den Bestand des Menschengeschlechts zu sichern.

Die Vernunft gebietet also die Erhaltung des Friedens.

Die Vernunft verlangt, daß wir uns anstrengen müssen, die Weltbevölkerung zu ernähren und ihr ein Minimum an Lebensstandard und sozialer Sicherheit zu garantieren.

Die Vernunft gebietet zu verhindern, daß durch bedenkenlose Eingriffe in die biologischen Voraussetzungen für die Erhaltung des menschlichen Lebens auf diesem Erdball zerstört werden. Die Vernunft fordert schließlich, daß die gesellschaftlichen und moralischen Bedingungen ihrer eigenen Existenz, also Freiheit und Menschenwürde, in einer verwilderten Welt immer neu hergestellt und erhalten werden".[7]

In der Tat stellt sich "die Vernunft mit diesen Forderungen in schroffem Gegensatz zur Weltentwicklung der letzten Jahrzehnte"; sie fordert damit zugleich aber auch die Veränderung einer politischen Ordnung, die ebenfalls dazu im Gegensatz steht: "Die politischen Ordnungen, in denen wir leben, stammen aus der vortechnischen Welt. Die Rationalität der Staaten und der Gesellschaftsordnungen hat sich vielfach noch nicht einmal auf das Niveau der primitiven Stufen der technischen Entwicklung erhoben. Die Mentalität der Menschen spiegelt aber stets die Verfassung der politischen und gesellschaftlichen Ordnung, in der sie leben. Deshalb verhalten sich in unserer Welt sogar die Spitzen der wissenschaftlichen, technischen und wirtschaftlichen Intelligenz, wenn sie mit politischen und gesellschaftlichen Problemen konfrontiert werden, in hohem Maße irrational." Das gleiche gilt aber von den politischen Führungsschichten. In einer für Picht

6 Vgl. D. Meadows u.a., Die Grenzen des Wachstums, Stuttgart 1972; M. Mesarović u. E. Pestel, Menschheit am Wendepunkt, Stuttgart 1974.
7 G. Picht, Mut zur Utopie, S. 24 f.

seinerzeit noch nicht vorstellbaren Weise hat die Diskussion über die Club of Rome-Berichte bestätigt, wie die "strukturellen Widersprüche zwischen der Leistungsfähigkeit der politischen und gesellschaftlichen Systeme auf der einen und der technischen Systeme, die wir brauchen, auf der anderen Seite, immer größer werden". Es ist heute wesentlich deutlicher sichtbar, "wo die Bruchstellen verlaufen, die das Gebäude zum Einsturz bringen können".[8]

So schreibt beispielsweise ein bekannter Wirtschaftswissenschaftler, Hans Willgerodt, vom "spielverderberischen Ruf nach Null-Wachstum". In Verteidigung der freien Marktwirtschaft lastet er auch dem Club of Rome an, bewußt den Eindruck erweckt zu haben, "als sei zur Lösung der anstehenden Umweltprobleme allein eine Art von Weltplanwirtschaft tauglich", und er moniert, daß "derartige apokalyptische Visionen nicht gerade die Wachstumsneigung der Wirtschaft steigern" würden. Aus dem Reich der Visionen sind für Willgerodt keine Folgerungen für eine Veränderung der Wachstumsstrategie unserer Wirtschaft zu ziehen.[9] Entsprechend erleben wir in diesen Wochen die Ansätze einer neuen Wachstums-Euphorie der hochentwickelten Industrienationen, in der alle Hoffnung auf eine "Neue Weltwirtschaftsordnung" unterzugehen drohen.

Die "Vision", von der hier die Rede ist, und die sich aus dem Computerlauf für Mesarović und Pestel in ihren II. Club of Rome-Bericht ergab, sieht in einem äußerst rechenhaften Modell eine "Wende" des Weltwachstums zugunsten der Entwicklungsländer und zu Lasten der Industrienationen vor. Diese "Wende" basiert auf einer globalen Strategie, die die Einsicht und den Willen zu einer gemeinsamen, partnerschaftlichen Gewinnung der bedrohten Zukunft einschließt, mit den entsprechenden politischen Konsequenzen. Danach müßte — um eines der möglichen Ergebnisse kurzgefaßt vorweg zu nehmen — ein Betrag von rund 7,2 Billionen Dollar aufgebracht werden, um — beginnend 1975 — in den nachfolgenden 50 Jahren, also bis zum Jahre 2025, den Unterschied im Lebensstandard von heute 1 : 5 bis 1 : 20 im Verhältnis der reichen Weltregionen zu den armen auf 1 : 3 bis 1 : 5 zu verringern. Die Verschiebung um weitere 25 Jahre dieser Entwicklung kostete uns bereits weitere 3,5 Billionen Dollar. Damit ist das derzeit viel diskutierte Null-Wachstum der reichen Länder zugunsten eines höheren Wachstums der armen Länder bzw. Länder-Regionen verbunden; noch keineswegs aber sind die Gefährdungen der Umwelt und des ökologischen Gleichgewichts damit gebannt.

8 Ebd., S. 31.
9 H. Willgerodt, Die Krankheit unserer Wirtschaft, in Frankfurter Allgemeine Zeitung vom 9.8.1975, S. 9; vgl. auch meine eigene Auseinandersetzung mit Willgerodt, in: W. Dreier u. R. Kümmel (Hrsg.), Zukunft durch kontrolliertes Wachstum, Teil II, Abschn. 2.3. Wachstumskrise — eine Ordnungskrise?

Aus naturwissenschaftlicher Perspekte, die mein Kollege Reiner Kümmel in unsere gemeinsame interdisziplinäre Auswertung der Club of Rome-Berichte einbrachte[10]), werden zu diesen Fragen nachfolgend Überlegungen angestellt, die nichts mit "Visionen", wohl aber mit Entscheidungen der Menschheit zu tun haben, nämlich die unaufhebbaren Bedingungen weiterer Existenz zu beachten oder infolge ihrer Ignorierung zu gefährden:

"Seit mehreren 100 000 Jahren leben Menschen auf unserer Erdkugel mit einem Durchmesser von etwa 12 500 km. Bis vor ungefähr 200 Jahren war die von der Sonne eingestrahlte Energie die Quelle allen Lebens und aller Bewegung auf der Erde. Dann begann der Prozeß der Industrialisierung, der zum weitaus größten Teil nicht mehr durch die einfallende Sonnenstrahlung sondern durch Energiereserven der Erde wie Kohle, Erdöl, Erdgas und neuerdings Kernenergie angetrieben wird. Ausschließlich aus der Erde stammen bisher auch die im Industrieprozeß verwerteten Materialien, und die Schwerkraft der Erde bindet alle irdischen Dinge an sie. Für den Industrieprozeß ist daher die Erde ein im physikalischen Sinne praktisch abgeschlossenes System. Für abgeschlossene Systeme gelten einige einfache physikalische Grundgesetze, auf denen die gesamte Naturwissenschaft aufbaut. Man nennt sie die ersten zwei Hauptsätze der Thermodynamik. Ihre Gültigkeit erfährt jeder von uns täglich, wenn er irgendein technisches Produkt benützt, das unter ihrer Berücksichtigung entwickelt wurde. Es gibt nur weniges im menschlichen Wissen, was gesicherter ist als die ersten zwei Hauptsätze der Thermodynamik. Sie werden von fundamentaler Bedeutung für das weitere Schicksal des Menschen auf der Erde sein.

Der 1. Hauptsatz sagt: In einem abgeschlossenen physikalischen System bleiben die Energie und die Masse erhalten. Die Konsequenzen sind offenkundig. Die Energie- und Rohstoffreserven der endlichen Erde sind begrenzt. Allerdings geht auch nichts verloren: die Rohstoffe werden in die Industrieprodukte eingebaut, aus denen sie prinzipiell in den sogenannten "recycling" Prozessen zurückgewonnen werden können. Dazu benötigt man Energie. Hat man genug davon, dann ist die Menge der produzierbaren Güter nur durch die insgesamt auf der Erde vorhandenen Materialien begrenzt. Wir wollen sehr optimistisch sein und annehmen, daß uns bald die heutige Furcht vor der Energiekrise nur noch ein Lächeln abnötigen wird. Dann nämlich, wenn die bisher noch nicht gelungene kontrollierte Kernverschmelzung, d.h. die Zähmung der Wasserstoffbombe, uns eine während der nächsten Generationen unerschöpfliche Energiequelle zur Verfügung stellt.

Dann müssen wir den 2. Hauptsatz der Thermodynamik berücksichtigen: In einem abgeschlossenen physikalischen System nimmt die Entropie zu

---

10 Vgl. W. Dreier u. R. Kümmel, Zukunft durch kontrolliertes Wachstum, Teil I, S. 9 ff.

oder bleibt allenfalls konstant. Die Entropie ist, grob gesprochen, ein Maß für die Unordnung, d.h. für ein möglichst gleichmäßiges Durcheinander aller Elemente. Man kann nun leicht zeigen, daß die Umweltverschmutzung mit Entropiezunahme gleichzusetzen ist. Die Natur des Industrieprozesses ist so beschaffen, daß er die Entropie ständig anwachsen läßt. Gemäß dem 2. Hauptsatz der Thermodynamik nimmt also durch den Industrieprozeß die Umweltverschmutzung global zwangsläufig und ständig zu und kann prinzipiell durch keine technologische Maßnahme vermindert werden, die auf Energiereserven der Erde zurückgreift. Wir alle wissen, daß eine zu große Umweltverschmutzung für das Leben auf der Erde tödlich werden kann. Nur organische Prozesse, die in den Pflanzen und niederen Tieren ablaufen und die von der extraterrestrischen Energiequelle Sonne gespeist werden, können die Umweltverschmutzung verringern. Sie sind heute jedoch in ihrer Kapazität zur Umweltreinigung überfordert und werden vom Menschen immer heftiger bedrängt. Die Ursache dafür liegt in dem von allen politischen Systemen angestrebten und von den herrschenden Wirtschaftstheorien geforderten exponentiellen, d.h. durch jährliche Zuwachsraten (Prozentzahlen) gekennzeichneten, Wirtschaftswachstum. Mit diesem einher geht ein exponentielles Wachstum der Erdbevölkerung.

Nach dem Willen aller Verantwortlichen in Ost und West soll die Wirtschaft weiterhin exponentiell wachsen, angetrieben vom Motor Industrie. Im selben Maße, wie mit der Wirtschaft die Industriealisierung wächst, schwinden die Rohstoffreserven und nimmt die Umweltverschmutzung zu. Also muß in unserem abgeschlossenen System Erde gemäß den beiden Hauptsätzen der Thermodynamik das Wirtschafts- und Bevölkerungswachstum zwangsläufig entweder infolge Rohstoff- und Nahrungsmittelverknappung oder aufgrund der Umweltverschmutzung zusammenbrechen — wenn wir alles so weiterlaufen lassen wie bisher.

Die aufgezeigten Konsequenzen aus den ersten zwei Hauptsätzen der Thermodynamik lassen sich auf einem einzigen technologischen Ausweg vermeiden. Er führt in den Weltraum und hebt die Voraussetzung eines abgeschlossenen Systems auf. Mit Material vom Mond und Energie von der Sonne können Weltrauminseln für viele Menschen gebaut werden. Dies ist die Aussage einer Forschergruppe an der Princeton University, deren Pläne zur Kolonisierung des erdnahen Raumes von der NASA und dem US-Kongress jetzt unterstützt werden. Wenn die Industrieproduktion zum großen Teil ins Weltall verlagert würde und der Erde durch Satellitenkraftwerke umweltfreundliche Sonnenenergie geliefert würde, dann setzten die beiden Hauptsätze der Thermodynamik dem Wirtschaftswachstum keine Grenzen mehr.

Wenn Wirtschafts- und Bevölkerungswachstum jedoch weiterhin auf die Erde beschränkt bleiben, werden sie zwangsläufig irgendwann ihre kritischen Grenzen erreichen. Den Zeitpunkt dafür zu ermitteln, war die Aufgabe, die der Club of Rome einem Wissenschaftler-Team am Massachusetts Institute of Technology unter Leitung von D. Meadows stellte. Die Ergebnisse der interdisziplinären Forschungen des MIT-Teams können folgendermaßen zusammengefaßt werden: Wenn die gegenwärtige Zunahme der Weltbevölkerung, der Industrialisierung, der Umweltverschmutzung, der Nahrungsmittelproduktion und der Ausbeutung von natürlichen Rohstoffen anhält, werden die absoluten Wachstumsgrenzen auf der Erde im Laufe der nächsten hundert Jahre erreicht. Mit großer Wahrscheinlichkeit führt dies zu einem ziemlich raschen und nicht aufhaltbaren Absinken der Bevölkerungszahl und der industriellen Kapazität.

Gemäß dieser Aussage müssen wir den Zusammenbruch unserer gegenwärtigen Industriezivilisation unter dem Druck der ersten 2 Hauptsätze der Thermodynamik in den nächsten 100 Jahren erwarten. Gewonnen wurden diese Ergebnisse mit Hilfe eines kybernetischen Modells der Welt, das die Entwicklung und gegenseitige Wechselwirkung und Beeinflussung der für unsere Weltzivilisation wichtigsten Größen durch miteinander verkoppelte Regelkreise beschreibt. Diese Größen sind: das in Industrieanlagen, Landwirtschaft und Dienstleistungen arbeitende Kapital, die Nahrungsmittel, die Rohstoffvorräte, die Umweltverschmutzung und die Bevölkerung. Mathematisch wird dieses Weltmodell durch ein System sehr vieler gekoppelter Differentialgleichungen beschrieben, das gemäß den verschiedenen möglichen Rand- oder Ausgangsbedingungen von einem Computer gelöst wird. Dieses Weltmodell hat die Weltentwicklung zwischen 1900 und 1970 richtig wiedergegeben. Die Ergebnisse der Weltmodellrechnungen wurden teilweise erbittert kritisiert. Sehr vielen, besonders den heftigsten Kritikern kann man nachweisen, daß sie entweder die Naturgesetze oder die Wachstums- und Regelmechanismen oder die Aussagen von "Die Grenzen des Wachstums" nicht verstanden haben.

Wie der 2. Bericht an den Club of Rome "Menschheit am Wendepunkt" von Mesarović und Pestel, so behauptet auch der erste des Meadows-Team keineswegs, daß der Weltkollaps unausweichlich ist. Er tritt nur ein, wenn wir so weiter wirtschaften wie bisher. Die Club of Rome-Berichte zeigen selbst, wie der Zusammenbruch verhindert und eine stabile Welt für längere Zeit erreicht werden kann. Die zentrale, notwendige Maßnahme heißt: Kontrolle des Wachstums. Damit sie erfolgreich durchgeführt werden kann, muß sich unser Verhalten und Denken grundlegend ändern.

Da das Bevölkerungs- und Wirtschaftswachstum nicht durch biologische Automatismen sondern durch menschliches Denken ausgelöst wurde, nämlich durch die Entdeckung der Naturgesetze und die daraus folgende Beherrschung und Dienstbarmachung der Natur, wird der erwünschte zusammenbruchlose Übergang zur neuen stationären Phase des Gleichgewichts nicht automatisch sondern nur durch neues, kybernetisches Denken erreicht. Der Umschwung im Denken muß jetzt, im gegenwärtigen Krisenstadium, einsetzen. Dieses notwendige neue Denken begreift die Welt als eine Einheit, in der die Überlebenschancen der Menschen von ihren globalen Beziehungen zueinander und ihrem Verhältnis zu ihrer Umwelt bestimmt werden. Unser Verantwortungsbereich umfaßt heute die ganze Erde und die Zukunft".[11])

Auf diesem Hintergrund ist die Politik zugunsten eines neuen Wirtschaftswachstums der reichen Industrienationen ebenso "irrational" — im Sinne des zuvor zitierten Wortes von Georg Picht —, wie unsere bislang praktizierte und — auf der jüngsten UN-Konferenz für Handel und Entwicklung im Mai des Jahres 1976 (UNCTAD IV) — verfolgten Strategie, das wirtschaftliche Verhältnis der Industrienationen zu den Entwicklungsländern über sogenannte Marktmechanismen weiterhin zu steuern; was nichts anderes bedeutet, als in Vertretung partikularistischer Interessen unsere derzeitige Macht zu Lasten der Entwicklungsländer auszuspielen. So stellt in einem "Memorandum zur Gestaltung der wirtschaftlichen Beziehungen zwischen Industrie- und Entwicklungsländern" der Bundesverband der Deutschen Industrie (BDI) zwar fest, daß die wirtschaftlichen Ungleichgewichte zwischen den beiden Ländergruppen heute größer seien als noch vor einigen Jahren, und daß Ungleichgewichte in der gegenwärtigen Größenordnung sich nicht über eine längere Zeit hinweg aufrechterhalten ließen, ohne daß politische Erschütterungen und zunehmende Beeinträchtigungen des Welthandels daraus erwüchsen. Dennoch lautet das Fazit weiterhin, nur "eine auf Marktmechanismen und einem Güter-, Kapital- und Leistungsverkehr aufbauende Ordnung" seien die Lösung, obschon diese "Lösung" die genannte Zuspitzung der Lage brachte.

Die gegenwärtige Situation und den Diskussionsstand der westlichen Industrienationen charakterisiert Wojciech Wieczorek aus der Volksrepublik Polen zutreffend, indem er auch noch einmal auf den neuralgischen Punkt des II. Club of Rome-Berichts verweist: "Die Kenntnis der Bedingungen und der Interdependenz bringt es mit sich, daß die Lektüre der "Menschheit am Wendepunkt" . . . durchaus nicht zum Optimismus verführt. Ganz im Gegenteil: wenn man die von den Autoren vorgeschlagenen optimalen Varianten überlegt, den Grad der Dringlichkeit von Aktionen und ihrer globalen Koordination, so verfällt der Mensch in eine beängstigende Verwirrung. Und das nicht nur wegen der Höhe der Mittel, die man in dieses oder jenes Vorhaben investieren müßte, sondern auch im Hinblick auf die Mobilität und Produktivität politischer Mechanismen, die diese Fragen im internationalen Maßstab regulieren sollten. Die vorhandenen, die UNO und ihre Organisationen, erscheinen noch allzu schwach, um eine solche Fülle von dringlichen Problemen zu lösen. Dieser Zeitdruck verbessert nicht das Selbstgefühl. Das Selbstgefühl kann, auf künstliche Weise, durch

---

11 Aus einem unveröffentlichten Ms.und Statement bei einem gemeinsamen Forums-Gespräch der Universität Würzburg 1976.

die aggressive Kritik oder die stille Hoffnung gehoben werden, daß die Autoren des II. Römischen Reports, obwohl sie drei Computer zur Hilfe nahmen, durchaus nichts Grundstürzendes entdeckt haben, daß sie vielleicht von der Annahme einer fehlerhaften Ausgangssituation ausgegangen seien oder unzureichende Parameter für ihre Analysen angewandt hätten. Daß im Ergebnis ein modernes "falsches Manifest" zustande gekommen sei, das sich mit der hohen Autorität der Wissenschaftlichkeit absichert und daraufhin zielt, man weiß nicht zu wessen Nutzen, wohlmeinende Menschen zu erschrecken". Die Schlußfolgerung zitierte ich bereits in meinem Vorwort: "Es ist also gestattet, verschiedene Zweifel anzumelden und das Werk der beiden nicht als unantastbares wissenschaftliches Tabu zu behandeln. Aber es ist wohl nicht erlaubt, darüber zur Tagesordnung überzugehen . . . Halb im Ernst halb im Scherz gesprochen: uns die heute lebende ältere Generation berührt diese Warnung imgrunde überhaupt nicht mehr. Wenn jedoch, infolge unseres Egoismus und unserer Inaktivität, die tragischen Varianten der Prognosen sich insgesamt bewahrheiten sollten, dann möge Gott unsere Kinder und Enkel behüten".[12] Die Verantwortung für unsere Zukunft, die eine Verantwortung für die Lebenschancen unserer Kinder und Enkel darstellt, wird derzeit — das ist unübersehbar — Opfer eines wissenschaftlichen Verdrängungsprozesses, wie wir ihn selten erlebt haben. Er wird von den Massenmedien weithin unterstützt. Die Folge ist eine Verengung des sozialen Problembewußtseins breitester Schichten, das es offenbar nicht zuläßt, von einer gefährdeten Zukunft zu sprechen oder zu schreiben.

Damit wird der status quo des gegenwärtigen sozialen Unfriedens zur Existenzkrise der Menschheit; sozialer Friede als Zukunftsperspektive erhält mehr, als Papst Paul VI. 1967 zu erahnen vermochte — als er "Entwicklung" als den "neuen Namen für Friede" bezeichnete[13] — an revolutionärer Potenz, die die gegenwärtigen Strukturen unseres Seins und Bewußtseins in Frage stellt.

In den bisherigen Diskussionen über diesen Wendepunkt der Menschheit, deren Entwicklung, und d.h. sozialer Friede, auf dem Hintergrund der erkennbaren "Grenzen des Wachstums" gesehen werden muß, drückt sich auch ein Macht/Ohnmacht-Gefälle besonderer Art aus: vielfach wird hier Freiheit gegen Planung und Kontrolle gesetzt, wobei es um unsere Freiheit gegenüber den Forderungen der ohnmächtigen, weil weniger entwickelten Völker geht, bzw. um die Freiheit der Wirtschaft trotz erkennbarer Folgen des damit verbundenen chaotischen Wachstums. Wir stehen jedoch nicht vor der Alternative: Marktwirtschaft oder Planwirtschaft; beides sind theoretische Gebilde, idealtypische Konzepte, die sich in der Bundesre-

12 W. Wieczorek, Erneute Warnung oder der II. Report an den Club of Rome, S. 58 f.
13 Vgl. Paul VI., Enzyklika "Populorum progressio", 1967.

publik in einem Mischsystem auffinden lassen, unter der Dominanz der Marktwirtschaft.[14] Auch unser Wachstum wird geplant und kontrolliert, es ist Ergebnis privater Investitionsentscheidungen, gestützt und zuweilen sogar verbürgt durch den Staat, jedoch im Dienste privater Gewinnmaximierung stehend. Wenn hier die Zukunft als gefährdet bezeichnet wird, und zwar aufgrund unkontrollierten Wachstums, dann verbindet sich damit die schon genannte Grundthese, aus der partikularen Interessenentscheidung höchster Gewinnmaximierung zur global, universal geplanten und kontrollierten Wachstumsentscheidung unter den angegebenen Grenzen dieses Weltsystems zu gelangen. Hier Freiheit gegen Planung und Kontrolle auszuspielen, heißt partikulares Denken und Handeln gegen globales Denken und Handeln dort zu setzen, wo die Würfel über den evtl. Weltkollaps fallen: in der weiteren Entwicklung des exponentiellen Wachstums. Was wir unsere Freiheit nennen, ist im Beziehungsgeflecht der reichen und armen Länder das Ausspielen partikularer Interessen- und Machtpolitik, auch hier kaschiert durch den sogenannten Marktmechanismus, das Konkurrenzprinzip. Wo keine gleichen oder vergleichbaren Marktchancen bestehen, da kommt auch kein Markt, kein Wettbewerb zustande. Für viele von uns haben dies erst die ölexportierenden Länder einsichtig demonstriert, als sie unsere sogenannte Marktstrategie, die Marktmachtmethoden der Industrieländer kopierten. Auf der im Mai 1976 in Nairobi stattgefundenen UNCTAD IV, der UN-Konferenz für Handel und Entwicklung, wiederholte sich dasselbe Spiel partikularer Interessenpolitik, die sich bisher zu Gunsten der Reichen und Mächtigen in der Welt mit den Folgen des schon aufgezeigten chaotischen Wachstums auswirkte. Ein bitteres Wort machte in Nairobi die Runde, durch die "UNCTAD" — UN-Conferenz for trade and development sarkastisch neu interpretiert wird: UNCTAD: "Under no circumstances take any decision" ("Unter gar keinen Umständen eine Entscheidung fällen!"), so Afrika-Gewerkschaftler Akumu vor Pressevertretern.

Eine begrüßenswerte Perspektive, die auf eine solche Entscheidung von grundlegender Bedeutung hinzielt, findet sich in der jüngst erschienenen Analyse der "Demokratie vor den Grenzen des Wachstums" von Christian Graf von Krockow: "Es gibt keinen einfachen Ausweg: O h n e das bürgerlich-liberale Konkurrenzprinzip wäre die moderne Industriegesellschaft schwerlich entstanden und gäbe es ihr Wohlstandsniveau so wenig wie eine politische Ordnung der Freiheit. M i t dem blinden Wirken des Konkurrenzprinzips wird die Industriegesellschaft jedoch kaum bestehen können, ohne sich schwersten Gefährdungen auszusetzen und früher oder später wahrscheinlich Katastrophen zu provozieren. Sie wird zum mindesten dann nicht bestehen können, wenn die 'Spielregeln' des Wettkampfes im Blick auf die Probleme der Zukunft nicht ständig überprüft und neu gefaßt

14 Vgl. dazu die nachfolgenden Abschnitte 4.1. und v.a. den Exkurs 4.2.

werden. Gerade darin liegt heute die entscheidende Reformaufgabe, und gerade daran zeigt sich noch einmal, daß Reform als politisches Prinzip den gestellten Anforderungen nur genügen wird, wenn es nicht in den Grenzen der Gegenwart als bloßes Reagieren und als opportunistische Anpassung sich einschließen läßt, sondern wenn es diese Grenzen in der Vorausschau auf das Kommende überschreitet".[15] Allerdings scheint die harte Bedingung, die Krockow dazu benennt, kaum Aussicht auf eine demokratische, zu echten Alternativen führende Diskussion zu haben: "Will man es hierauf aus Furcht vor dem Scheitern nicht ankommen lassen, so bleibt allerdings nur die ersatzlose A b s c h a f f u n g des Konkurrenzprinzips". Krockow gesteht selbst zu: "Damit würde man aber keineswegs nur Probleme lösen; man würde vielmehr neue und wahrscheinlich endgültig unlösbare Probleme schaffen. Daß jedenfalls die vollzogene "Systemüberwindung' mit einem Schlage entweder die wahre Demokratie, die wirkliche Emanzipation, die vollendete Freiheit und den Frieden herbeiführen würde — oder wenigstens die allgemeine Gleichheit auf Kosten der Freiheit und eine bescheidene Idylle im Schatten der autoritären Gewalt: dies dürfte mit Sicherheit sich als die große Illusion erweisen".[16] Damit zielt Krockow sowohl auf den Anspruch der "Neuen Linken", mit der totalen Negation des bestehenden Systems die Real-Utopie der "wahren Demokratie" zu verwirklichen, als auch auf Wolfgang Harichs nicht minder utopischen Systemvergleich. Harich, zwar Außenseiter im kommunistischen System, stellt in seiner kritischen, aber — verglichen mit den meisten westdeutschen Reaktionen — wesentlich ernsthafteren und präziseren Auseinandersetzung mit den Club of Rome-Berichten den Kommunismus der Askese und der Stabilität dem Überfluß und dem Wachstum gegenüber. Wenn ökologische Zwänge jedes weitere, prinzipiell ungelenkte Wachstum verbieten, brächte der autoritäre Staatssozialismus für die erzwungene Wendung wichtige Voraussetzungen mit: "Ausgeschaltet sind alle Störfaktoren, die sich im Westen aus dem System der pluralistischen Demokratie, dem Parlamentarismus, der institutionalisierten Opposition usw. ergeben". Die notwendige Bedürfnislenkung könne nach Harich allein der autoritärsozialistische Zentralverwaltungsstaat erzwingen, "falls nötig, auch durch rigorose Unterdrückungsmaßnahmen".[17] Ist es wirklich nur "konsequent", wenn auch "ungeheuerlich", wie Krockow bemerkt, wenn Harich aus den Zukunftsperspektiven der Club of Rome-Berichte für sich "die höhere Rationalität, die tiefere Humanität" beansprucht, "die Gleichheit aller in erzwungener Askese als Alternative zur Menschheitskatastrophe"?[18]

15 Christian Graf von Krockow, Reform als politisches Prinzip, S. 144.
16 Ebd., S. 144.
17 W. Harich, Kommunismus ohne Wachstum? Babeuf und der "Club of Rome", Reinbek 1975, S. 135.
18 Christian Graf von Krockow, Reform als politisches Prinzip, S. 137.

Um diese Alternative auszuschließen, sind andere zu suchen. Zu Recht betont Krockow sowohl die Dringlichkeit als auch die für uns naheliegende politische Zielorientierung: "Die Zukunft wartet ja nicht; die Probleme, die sich auftürmen, sind keine Erfindungen von Unheilslüstlingen. Die Aufgabe, p o l i t i s c h e Voraussetzungen und Konsequenzen der Stabilisierung zu überdenken, ist dringend gestellt, wenn die Beschäftigung mit den 'Grenzen des Wachstums' nicht zum ehrenwerten, aber unfruchtbaren Moralisieren verdorren soll". Dazu gehört "diszipliniertes, zukunftsbezogenes und selbstverantwortliches Handeln". Dies alles "läßt sich allerdings nur dort erwarten, wo im Horizont einer offenen Gesellschaft und politischer Freiheit den Bürgern Verantwortung und Freiheit auch zugestanden und zugemutet werden. Den Gefahren der Demokratie kann daher nur durch Stärkung und Ausbau demokratischer Institutionen begegnet werden, nicht aber durch deren Zerstörung. Sie käme einem Selbstmord aus Angst vor dem Tode gleich – oder vielmehr: einem Selbstmord aus Angst vor den bis zum Tode immer unabsehbaren Risiken und Wechselfällen des Lebens".[19] Auf dem Hintergrund der auch in den vorherigen Abschnitten zitierten Diskussion über Demokratie, den Marktmechanismus usw. das Konkurrenzprinzip und die Grenzen des Wachstums ist die Eindeutigkeit Krockows zu begrüßen, mit der er die Verteidigung der Demokratie verbindet mit der Forderung nach Abschaffung des absoluten Konkurrenzprinzips.

Was im internationalen Raum mit dem sogenannten Wettbewerbsmechanismus an partikularistischer Machtpolitik kaschiert wird, ist auch in den nationalen Grenzen sogenannter "Leistungsgesellschaft" der hochentwickelten Industriestaaten unser aller Erfahrung zugänglich. Der geistige Vater des Systems "Soziale Marktwirtschaft" in der Bundesrepublik, Alfred Müller-Armack, war nüchtern genug, den Marktmechanismus als einen Mechanismus zu sehen, der gegenüber Werten indifferent ist, dem entsprechende humane Zielwerte gesetzt werden müssen.[20] Die heutige Wachstumseuphorie, zwar gedämpft gegenüber den Zeiten der Hochkonjunktur, und die Überbetonung, ja Absolutsetzung des Wettbewerbsmechanismus als Zielwert schlechthin führen, wie von Krockow zu Recht betont, zur Verstärkung jener "barbarischen Züge" unseres Systems, die auch den sozialen Frieden in den Grenzen unserer eigenen Gesellschaft gefährden, Entwicklung und sozialen Fortschritt verhindern.

Damit sind wir in den Überlegungen an einen Punkt gelangt, der zu den neuralgischen der gegenwärtigen Diskussion sowohl über eine "Neue Weltwirtschaftsordnung" als auch über mögliche gesellschaftliche Reformen in der Bundesrepublik Deutschland gehört: die Dominanz des marktwirtschaftlichen Prinzips in der Gestaltung unserer Wirtschafts- und Ge-

19 Ebd., S. 143 f.
20 Vgl. dazu den nachfolgenden Abschnitt 4.1.

sellschaftsordnung. Wie sehr auch die Gesellschaftsordnung vom wirtschaftspolitischen Ordnungssystem der Marktwirtschaft geprägt ist — wir sprechen nicht selten von unserer Gesellschaft als einer Wirtschaftsgesellschaft —, spiegelt sich nicht zuletzt in den sozialen Auswirkungen des Konkurrenz- und Leistungsprinzips wider. Krockow spricht von "barbarischen Zügen" unseres Systems, wobei er sich dabei vor allem auf die schon im vorhergehenden Abschnitt angesprochene Tendenz zunehmender Randgruppenbildung bezieht: "Was wird aus denen, die in Hobbesschen Wettrennen nicht mithalten können, aus den Schwachen, Behinderten, den nicht oder nicht mehr Leistungsfähigen? Sprechen die Zunahme der Kriminalität und der Aggressivität, die Flucht in den Rausch, zur Droge, in Neurose und Nostalgie nicht eine deutliche Sprache? Was tut die Leistungsgesellschaft alternden Menschen an? Gewiß gibt es Auffangnetze, die ständig weiter ausgebauten sozialen Sicherungen und Rentensysteme. Aber ist es mit Abstellgleisen getan, wenn man den Menschen zugleich demonstriert, daß sie zu nichts mehr nützlich sind? Lebt der Mensch wirklich vom Brot allein?"[21])

Für jede weitere Auseinandersetzung um die Möglichkeit und Notwendigkeit von gesellschaftlichen Reformen ist darum die Dominanz des marktwirtschaftlichen Ordnungsprinzips kritisch zu befragen. Damit wird heute kein Neuland betreten. Ich kann mich selbst auf frühere Diskussionsbeiträge stützen, deren Grundgedanken in die nachfolgenden Abschnitte eingetragen sind (vgl. etwa Anmerkung 18 in Abschn. 4,1; Anmerkung 11 in Abschn. 4,3), die durch den entwickelten neuen perspektivischen Ausblick, wie die Zukunft durch grundlegende Reformen gewonnen werden muß, von nunmehr existentieller Bedeutung sind.

21 Christian Graf von Krockow, Reform als politisches Prinzip, S. 139.

4. Unsere Wachstums-Euphorie — Ursachen und Folgen

4.1. "Nachruf" auf das Konzept "Soziale Marktwirtschaft"

Die Diskussion über das Konzept "Soziale Marktwirtschaft", über die Möglichkeit und Wirklichkeit seiner Realisierung, hat verschiedene Phasen durchlaufen. Gegenüber der Absolutsetzung des marktwirtschaftlichen Ordnungsprinzips, wie wir sie im nationalen und vor allem im internationalen Bereich bei der Diskussion wirtschaftlicher und gesellschaftlicher Strukturprobleme erleben, stellen die Überlegungen, Warnungen und Forderungen Alfred Müller-Armacks in den frühen 60er Jahren einen nie wieder erreichten Höhepunkt dar. Leider wurde die Stimme des Mannes, den man zweifelsohne als den geistigen Vater des Konzepts "Soziale Marktwirtschaft" bezeichnen kann, zu einer Art "Nachruf".

Es muß daran erinnert werden, daß Müller-Armack und die der Freiburger Schule um Walter Eucken entstammenden Vertreter ihr Konzept "Soziale Marktwirtschaft" als einen "dritten Weg" zwischen totaler Planung und der hinlänglich bekannten "Laissez-faire-Wirtschaft" zunächst gegen den Widerstand ihrer politischen Gegner aus den Reihen des freiheitlichen Sozialismus und sodann in ständiger Konfrontation mit einem neosozialistischen Gegenmodell sogenannter gelenkter Marktwirtschaft durchsetzten. Einig waren sich inzwischen die neoliberalen und neosozialistischen Vertreter ihrer Konzepte "Soziale Marktwirtschaft" darin:

— in der Ablehnung des Laissez-faire-Systems und des darauf historisch gefolgten planlosen Interventionismus,

— in der Ablehnung eines geschlossenen zentral verwaltungswirtschaftlichen Systems, wie es unter faschistischer, nationalsozialistischer und sowjetrussischer Herrschaft eingeführt worden war,

— in der gemeinsamen Anerkennung des Wettbewerbs und der Marktwirtschaft, wo immer diese etabliert werden können, zur Erreichung der ökonomischen und vor allem der meta-ökonomischen Ziele.[1]

Mit der Einführung meta-ökonomischer Ziele in das Konzept "Soziale Marktwirtschaft" hatten sich die Vertreter des sogenannten Ordo-Liberalismus sowohl von den idealtypischen Vorstellungen ihres Lehrers Eucken entfernt als auch einen entscheidenden Schritt zur inhaltlichen Auffül-

---

1 Vgl. A. Müller-Armack, Wirtschaftslenkung und Marktwirtschaft, Hamburg 1947; ders., Art. Soziale Marktwirtschaft, in: Handwörterbuch der Sozialwissenschaften, Bd. 9, 1956, S. 390 ff.; Magna Charta der sozialen Marktwirtschaft, mit Beiträgen von Winkler, Rüstow u.a., Heidelberg 1952; G. Weisser, Für oder gegen Marktwirtschaft — eine falsche Frage, Köln, 2. Aufl. 1954; H. Deist, Wirtschaft von morgen, Berlin 1959; K. Nemitz, Sozialistische Marktwirtschaft. Die wirtschaftspolitische Konzeption der deutschen Sozialdemokratie, Frankfurt 1960.

lung des Epithetons "Sozial" vollzogen. Diese meta-ökonomischen, gesell-schaftspolitischen Zielwerte sind: Freiheit, Gerechtigkeit, Ordnung. Sie sollten absolute Priorität vor den ökonomischen Zielen haben, vor allem gegenüber dem des Wachstums.

Mit dem Konzept "Soziale Marktwirtschaft" war den politischen Forde-rungen, wie sie sich etwa im Ahlener Wirtschaftsprogramm 1947 finden, eine wissenschaftliche Fundierung gegeben. Umgekehrt ruht dieses wis-senschaftstheoretische Konzept auf den politischen Vorstellungen des Ahlener Programms auf. Hier heißt es: "Das kapitalistische Wirtschaftssy-stem ist den staatlichen und sozialen Lebensinteressen des deutschen Vol-kes nicht gerecht geworden. Nach dem furchtbaren politischen, wirtschaft-lichen und sozialen Zusammenbruch als Folge einer verbrecherischen Machtpolitik kann nur eine Neuordnung von Grund aus erfolgen. Inhalt und Ziel dieser sozialen und wirtschaftlichen Neuordnung kann nicht mehr das kapitalistische Gewinn- und Machtstreben, sondern nur das Wohlerge-hen unseres Volkes sein".[2] In gleichzeitiger Abwehr einer "unumschränk-ten Herrschaft des privaten Kapitalismus" als auch seiner Ersetzung durch einen "Staatskapitalismus" wird in diesem Programm von Planung und Lenkung der Wirtschaft gesprochen, die nicht "Selbstzweck" sein sollten, sondern in den Aufgabenbereich von Selbstverwaltungskörperschaften der Wirtschaft, also Ausdruck umfassender Mitbestimmung und Mitverantwor-tung waren. Demgegenüber hält sich das wirtschaftstheoretische Konzept trotz seiner Betonung der meta-ökonomischen Ziele wesentlich stärker zurück. Unübersehbar ist die Tendenz, in der wissenschaftlichen Argumen-tation und der damit verbundenen politischen Absetzung sowohl vom Ahlener Wirtschaftsprogramm als auch vom Konzept "Gelenkte Markt-wirtschaft" ökonomische Kriterien zur inhaltlichen Bestimmung der Ziel-werte: Freiheit, Gerechtigkeit, Ordnung heranzuziehen. Wenn Freiheit dabei zur bloßen Marktfreiheit wird, Gerechtigkeit im Sinne des Äquiva-lenzprinzips als Tauschgerechtigkeit verengt und Ordnung als umfassender Zielwert politischen Handelns dem Prinzip der Marktkonformität unter-stellt wird, dann sind unter der Hand die gesellschaftspolitischen Ziele öko-nomisiert.

Diese Gefahr scheint Alfred Müller-Armack bereits 1962 erkannt zu haben. Die seinerzeitigen Ausführungen über "Das gesellschaftspolitische Leitbild der Sozialen Marktwirtschaft"[3] stellten eine Art Rückbesinnung auf den ursprünglichen Ansatz des Konzepts dar, als bereits die hohen Wachstums-raten der Wirtschaft in der Bundesrepublik Deutschland ein "Wirtschafts-

---

2 Das Ahlener Wirtschaftsprogramm der Christlich-Demokratischen Union, Februar 1947. Abgedruckt in: W. Mommsen, Deutsche Parteiprogramme, München 1960, S. 576 f.
3 Zuerst in: Wirtschaftspolitische Chronik, hrsg. vom Institut für Wirtschaftspolitik an der Universität Köln, Heft 3, 1962.

wunder" bewirkten, das zunächst nicht an die Grenzen seiner Möglichkeiten zu stoßen schien. Dies schloß die Kritik an der bisherigen Praxis der bundesdeutschen Wirtschafts- und Sozialpolitik nicht aus. Vor allem standen die ungelösten Fragen einer gerechteren Vermögensverteilung und einer paritätischen Mitbestimmung im Raum. Gerade dann, wenn man sich fest auf den Boden Sozialer Marktwirtschaft stellt. "in der alle Ziele einen möglichst realistischen Ausgleich finden"[4] sollen, läßt sich trotz aller Wohlstandssteigerung ein nicht unscheinbarer Katalog gesellschafts- und wirtschaftspolitischer Probleme aufweisen, bei deren Lösungsversuchen gegebenenfalls harte Fragen auch an gewisse Grundsätze der bisher geübten Sozial- und Wirtschaftspolitik Sozialer Marktwirtschaft gestellt werden müssen. Dem scheint auch Müller-Armack nicht ausweichen zu wollen, wenn er die grundsätzliche Offenheit seiner Kreation Sozialer Marktwirtschaft für solche Fragen betont: "Eine Idee, ein gesellschaftspolitischer Stil — als die ich die Soziale Marktwirtschaft sehen möchte, bedürfen jedoch der aktiven und konstruktiven Gestaltung, wenn sie sich im Wandel der Zeiten behaupten sollen".[5]

A. Müller-Armack möchte darüber hinaus diese Offenheit zeitgemäßer konstruktiver Gestaltung in der — sicherlich nicht unproblematischen — Abgrenzung einer "neuen Phase Sozialer Marktwirtschaft" dokumentieren. "Was die Soziale Marktwirtschaft in den ersten Jahren des Wiederaufbaus der Industrie an Überwindung von Knappheiten, Einkommensbildung und Vollbeschäftigung erreichte, wird in der Phase, in der wir nun stehen, als Selbstverständlichkeit erscheinen, der sich jetzt neue Zielsetzungen andersartiger Leitbilder hinzugesellen müssen. Ich habe in den letzten Jahren vielfach darauf hingewiesen, daß nach dieser ersten Phase nunmehr gesellschaftspolitische Aufgaben ergänzend die Ziele unserer Ordnung bestimmen müssen. Weiteres ökonomisches Wachstum genügt nicht und wird relativ uninteressant gegenüber Aufgaben anderer Art, die ihre Bewältigung verlangen".[6] Darum, so fährt Müller-Armack fort, "müssen wir . . . nunmehr in eine zweite Phase" eintreten, "bei der unter Fortführung alles dessen, was begonnen wurde, eben doch ein neuer Akzent in das Ganze kommen muß. Nach meiner Überzeugung sollten wir versuchen, in sorgfältiger geistiger Vorarbeit in eine zweite Phase der Sozialen Marktwirtschaft einzutreten, in der — in dem Maße, wie die ökonomischen Probleme als gelöst oder im Wachstum der nächsten Jahre als lösbar erscheinen — die gesellschaftspolitische Aufgabe hervorzutreten hat".[7]

Damit scheint Müller-Armack die Bedeutung des umstrittenen Epitheton "Sozial" in der Gesamtkonzeption Sozialer Marktwirtschaft in einem

4 Ebd., S. 14.
5 Ebd., S. 8.
6 Ebd., S. 8 f.
7 Ebd., S. 16.

neuen Lichte zu sehen und jenen Kritikern recht zu geben, die seit langem fordern, aus dem bloßen "Epitheton ornans" ein übergeordnetes und wirkmächtiges gesellschaftspolitisches Ziel zu machen. Diese Kritiker werden zweifelsohne Müller-Armack zustimmen, wenn er nun das gesellschaftspolitische Ziel wie folgt umschreibt: "Die Gesellschaftspolitik muß so nicht nur von einem Leitbild ausgehen, welche Form unseres Gesellschaftslebens wir auf lange Sicht erstreben; sie muß gleichzeitig den Umbildungsprozeß, den unsere Gesellschaft permanent erfährt, zum Gegenstand ihrer Überlegungen machen und zwischen dem einfachen Geschehenlassen jedweder Umgestaltung und einem Sichsperren gegen die Entwicklung zugunsten bestimmter Schichten den möglichen Ausweg finden in einer vernünftigen Lenkung der Prozesse, die wir voraussehen und in ihrem Ablauf spannungsloser gestalten können".[8]

Allerdings müssen wir uns gerade heute der Folgen eines langjährigen "einfachen Geschehenlassens" bewußt sein, wie sie vor allem auch in der Verengung des Bewußtseins jede zukünftige konstruktive Gesellschaftspolitik vorbelasten. So ist der offenbar als systemgerecht empfundene Kampf der gesellschaftlichen Machtgruppen untereinander ein Hinweis auf die verfehlte oder mangelhafte Gesellschaftspolitik der ersten Phase Sozialer Marktwirtschaft. Heute weist der Machtkampf auch auf der internationalen Ebene auf die Ohnmacht gesellschaftspolitischer Zielwerte hin.

Das besagt nichts anderes, als daß wir bei einer gesellschaftspolitischen Neubestimmung nicht nur der Dreiecksspannung "zwischen Wachstum, persönlicher Freiheit und Initiative sowie dem sozialen Gleichgewicht, das den ganzen Komplex sozialer Sicherung von der Vollbeschäftigung bis zur individuellen Hilfe umfaßt"[9], teleologisch eingedenk sein müssen, sondern zunächst im Sinne des "sozialen Gleichgewichts" nach dem Modell einer "Neuen gesellschaftlichen Ordnung" zu fragen haben. Denn 'jenseits von Angebot und Nachfrage" (W. Röpke) und auch fern aller bloßen Strategie und Taktik der Interessenpolitik wird jenes Fundament gesellschaftlichen Lebens werthaft errichtet, auf dem sich auch eine Wohlstandsgesellschaft mit all ihren Kultursachgebieten humaniter zu entwickeln vermag. Für unsere gesellschaftliche Wirtschaftsweise im allgemeinen und für die Konzeption der Sozialen Marktwirtschaft im besonderen beinhaltet diese Tatsache doch wohl, daß über allen Wettbewerb und alle Marktgegensätze hinaus nur die getätigte Solidarität, wie sie unbewußt selbst dem heutigen System der Arbeitsteilung zugrunde liegt, die Erlangung des wirtschaftlichen Sachzieles erst ermöglicht.

Wenn wir wiederum vor einer neuen bzw. immer noch vor der zweiten Phase Sozialer Marktwirtschaft und vor allem ihrer Gesellschafts- und Wirt-

8 Ebd., S. 18.
9 Ebd., S. 16.

schaftspolitik stehen, dann muß es, ganz im Sinne der damaligen Forderungen Müller-Armacks und meiner eigenen, zu einer Neu- bzw. Rückbesinnung auf den Inhalt der meta-ökonomischen Ziele kommen; dabei wird das Ziel der Ordnung vor allem in einer zukunfts-orientierten Solidarität, in einer dieser Solidarität entsprechenden Steuerung des sozialen Wandels bestimmt sein müssen.

Im bewußt gewählten Begriff "Soziale Marktwirtschaft" ist dazu bereits im Epitheton "Sozial" diese grundsätzliche Ausrichtung der Wirtschaft auf gesellschaftspolitische Ziele zum Ausdruck gebracht. "Als irenische Formel, als Stileinheit", so schreibt Müller-Armack, "umfaßt die Soziale Marktwirtschaft nicht nur eine vom Markte her koordinierte Wirtschaftsordnung, sondern das Beiwort sozial gibt daneben den Hinweis darauf, daß diese Ordnung gesellschaftspolitische Ziele verfolgt". Müller-Armack umschrieb diese Ziele leitbildhaft für "eine zweite Phase der Sozialen Marktwirtschaft" so: "Die gesellschaftliche Wirklichkeit finden wir vor. Es ist ein Geflecht von Beziehungen in einer offenen, aber durch zahlreiche Gruppen und Sonderpositionen, Konflikte und Übereinstimmungen geprägten Gesellschaft. Aufgabe der Gesellschaftspolitik muß es sein, für diese unsere Verfassung unserer Gesellschaft eine Integrationsformel zu geben, die zwar Divergenzen, Konflikte und Gegensätze weder ausschließt noch endgültig zu überwinden verspricht, die aber doch eben gestaltend eingreift, um ein Maximum an Spannungen zu binden und eine realistische Basis der Gemeinsamkeiten aufzuzeigen. Soziale Marktwirtschaft scheint mir, wenn wir diese Idee ernst nehmen, identisch mit der Überzeugung zu sein, daß es möglich ist, so wie wir im letzten Jahrzehnt den Gegensatz von sozialem und marktwirtschaftlichem Fortschritt überwunden haben, dies auch im weiteren Zusammenhang der Gesellschaft zu versuchen".[10] Das Konzept "Soziale Marktwirtschaft" gibt nach Müller-Armack jedoch nur die "Technik der Verwirklichung einer gewissen Gesellschaftspolitik und die Lösung der Frage" her, "wie divergierende gesellschaftliche Zielsetzungen auf einen möglichst gemeinsamen Nenner gebracht werden können".[11] Wir wissen heute noch mehr als damals, wie das Wettbewerbs- bzw. Konkurrenzprinzip mehr vom Fundament solidarischer Gesellschaftlichkeit "zehrt", als daß sie dazu etwas beitragen. Darum kann auch nur unter großem Vorbehalt von den "sozialen Effekten des Funktionierens einer Wettbewerbsordnung"[12] gesprochen werden, meint man doch zumeist damit die Erfüllung des ökonomischen Ziels der Wirtschaft, einen möglichst hohen Lebensstandard für viele zu erreichen.

Vorbehaltlos wird man dagegen Müller-Armack zustimmen können, wenn er hervorhebt, daß die "Soziale Marktwirtschaft" in dieser Beziehung

10 Ebd., S. 17.
11 Ebd., S. 16.
12 Ebd., S. 15.

"eine Ordnung" sei, "die Werte empfängt, aber nicht selbst setzt".[13] "Der Wettbewerb kann Monopol- und Machtpositionen vermindern und den Lohnaufstieg der breiten Schichten herbeiführen; aber er bleibt ein mechanischer Vorgang, der gegenüber Werten und Zielen indifferent ist".[14]

Der "mechanische Vorgang" darf jedoch nicht in der Weise mißverstanden werden, daß er nicht der Steuerung bedürfe. Dazu müssen "die wesentlichen Kräfte unserer heutigen Gesellschaft in eine echte Kooperation" gebracht werden. Die aktuelle Dringlichkeit dieser gesellschaftspolitischen Grundforderung ergibt sich aus den Worten Müller-Armacks selbst, wenn er fortfährt: "Soziale Marktwirtschaft ist so eine Strategie im gesellschaftspolitischen Raum; ob sie gelingt und ihr Ziel erreicht, wird nie exakt entschieden werden können, sondern bestätigt sich nur im dauernden Prozeß der Lösung jener internen Konflikte unserer Gesellschaft, die wir als Realität hinzunehmen haben".[15] Danach hat die Soziale Marktwirtschaft der ersten Phase, das kann wohl einigermaßen "exakt entschieden" werden, diese gesellschaftspolitische Integrations- und Koordinationsaufgabe nicht gelöst. Aus der vorhergehenden Zwangssolidarität des totalen Staates scheint das gegenteilige Extrem der Überstrapazierung gesellschaftlicher Verbands- und Gruppenautonomie entstanden zu sein; die mangelnde Integration gesellschaftsautonomer Träger von Sozial- und Wirtschaftspolitik führte zu einer auch der Sache sichtbar schadenden mangelhaften Koordination aller Maßnahmen, ja, auch zu einem offenen und versteckten Gegeneinander, den Staat eingeschlossen.

Das damit angesprochene Ordnungs- und Machtproblem ist zweifelsohne die Achillesferse der Sozialen Marktwirtschaft. W. Eucken wollte es durch Eliminierung oder zumindest Neutralisierung der genannten Machtgruppen lösen. Sein "erster wirtschaftspolitischer Grundsatz" lautete: "Die Politik des Staates sollte darauf gerichtet sein, wirtschaftliche Machtgruppen aufzulösen oder ihre Funktionen zu begrenzen".[16] Eine Möglichkeit der Integration aller gesellschaftlichen Gruppen, auch der Interessenverbände, denen ja die Koalitionsfreiheit ihre Grundrechtsbasis schenkt, schien sich lange Zeit in der Idee berufsständischer bzw. leistungsgemeinschaftlicher Ordnung zu zeigen. Durch sie sollte ein doppelter Integrationseffekt erzielt werden: die Einordnung der Arbeitsmarktparteien in ihren jeweiligen Leistungsstand und die Einordnung aller Leistungsstände zu einem funktionsfähigen Gesellschaftsorganismus.[17] Offensichtlich standen hier soziale

13 Ebd., S. 13.
14 Ebd., S. 16.
15 Ebd., S. 13 f.
16 W. Eucken, Grundsätze der Wirtschaftspolitik, Hamburg 1959, S. 188.
17 Vgl. dazu etwa O. von Nell-Breuning, Art. Berufsständische Gesellschaftsordnung, in: Zur christlichen Gesellschaftslehre, in: Wörterbuch der Politik, Bd. 1, Freiburg 1947 Sp. 61 ff.

Organismus-Ideen und geschichtliche Vorbilder ständischer Ordnung Pate, die sich nicht mehr behaupten konnten. Dennoch ist der Grundgedanke, zu solidarischem Denken und Handeln über entsprechende Institutionen zu gelangen, gerade heute aktuell.

Den 1963 von mir begonnenen Dialog mit Müller-Armack[18] konnte ich zu diesem Zeitpunkt unserer Entwicklung zunächst in drei Forderungen gesellschaftspolitischer Neubesinnung einmünden lassen, an die heute unmittelbar anzuknüpfen ist:

1. Solidarität als übergreifende — Freiheit und Gerechtigkeit einschließende — Interpretation des Zielwerts "Ordnung"

A. Müller-Armack bezeichnet die Soziale Marktwirtschaft als einen "Stilbegriff", und zwar "in dem Sinne, daß in der Sozialen Marktwirtschaft eine stilhafte Koordinierung erstrebt wird zwischen den Lebensbereichen des Marktes, des Staates und der gesellschaftlichen Gruppen".[19] Diesen Ansatz möchte Müller-Armack "ebensosehr" als einen "soziologischen wie ökonomischen, als einen statischen wie dynamischen", ja, als einen "dialektischen Begriff" verstanden wissen, "in dem die gesellschaftlichen Zielsetzungen ein entsprechendes Gewicht gegenüber den ökonomischen besitzen, der also Wirtschafts- und Gesellschaftspolitik umfaßt"[20], und das vor allem, da in der Tat "die zentrifugalen Kräfte unserer Gesellschaft in der Wohlstandsgesellschaft sichtlich größer werden und eine zusätzliche Anstrengung zur Integration unserer Gesellschaftsordnung verlangen".[21]

Um diese gesellschaftspolitische Integrationsaufgabe ernsthaft anzugehen, scheint uns die folgende Analyse der sozialökonomischen Wirklichkeit unserer eigenen Gesellschaft von besonderer Bedeutung zu sein:

— Die Gesellschaft, in der wir leben, ist trotz aller bekannten modellhaften Vereinfachungen der Wirtschaftstheorie keine reine Marktgesellschaft. Die Marktbeziehungen machen nur einen Teil der gesellschaftlichen Verflechtungen aus.

— Die Marktentscheidungen wie das außerökonomische gesellschaftliche Verhalten sind nicht nur Äußerungen einzelner Individuen, sondern insbesondere auch interessenpolitisch organisierte Gruppenentscheidungen, sei es, daß sie im pluralistischen Kampf um den größeren Anteil am Sozialprodukt oder um gesellschaftliche und politische Machtpositionen gefällt werden.

---

18 W. Dreier, Zur gesellschaftspolitischen Zielsetzung der Sozialen Marktwirtschaft, in: Die Neue Ordnung, Heft 3, 1963, S. 199 ff., Heft 5, 1963, S. 378 ff.
19 A. Müller-Armack, Das gesellschaftspolitische Leitbild der Sozialen Marktwirtschaft, S. 11.
20 Ebd., S. 11.
21 Ebd., S. 23.

— Der Machtkampf zwischen den unterschiedlich starken sozialen Gruppen am Markt und außerhalb des Marktes hat sich durch die demokratisch-subsidiäre Aufgliederung der Macht, vor allem durch die gruppen-autonom wahrgenommenen Rechte interessenpolitisch geübter Sozial- und Wirtschaftspolitik zum offen diskutierten Problem gesellschaftlicher Anarchie in der Sozialen Marktwirtschaft zugespitzt.

— Die Anwendung des technisch-organisatorischen Fortschritts läßt die Wirtschaft immer mehr in produktivitätsreiche und produktivitätsarme Sektoren auseinanderfallen. Der gerechte Anspruch der wirtschaftlich Schwächeren führt über den Markt, durch freien Machtkampf oder mit Hilfe des Staates zur Verschärfung der schleichenden Inflation.

— Gesellschaftspolitisch weisen sich diese Risse im Gefüge der Wirtschaftsgesellschaft als neue Klassengegensätze zwischen wohlhabenden ökonomischen Leistungsständen und solchen dem Wohlstand nachhinkenden wirtschaftlichen und vor allem außerwirtschaftlichen Sektoren, zwischen kinderarmen und kinderreichen Familien, zwischen den Eigentümern an Produktionsmitteln und bloßen Lohnarbeitern aus.

Auf diesem Hintergrund ist die ordnungsgemäße Integration der einzelnen wie der Gruppen und Verbände und eine rationale Koordination ihres Handelns gesellschaftspolitisches Anliegen Nr. 1. Denn durch den fortdauernden Kampf aller gegen alle "jenseits von Angebot und Nachfrage", d.h. auf einem Gebiet, wo der Wettbewerbsmarkt nicht mehr organisierbar, wo statt der Konkurrenz die Kongruenz der Entscheidungsträger und der Entscheidungen vonnöten ist, wird nicht irgendein gesellschaftspolitisches Teilziel, sondern das Gemeinwohl schlechthin in Frage gestellt.

Die drängende, auch von Müller-Armack angesprochene Integrationsaufgabe umfaßt darum zwei bedeutsame Teilaspekte:

erstens gilt es, die auf der Gegensätzlichkeit als Arbeitsmarktparteien basierenden Verbände in ihren jeweiligen Leistungsstand zur gemeinsamen Verantwortung gegenüber ihrer dem Gemeinwohl zu erbringenden Teilaufgabe zu führen, ohne daß die natürlichen Gegensätze und unterschiedlichen Interessenlagen übersehen oder gar aufgehoben werden können;

zweitens gilt es, die ökonomischen und außerökonomischen Leistungsstände, so wie sie sich aus der wirtschaftlichen und gesellschaftlichen Arbeitsteiligkeit ergeben haben, zur solidarischen Einheit ernsthafter Gemeinwohlverantwortung zu führen.

Was auf dem Wettbewerbsmarkt durch den Konkurrenzmechanismus im friedlichen Wettstreit gelöst werden kann, ist auf der makro-ökonomischen und gesellschaftlichen Ebene nur durch die gemeinsame Verantwortung aller in Arbeitsteilung Verbundenen möglich; wo anders sollte sonst der hohe Wert echter Solidarität verwirklicht werden, von dem jede Marktveranstaltung selbst wiederum zehrt und lebt, wenn sie sich nicht in einem ruinösen Kampf aller gegen alle selbst auflösen will?

Der Gesellschaftspolitik wird es, konkret gesprochen, dabei vor allem um die Institutionalisierung der gemeinsamen Verantwortung gehen müssen. Da es sich jedoch, wie ich darzulegen versuchte, keinesfalls um neue Mechanismen oder Automatismen handelt, sondern um die Erstellung des berühmten "runden Tisches" als Institution und Forum des zu diskutierenden rechten Miteinanders und der rechten Gemeinwohlverantwortung, sollte auch der extremste Marktwirtschaftler in der Sozialen Marktwirtschaft schnellen Zugang dazu finden. Denn gerade er kann auf dieses Datum gesellschaftlicher Ordnung anstelle von gesellschaftlichem Chaos nicht verzichten.

2. Die Reaktivierung und Entlastung des Staates und die Etablierung wirtschaftlicher Selbstverwaltung

Vergleicht man die bereits angedeutete gesellschaftspolitische Integrationsaufgabe mit der Wirtschafts- und Sozialpolitik, die W. Eucken in seiner Ordnungskonzeption dem Staat abverlangt — es sei vor allem auf den bereits zitierten "ersten wirtschaftspolitischen Grundsatz" nach Eliminierung oder Neutralisierung der Verbandsmacht verwiesen —, dann ist hier wie dort ein starker Staat vonnöten. W. Eucken kann zur Legitimation seiner geforderten Maßnahmen lediglich den aus einem hypothetischen Modell abgeleiteten Glauben an die, wie O. Veit es ausdrückt, "supra-empirische Gesetzmäßigkeit des Marktes"[22] anführen. Ohne auf die seinerzeit viel diskutierte Modell-Problematik der Euckenschen Ordnungsvorstellungen einzugehen[23], sei hier auf die Erfahrungen der ersten Phase Sozialer Marktwirtschaft verwiesen. Diese zeigt deutlich auf, daß keineswegs der Markt mit seiner "mechanistischen Gesetzmäßigkeit" oder gar einer "zwingenden Gewalt" gesellschaftspolitisch wirksam geworden wäre. Wie ich eingangs bereits ausführte, muß scharf zwischen der Marktordnung und dem meta-ökonomischen Ordnungsbild einer freien Gesellschaft unterschieden werden. Der hier zu verwirklichende Wert gesellschaftlicher Integration, dem auch die notwendige Koordination gesellschaftlich autonom wahrgenommener und staatlicher Sozial- und Wirtschaftspolitik inhärent ist, erwartet auch und gerade vom Staat einen letztverantwortlichen Beitrag.

Immer wieder ist in der Diskussion um die leistungsgemeinschaftliche Ordnung darauf hingewiesen worden, wie diese Ordnungskonzeption einerseits nach der ganzen Autorität des Staates zur Integration und Koor-

22 O. Veit, Ordo und Ordnung. Versuch einer Synthese, in: Ordo, Jahrbuch für die Ordnung in Wirtschaft und Gesellschaft, Bd. V, 1953, S. 42.
23 Vgl. etwa H. Peter, Freiheit der Wirtschaft, Köln 1953.

dination im aufgezeigten Sinne ruft, wie andererseits durch diese Ordnung jedoch auch der Staat entlastet wird. Dieser Tatbestand ist in selten eindringlicher Weise durch die erste Phase Sozialer Marktwirtschaft bestätigt worden. Der Lethargie des Staates gegenüber dem anarchischen Zerreißprozeß pluralistischer Interessenpolitik folgte eine ständig wachsende Fülle von partiellen Wohlfahrtsmaßnahmen zugunsten der machtmäßig Unterlegenen wie der unbeachtet gebliebenen Aufgaben. Es zeigt sich jedoch auch, daß eine Fülle von gesellschaftspolitischen Teilzielen — Müller-Armack wies damals schon auf die Eigentums- und Mittelstandspolitik, die Raumordnungspolitik, die Währungs-, Konjunktur- und Wachstumspolitik hin — ohne eine Koordination aller so interdependenten Teilmaßnahmen und ohne die Verantwortlichkeit aller gesellschaftlich-autonomen Gruppen nicht erreichbar ist. Der Ruf nach dem starken Staat ist darum — nur wenig mehr als ein Dutzend Jahre nach den Erfahrungen des Totalstaats — nicht ausgeblieben, was bei einem bloßen Verweis auf die Integrationsmacht des Marktes noch nicht einmal verwunderlich ist.

Wenn Müller-Armack die zweite Phase der Sozialen Marktwirtschaft und ihre gesellschaftspolitische Ausrichtung gerade auch im Hinblick auf eine zu findende "Integrationsformel der europäischen Gesamtordnung"[24] von der ersten Phase nationaler Wohlstandsmehrung abgrenzen möchte, dann ist der Blick auf die Lösung der Probleme bei unseren Partnern legitim. Wenn dabei den einen das französische System der "Planification" in die Augen sticht, so sollte mit der von marktwirtschaftlicher Entrüstung getragenen Ablehnung derartiger Versuche nicht auch der Hinweis anderer auf die gesellschaftspolitischen Integrations- und Koordinationsversuche mittels verschiedener Räte- und Kammernsysteme übergangen werden. Mir scheint auch heute noch eine gesellschaftliche und wirtschaftliche Selbstverwaltung, wie sie in diesen sozialökonomischen Institutionen geübt wird, ein nachahmenswertes und für Europa beherzigenswertes Experiment der Gesellschafts- und Wirtschaftspolitik gerade einer Sozialen Marktwirtschaft zu sein.[25]

Das bedeutet konkret für die Bundesrepublik, daß der Staat um seiner eigentlichen Aufgaben willen möglichst schnell sich der Mitarbeit ähnlicher Selbstverwaltungsorgane mit eigener, verpflichtender Gemeinwohlverantwortung versichern sollte. Die Koordination mit diesen Gremien könnte nur positive Rückwirkungen auch auf eine vielfach in Ressortpolitik aus-

24 A. Müller-Armack, Das gesellschaftspolitische Leitbild der Sozialen Marktwirtschaft, S. 28.
25 Vgl. dazu A. Chazel, H. Poyet, L'Economie Mixte, Paris 1965; J. Fourastié et J.P. Courtheoux, Planification Economique en France, Paris 1968; M. Bornstein, Comparative Economic Systems Models und Cases, Homewood (III.) 1969; E. Dürr, Neue Wege der Wirtschaftspolitik, Berlin 1972; R. Geiger, Rechtsformen der Wirtschaftslenkung als Mittel der französischen Planifikation, Berlin 1972.

einandergefallene staatliche Sozial- und Wirtschaftspolitik haben. Gerade die staatliche Sozialpolitik im engeren Sinne, etwa als Redistributionspolitik, bekäme Aussicht, in sachgerechter Weise zu einem echten Nettoeffekt zu gelangen, der gerade durch die Vielfalt der sich überschneidenden Maßnahmen oft nur gering anzusetzen ist. Die staatliche Autorität aber würde letztlich aus dem zwielichtigen Milieu herauskommen, Spielball interessenpolitischer Machtkämpfe zu sein, und zu ihrer letztverantwortlichen gesellschaftspolitischen Funktion zurückzufinden.

3. Bildung und Entwicklung eines neuen Wertbewußtseins

A. Müller-Armack zieht zum Schluß seiner damaligen, auch heute noch aktuellen Ausführungen über das gesellschaftspolitische Leitbild der Sozialen Marktwirtschaft ein unumstrittenes, aber anspruchsvolles Fazit: Die Soziale Marktwirtschaft "will eine Antwort sein auf die Herausforderung, die unsere Zeitlage stellt, in einer freien Ordnung und in einer Zeit unvergleichlicher Dynamik von Technik und Wirtschaft das volle Gleichgewicht ihrer sozialen und strukturellen Aufgaben geltend zu machen. Sie sollte keine bequeme pragmatische Formel sein. Eine Gesamtordnung kann in der Praxis der Politik wie im Bewußtsein der Menschen, die sie anspricht, nur bestehen, wenn sie Leitbilder setzt und zeitgerechte Methoden entwickelt. Nur aus dem Vertrauen in das geistige Fundament unserer Gesamtordnung und in deren Zukunft kann die Hoffnung erwachsen, daß wir die Aufgaben der Gegenwart nach dem Maß unserer Kräfte sachgerecht erfüllen".[26] Wenn hier das "geistige Fundament unserer Gesamtordnung" angesprochen wurde oder an anderer Stelle von "den obersten Zielvorstellungen und Werten" des "gesellschaftspolitischen Leitbildes der Sozialen Marktwirtschaft" die Rede war, so grenzte Müller-Armack wiederholt davon die eigentliche Konzeption Sozialer Marktwirtschaft als die "Technik" zur Verwirklichung dieser Werte ab.[27] So ist in der Tat scharf zwischen Gesellschaftsordnung und Wirtschaftsordnung unterschieden, und dem gesellschaftspolitischen Leitbild ist die übergeordnete Position zugewiesen.

Damit hat der Begriff der Sozialen Marktwirtschaft an Inhalt und Tiefe gewonnen. Die Werte des "Sozialen" aber müssen noch weithin gehoben werden, um damit die Ausrichtung der Wirtschaft nicht auf irgendwelche sozialen Ziele, sondern auf ihre gesellschaftliche Verpflichtung als eines gesellschaftlichen Kulturprozesses schlechthin zu erreichen. Das zu verwirklichende Gemeinwohl besteht dann nicht nur aus dem erstellten Sozialprodukt und seiner sozialgerechten Verteilung. Die Forderungen, die der einzelne auf seine Würde und Freiheit bedachte Bürger wie die Gesellschaft an den Wirtschaftsprozeß stellen, sind von einem solchen Gewicht, daß sie

26 Ebd., S. 28.
27 Ebd., S. 16.

gegebenenfalls auch zu Lasten eines maximalen Outputs gehen. Auf Grund des hohen Vergesellschaftungsgrades unserer Wirtschaft trägt diese Prozeßgestaltung in besonderem Maße dazu bei, die sozialen Beziehungen der Menschen zu formen. Das Absatzgeschehen einer "Überflußgesellschaft" – darauf werde ich im Abschnitt 4.4. näher eingehen – löst dabei neue Entfremdungsprozesse aus, die die Forderungen nach einer zweiten Phase Sozialer Marktwirtschaft bestärken.

Die bisher diskutierte Abhilfe beinhaltet zweifelsohne eine gesellschaftspolitische Aufgabe von nicht geringem Mut und hohen Wagnissen. Neben der politischen Aufgabe muß dabei in einer freien Gesellschaft die Bildungsaufgabe zur Entwicklung eines neuen Bewußtseins gesehen werden. Beide Aufgaben greifen in jener Dialektik ineinander, wie auch die Entwicklung von sozialem Sein und Bewußtsein.

Die, wie Müller-Armack es formulierte, "Malaise" eines fehlenden sozialen Gleichgewichts[28] kann darum nur unter Beachtung dieser Dialektik behoben werden, und zwar nicht durch irgendwelche Mechanismen, sondern letztlich nur durch eine Bildung aller Bürger mit dem Ziel, gesellschaftliche Reformen möglich zu machen. Die geistige Infrastruktur eines technisch-organisatorisch hoch entwickelten Landes wie der Bundesrepublik zeigt sich hier äußerst unterentwickelt: Halbwissen oder Nichtwissen über die wichtigsten gesellschaftlichen und wirtschaftlichen Zusammenhänge wie Lebensfragen paaren sich mit Spezialistenleistungen. Dies bildet den Grund für die heute diskutierten Phänomene politischer Apathie, aber auch die Entwicklung neuer Elitentheorien und Elitenherrschaft. Sie haben sich inzwischen als neue Hindernisse aufgetürmt, die obengenannte "Malaise" ist kein mit offener Gewalt erzwungenes, sondern ein vom falschen Bewußtsein akzeptiertes. Eine "Neue Gesellschaftsordnung" baut sich aus dem Veränderungsprozeß dieser "Malaise" auf.

Dieser Ordnung vorrangig verpflichtet, das habe ich bereits 1963 ausgeführt, sind vor allem diejenigen, die gesellschaftspolitische oder wirtschaftspolitische Funktionen im staatlichen und im vorstaatlichen Raum übernommen haben, kleinere und größere Teilhaber der Macht. Es stellt sich die Frage, ob wir darum nicht mit einer neuen gesellschaftspolitischen Ausrichtung der Sozialen Marktwirtschaft dort beginnen müssen, wo tagtäglich die sozial- und wirtschaftspolitischen Entscheidungen zur Verwirklichung echten Gemeinwohls oder zu seinem Schaden getroffen werden. Das ist eine Frage der Bewußtseinsveränderung dieser Machtträger. Die dazu notwendig zu schaffenden Institutionen müßten auf die Koordinierung der Sozial- und Wirtschaftspolitik im allgemeinen, der Währungs-, Lohn- und Preispolitik, der Konjunktur- und Wachstumspolitik, der Raumordnungs- und auch der Eigentums- und Entwicklungspolitik, last not least der Ent-

28 Ebd., S. 15.

wicklungspolitik im besonderen ausgerichtet werden. Damit käme in der Tat "nunmehr in einer zweiten Phase der Sozialen Marktwirtschaft . . . unter Fortführung alles dessen, was begonnen wurde, eben doch ein neuer Akzent in das Ganze".[29]

Leider endete diese erste Phase systemimmanenter Kritik, ohne daß Konsequenzen in politischer oder bildungsmäßiger Hinsicht gezogen wurden. Sie wurde in der Tat zu einem frühen "Nachruf" auf ein Konzept, das in unseren Tagen von den einen als Ausdruck des "Spätkapitalismus" total abgelehnt, von anderen – wie beispielsweise Krockow – nicht minder radikal auf ihr Kernstück, das Konkurrenz- bzw. Wettbewerbsprinzip, kritisch befragt wird. In Fortführung der damaligen Diskussion werden jedoch wiederum auch Quantität oder Qualität des Lebens einander gegenübergestellt. Um die Diskussion auch heute wieder auf die Konzeptfrage hinzulenken, soll nachfolgend in einem Exkurs – der vor allem wirtschaftswissenschaftlich Interessierte anzusprechen sucht – die ordnungspolitische Thematik der faktisch vorhandenen dualistischen Wirtschaftsordnung kurz skizziert werden.

4.2. Exkurs: Die gemischte oder dualistische Wirtschaftsordnung – Koordinationssystem von Wirtschafts- und Gesellschaftspolitik

Der neomarxistischen Kapitalismusanalyse ist, bezogen auf bestimmte Teilbereiche unseres wirtschaftlichen Ordnungssystems und dem der ihm entsprechenden sozialen Wirklichkeit, die logische Stringenz nicht zu bestreiten, wenn sie von der gegenwärtigen Situation als der Phase des "Spätkapitalismus" spricht. Allerdings sieht sich Ernest Jouhy zu der Feststellung genötigt: "Das Hantieren mit der Abstraktion des 'Spätkapitalismus' kann die kritische Bewußtseinsbildung und die politische Praxis gleichzeitig weit mehr hemmen als fördern".[1] Darüber hinaus ist jedoch folgender Tatbestand durch keine ideologiekritische Analyse weg zu diskutieren: Der "Sprung" vom Liberalkapitalismus mit seinem wirtschaftspolitischen Ordnungsmodell der Klassischen Nationalökonomie hin zur Konzeption "Soziale Marktwirtschaft" war ein qualitativer. War doch die sogenannte Klassik, repräsentiert etwa duch Adam Smith, von einer – im Sinne der "Natürlichen Theologie der Aufklärung" – ontologischen Grundlegung der Wirtschaftsordnung überzeugt, die an Gläubigkeit von keiner Epoche wirtschaftswissenschaftlicher Dogmengeschichte übertroffen wurde. Die Annahme und die Erwartung einer "natürlichen Harmonie" als Ausdruck der "unsichtbaren Hand Gottes" und der durch ihn begründeten prästabilierten Harmonie" hat dem Marktmechanismus erst jenen Faszinationscharakter verliehen, der uns auch heute immer noch in der Diskussion begegnet.

29 Ebd., S. 16.
1 E. Jouhy, Das programmierte Ich, S. 19.

Zu Recht stellt Goetz Briefs fest, daß das von Smith entwickelte "System der natürlichen Freiheit in allen Teilen auf metaphysischen Voraussetzungen ruht. Eine Weltanschauung von universaler Reichweite erfaßt den Kosmos der Menschheitszusammenhänge; sie reicht bis in die Tiefe der Regungen der Einzelseele, schlägt ihre Brücke vom individuellen Interesse zum größten Wohl des sozialen Ganzen und eint die Menschheit zur Hamonie. Dieser Kosmos ist von der Vorsehung geplant oder, wie Smith auch sagt, von der wohltätigen und weisen Natur. . . . Auf dem Naturrecht der Aufklärung basiert der Glaube an die unverlierbaren Freiheiten und Rechte des Individuums in der Wirtschaft. Aus der natürlichen Ethik der Aufklärung stammt die Rechtfertigung des Selbstinteresses, aus dem Deismus die Überzeugung, daß jene Freiheiten und dieses Selbstinteresse, wenn durch Wettbewerb geregelt, zu optimalem Wohlstand und zur gesellschaftlichen Harmonie führen werden. Die Providenz hat den Menschen so angelegt, daß seine Freiheit, sein Selbstinteresse zu wahren, durch die Konkurrenz zum Gemeinwohl führt".[2]

Mit gleichem Recht wirft der neoliberale Vertreter des neuen Konzepts "Soziale Marktwirtschaft", Alexander Rüstow, den Klassikern "Passivismus, Glückseligkeitsdusel, Unbedingtheitsaberglaube und Soziologieblindheit" vor.[3] Die weniger vom Glauben der Aufklärung als von den eigenen Interessen bzw. den von ihnen vertretenen Interessen geleitete Rechtfertigung des Marktmechanismus, auch dort, wo kein Markt mangels gleicher Marktchancen zustandekommt, nimmt auch heute entscheidend Anteil an der Verantwortung einer höchst irrationalen Wirtschaftspolitik. Dennoch ist der genannte "qualitative Sprung" ebenso unübersehbar: ob nun die Rede vom "Halbautomaten" statt einem "Vollautomaten", von einem "Kulturgewächs" statt einem "Naturgewächs" ist, gerade die Konzeptdiskussionen weisen auf die Machbarkeit der wirtschaftlichen und gesellschaftlichen Ordnung hin. An keinem anderen Beispiel unserer jüngsten Geschichte läßt sich die aus wissenssoziologischer Perspektive vertretene These von Berger/Luckmann besser verifizieren, "daß Gesellschaftsordnung ein Produkt des Menschen ist, oder genauer: eine ständige menschliche Produktion. Der Mensch produziert sie im Verlauf seiner unaufhörlichen Externalisierung. Gesellschaftsordnung ist weder biologisch gegeben noch von irgendwelchen biologischen Gegebenheiten ableitbar. Auch in der natürlichen Umwelt des Menschen ist sie nicht angelegt, obgleich allerdings gewisse Merkmale der natürlichen Umwelt bestimmende Faktoren für gewisse Merkmale von Gesellschaftsordnungen sein können — z.B. für wirtschaftliche und technische Einrichtungen. Gesellschaftsordnung ist nicht Teil der 'Natur der Dinge' und kann nicht aus 'Naturgesetzen' abgeleitet

---

2 G. Briefs, Art. Klassische Nationalökonomie, in: Handwörterbuch der Sozialwissenschaften, Bd. 6, 1959, S. 7 und 8.
3 A. Rüstow, Das Versagen des Wirtschaftsliberalismus, 2. Aufl. Godesberg 1950, S. 44.

werden. Sie besteht einzig und allein als ein Produkt menschlichen Tuns. Will man ihre empirischen Erscheinungen nicht hoffnungslos verdunkeln, so kann ihr kein anderer ontologischer Status zugesprochen werden. Sowohl nach ihrer Genese (Gesellschaftsordnung ist das Resultat vergangenen menschlichen Tuns) als auch in ihrer Präsenz in jedem Augenblick (sie besteht nur und so lange menschliche Aktivität nicht davon abläßt, sie zu produzieren) ist Gesellschaftsordnung als solche ein Produkt des Menschen".[4] Aber: "Das Produkt wirkt zurück auf seinen Produzenten. Externalisierung und Objektivation — Entäußerung und Vergegenständlichung — sind Bestandteile in einem dialektischen Prozeß. . . . Eben diese Dialektik bewirkt, daß symbolische Sinnwelten sich wandeln. Soziologisch wesentlich ist, daß jede symbolische Sinnwelt und jede Legitimation Produkt des Menschen ist. Die Grundlage ihres Daseins ist das Leben lebendiger Menschen. Abgetrennt von dieser Grundlage besitzen sie keinen empirischen Status".[5]

Von dieser wissenssoziologischen Position her erhält die soziale Auseinandersetzung um die Veränderung der "symbolischen Sinnwelt", der von der klassischen Ideenwelt her geprägten Wirtschafts- und Gesellschaftsordnung, ihre je eigene Sinndeutung. Das Ergebnis utopisch-gläubiger Harmonieerwartung des Laissez-faire-Systems, in der Arbeiterfrage des 19. und 20. Jahrhunderts sich niederschlagend, weckte dazu die Kräfte. Aus der Ideenwelt der Aufklärung wurden andere Zielwerte wirksam; "Freiheit, Gleichheit, Brüderlichkeit" fanden sich in der Reformidee einer "Demokratisierung" sowohl der politischen als auch der wirtschaftlichen Ordnung wieder.

Seitdem in den alten Industrieländern der Kampf um die Entproletarisierung geführt wird, verbindet sich mit dem erstrebten Ziel der Demokratisierung von Staat und Wirtschaft die Vorstellung, auf diese Weise auch die Selbstentfremdung des Menschen zu überwinden. Dabei war es für das 19. Jahrhundert selbstverständlich, nur bei gleichzeitiger politischer und wirtschaftlicher Demokratisierung zur vollen Integration des "Vierten Standes" in die Gesellschaft zu gelangen. Mit dem Wachsen der politischen Demokratie ist jedoch, ohne daß die unterschiedlichen Forderungen nach einer "Wirtschaftsdemokratie" erfüllt wurden, diese Integration gewaltige Schritte vorangekommen. Es ist darum verständlich, daß die noch offenen Fragen und die noch ungelösten Probleme einer integrativen Ordnung der Gesellschaft und Wirtschaft mit dieser Diskrepanz verbunden werden. Man verweist heute nicht selten auf die politische Demokratie, um auch in der Wirtschaft die letzten Überreste einer Fremdbestimmung des Menschen zu beseitigen. Das Ziel der "Wirtschaftsdemokratie" wird weithin heute als

4 P. Berger/Th. Luckmann, Die gesellschaftliche Konstruktion der Wirklichkeit, S. 55.
5 Ebd., S. 65 und 138.

die volle Mitbestimmung und Mitverantwortung aller im Wirtschaftsprozeß Verbundenen umschrieben. "Im rechtsstaatlich geordneten Gemeinwesen unterliegt das behördliche Ermessen nicht nur der verwaltungsrechtlichen, sondern auch der politischen Kontrolle durch die Gewaltunterworfenen; etwas dem Vergleichbares sollte es", so betont O. von Nell-Breuning, "auch im Herrschaftsverband des Unternehmens geben".[6] Der große Theoretiker der "Wirtschaftsdemokratie" mit sozialistischen Zielvorstellungen, F. Naphtali, meinte zwar 1927: "Die Idee der Wirtschaftsdemokratie kann nur dann in einem Land lebendig werden, wenn die Arbeiterschaft dieses Landes schon bestimmte Erfahrungen in der politischen Demokratie hat".[7] Aber auch er betonte, "daß die politische Gleichberechtigung allein noch keine wahre Gleichberechtigung" sei.[8] Im Zusammenhang der Kontroversen über die Mitbestimmungsforderungen des Bochumer Katholikentages 1949 vertrat J. Höffner den Standpunkt, daß "in einer bestimmten geschichtlichen Situation eine bestimmte Staatsform praktisch die einzig angemessene sein kann, wie es z.B. in der Moderne die Demokratie sein dürfte. Ähnliches gilt von der Betriebsverfassung". J. Höffner forderte darum "eine möglichst breite Übertragung von Mitverantwortung, Mitwirkung und Mitbestimmung an die Arbeiterschaft". Er hielt 1949 diese "nicht nur für höchst angemessen, sondern geradezu für notwendig". Die Gründe liegen nach Höffner "einmal in der rechtlichen Struktur vieler Betriebe, die reine Kapitalgesellschaften sind, vor allem aber in der geistigen Struktur der modernen Arbeiterschaft, die nach Selbständigkeit, Mitverantwortung und Mitbestimmung strebt. Im politischen Raum" habe "diese geistige Haltung schon längst zur Demokratie geführt". Im Sinne des auch in Bochum vertretenen engen, ja unlösbaren Zusammenhangs von betrieblicher und überbetrieblicher Mitbestimmung sollen nach Höffner auch "im überbetrieblichen Raum Unternehmer und Arbeiter in den Fragen der wirtschaftlichen und sozialen Gesetzgebung, der Wirtschaftsplanung und dgl. gleichberechtigt zusammenarbeiten".[9] Ohne den engen Zusammenhang von betrieblicher und gesamtwirtschaftlicher Ebene zu übersehen, möchte ich die Frage einer demokratischen Koordinierung unserer Wirtschafts- und Sozialpolitik auf der überbetrieblichen Ebene näher angehen. Ob es sich dabei um die Weiterführung der Diskussion über die "Wirtschaftsdemokratie" oder um Überlegungen zur Integration des gesellschaftlichen Teilbereichs "Wirtschaft" in unsere demokratische Ordnung handelt, kann, formal gesehen, dahingestellt bleiben. Da der Weg nachfol-

---

6 O. von Nell-Breuning, Worum geht es bei der Mitbestimmung? in: Stimmen der Zeit, H. 4, 1966, S. 275.

7 F. Naphtali, Wirtschaftsdemokratie, Neudruck Frankfurt 1966, S. 13.

8 Ebd., S. 15.

9 J. Höffner, Zehn Thesen zur Mitbestimmung, in: Gesellschaftspolitik aus christlicher Weltverantwortung. Joseph Höffner, Reden und Aufsätze, hrsg. von W. Schreiber und W. Dreier, Münster 1966, S. 441 f.

gender Überlegungen jedoch aus der wirtschaftspolitischen Theorie zu gesellschaftspolitischen Integrationsforderungen verläuft, ist kein Anknüpfungspunkt aus der bisherigen Diskussion über "Wirtschaftsdemokratie" oder "Mitbestimmung" gegeben. Dem Wirtschafts- und Sozialpolitiker wird jedoch die zwingende Notwendigkeit einer solchen Argumentation aus den gewählten wirtschaftstheoretischen Ansätzen einleuchten.

Dazu sind zunächst aus der wirtschaftstheoretischen Diskussion dezentraler Wirtschaftspolitik Begriff und Tatbestand einer "gemischten Wirtschaftsordnung" von Bedeutung. Bereits die "Kathedersozialisten" und mit ihnen alle sozialpolitisch orientierten Nationalökonomen wandten sich je nach Temperament und politischem Engagement scharf oder auch ironisch gegen ein bloßes abstraktes, katallaktisches Modellieren der Wettbewerbswirtschaft (bewußte Vernachlässigung von historischen, psychologischen und institutionellen Voraussetzungen, bei Annahme vollständiger Konkurrenz). Geschichtlich gesehen kommt auch den sozialistisch orientierten Ökonomen für diese Diskussion ein besonderer Verdienst zu, indem sie die Funktionalität und die Effizienz einer Zentralverwaltungswirtschaft theoretisch wie praktisch aufgezeigt haben. Die scharfsinnigen Analysen eines E. Barone oder O. Lange sind für die späteren Versuche, die Möglichkeit auch dualistischer Ordnungen aus Elementen der Marktwirtschaft und der Gemeinwirtschaft aufzuzeigen, nicht unwirksam geblieben. Die praktischen Erfahrungen ließen jedoch die Fragen der hoheitlichen Lenkung einer Marktwirtschaft in den Vordergrund treten. So selbstverständlich sich auch die Notwendigkeit einer planerischen und systematischen Lenkung der Marktwirtschaft schon aus den Erfahrungen der Laissez-faire-Periode und der folgenden Epoche eines planlosen Interventionismus ergibt, erscheint etwa W. Eucken ebenso zwingend derselbe Interventionismus jede Wirtschaftslenkung ad absurdum geführt zu haben. Die Forderung nach Rückkehr zum Selbststeuerungsautomatismus des Wettbewerbs und die Abneigung gegen eine umfassende lenkerische Wirtschaftspolitik scheint mit Eucken auch einer ganzen Schule der Volkswirtschaftslehre den Stempel aufgedrückt zu haben.

Wenn wir in unserer Fragestellung vom Tatbestand einer "gemischten Wirtschaftsordnung" ausgehen, so kommt dabei zwar der Euckenschen Grundlagenforschung und insbesondere seiner ordnungspolitischen Analyse der beiden Extrem-Modelle "freier Marktwirtschaft" und "zentraler Verwaltungswirtschaft" theoretisch eine große Bedeutung zu. Die wirtschaftliche und gesellschaftliche Wirklichkeit scheint uns jedoch die theoretische Streitfrage des Entweder-Oder längst im Sinne eines Sowohl-Als-Auch beantwortet zu haben. Mit anderen Worten: die reale Wirtschaftsordnung in der Bundesrepublik, wie auch in den sonstigen freiheitlich-demokratischen Industriestaaten, zeigt sich mehr oder weniger als "gemischte Wirtschaftsordnung". In ihr ist mit unterschiedlich starker Dominanz das

Modell der Wettbewerbsordnung verankert. Jedoch zeigt sich als ein mehr oder minder ungelöstes Problem die Lenkung der Wirtschafts- und Sozialpolitik und damit die Koordination aller ordnungspolitischen Ziele und Mittel in allen Staaten mit der gleichen Schärfe.

Die wirtschaftspolitische Lenkung, wie sie an die Stelle des planlosen Interventionismus getreten ist und gewissen Automatismen bewußt ihre Wirkkraft nimmt, erfolgt aus der obersten Zielorientierung der Wirtschafts- und Gesellschaftspolitik. Es sei in unserem Zusammenhang nur auf die weithin anerkannten Ziele der Freiheit, der sozialen Sicherheit, der sozialen Gerechtigkeit und einer egalitären Wohlstandsmehrung verwiesen. Soziologisch und auch historisch gesehen ist es von großer Bedeutung, daß aus eben dieser Zielsetzung heraus noch vor bzw. im Zusammenhang mit der staatlichen Aktivität der Zusammenschluß weithin ohnmächtiger einzelner Wirtschaftssubjekte zu Gruppen und Verbänden erfolgte. Ihr Ziel und ihr Interesse sind eindeutig: im Wirtschaftsprozeß und vorab bei der Verteilung des Sozialprodukts aus dem gruppenhaften Teilaspekt der genannten Ziele wirksamer und erfolgreicher agieren zu können. So ist es nicht ganz verständlich, daß in der Wirtschaftswissenschaft zwar das Problem der Marktmacht, bezogen auf Kartelle und Monopole, eine breite Diskussion erlebte. Die Machtausübung der Wirtschaftsverbände unmittelbar auf das Marktgeschehen — es treten vielfach Gruppenentscheidungen an die Stelle individueller ökonomischer Entscheidungen —, besonders aber auch die Wirksamkeit der Wirtschaftspolitik wurden arg vernachlässigt. Es erscheint zwar logisch und konsequent, wenn W. Eucken um der Funktionalität der Wettbewerbswirtschaft willen theoretisch von der Forderung ausgeht, daß alle wirtschaftlichen Machtgruppen von Staats wegen aufgelöst oder in ihrer Funktion beschränkt werden sollten. Eine solche Position muß jedoch innerhalb einer wirtschaftspolitischen Diskussion als geschichtsfremd, ja, als utopisch zurückgewiesen werden. Geht man von der Wirklichkeit heutiger Wirtschaft und Gesellschaft und ihrem noch immer nicht abgeschlossenen, aber deutlich erkennbaren Strukturwandel aus, dann stellt sich dem Wirtschaftspolitiker das äußerst schwierige Problem der Koordination einer von mannigfachen Trägern geübten Wirtschaftspolitik. Das unkoordinierte wirtschaftspolitische Taktieren und Agieren durch eine Vielzahl unterschiedlich mächtiger Wirtschaftsverbände, unabhängig von der obersten staatlichen Wirtschaftspolitik oder ihr gar konträr entgegengesetzt, beschwört nicht nur erneut die Mißerfolge des planlosen Interventionismus. Es gefährdet letztlich auch trotz tieferer wissenschaftlicher Erkenntnisse unseres Wirtschaftsgeschehens Wohlstand und Sicherheit. Nicht zuletzt ein Blick in die augenblickliche Diskussion des Währungs-, Wachstums- und Finanzproblems oder auch der Konjunktur- und Strukturfragen einzelner Branchen macht die Bedeutung dieser Koordinationsaufgabe deutlich.

Es stellt sich die gesellschafts- wie wirtschaftspolitisch interessante Frage, ob nicht die mangelnde wirtschaftspolitische Koordination das Ergebnis fehlender Integration der verbandsmäßigen Träger von Wirtschaftspolitik in das soziale Ganze darstellt. Ich möchte darum im weiteren von der These ausgehen, daß die wirtschaftspolitisch notwendige Koordination eine feste und reale Integration der Wirtschaftsverbände innerhalb der Gesellschaft notwendig macht. Die gesellschaftspolitische Anerkennung als koalitionsrechtlich geschützte soziale Gruppen enthebt den Staat nicht von der Verpflichtung, die Vielzahl der höchst aktiven Gruppen und Verbände so in das Ganze zu integrieren, daß ihr Handeln dem Gemeinwohl zumindest nicht zuwiderläuft. Da die vertretenen Teilziele und die praktizierte Interessenpolitik der Verbände im Kampf untereinander, im Kampf mit dem Staat gegen andere Gruppen oder gegen den Staat nicht nur im Ergebnis weitab vom rechten Inhalt des Gemeinwohls verlaufen können, sondern dieses auch gefährden, drängt sich die Notwendigkeit der Koordination allen Handelns auch aus dieser Sicht auf. Man geht nicht fehl in dem Schluß, daß umgekehrt eine funktionierende Koordination wirtschaftspolitischen Handelns auch einen steten Integrationseffekt zeitigt und damit über die wirtschaftlichen Interessen hinaus zur Stabilisierung der ganzen Sozialordnung beiträgt. Das Handlungsprinzip der "Countervailing power" (J.K. Galbraith) hat sich dabei inzwischen als einzig realistisch erwiesen. Es kann auch als eine Grundmaxime gemischter Wirtschaftsordnung verstanden werden. Die Gegenposition ist eindeutig: nach der Ausschließlichkeitslehre W. Euckens und seiner Schule sollte wegen der drohenden Gefahr eines Abgleitens in die zentrale Planung und Verwaltung der Wirtschaft das Wettbewerbsmodell möglichst rein und unverfälscht verwirklicht werden. Euckens entscheidende Grundsätze lauten in diesem Punkt: "Die Politik des Staates sollte darauf gerichtet sein, wirtschaftliche Machtgruppen aufzulösen oder ihre Funktionen zu begrenzen. Die wirtschaftspolitische Tätigkeit des Staates sollte auf die Gestaltung der Ordnungsformen der Wirtschaft gerichtet sein, nicht auf die Lenkung der Wirtschaft".[10] Auf die breite Diskussion der dazu von Eucken entwickelten "konstituierenden und regulierenden Prinzipien" und die für letztere geforderte "Marktkonformität" kann hier nur verwiesen werden.[11]

Um die Rationalität der gemischten Wirtschaftsordnung offenzulegen, bieten sich sowohl eine historische als auch eine theoretische Methode an. Historisch gesehen ist der Tatbestand der gelenkten Wirtschaft aus dem

---

10 W. Eucken, Grundsätze der Wirtschaftspolitik, S. 334.
11 Ebd., S. 254 ff. und 291 ff., sowie E.M. Dohrendorf, Das Problem der Marktkonformität wirtschaftspolitischer Mittel: in: Jahrbuch für Sozialwissenschaft H. 1 1953, S. 22 ff.; H. Peter, Freiheit der Wirtschaft. Kritik des Neoliberalismus, Köln 1953; Unsere Wirtschaft — Basis, Dschungel, Dogma? Marktwirtschaft in der gegenwärtigen Auseinandersetzung, hrsg. von der Landeszentrale für politische Bildung Nordrhein-Westfalen, Köln 1973.

Zusammenbruch des Laissez-faire-Liberalismus und des planlosen Interventionismus einleuchtend ableitbar. Der theoretischen Analyse kommt jedoch die größere Stringenz zu. Denn letztlich ist die These W. Euckens, um der Effizienz der Marktwirtschaft willen zur klassischen Ordnungsvorstellung zurückzukehren — wenn auch unter Hinzunahme einer neuen wirtschaftspolitischen Datensetzung — nur widerlegbar in dem Nachweis, daß auf diese Weise die Ziele einer modernen Gesellschaftswirtschaft nicht erreicht werden können. Wissenschaftstheoretisch gesehen bietet sich darum der Weg einer schrittweisen Annäherung des Wettbewerbsmodells an die Wirklichkeit als lohnend an, die Rationalität der "gemischten Wirtschaftsordnung" mit einer dezentralen wirtschaftspolitischen Lenkung aufzuweisen. Dabei lassen sich auch die historischen Erfahrungen und die heute soziologisch aufgezeigten gesellschaftspolitischen Notwendigkeiten mit in die Analyse einbeziehen. Wir möchten von drei Fragestellungen ausgehen:

1. Wie weit ist das in sich geschlossene Voraussetzungsbündel des Modells vollständiger Konkurrenz auch unter Zuhilfenahme entsprechender wirtschaftspolitischer Datensetzung real oder irreal?

2. Deckt sich die im Modell vollständiger Konkurrenz entwickelte Optimum-Vorstellung mit den ökonomischen und meta-ökonomischen Zielen unserer Wirtschaftspolitik?

3. Wie lautet die Schlußfolgerung solcherart kritischer Durchleuchtung des Modells für ein Wirtschaftssystem mit marktwirtschaftlicher Dominanz?

Zu 1. In wirtschaftstheoretischer Analyse ist nicht zuletzt durch die Wellfare-Theorie das Bündel der Voraussetzungen für ein optimales Funktionieren der "pure competition" durchleuchtet worden. Die im Sinne mikroökonomischer Gleichgewichtstheorie zu unterscheidenden Marginal-Total-Bedingungen lassen sich schwerpunkthaft wie folgt zusammenfassen: vollständige Preisunabhängigkeit und Preisunterschiedslosigkeit, uneingeschränkte Tauschfreiheit auf offenen und transparenten Märkten sichern bei Befolgung der Präferenzstrukturoptimierung nach ökonomischen Rationalprinzip definitorisch die Gleichheit der Grenzraten nach dem Grenzkostenpreisprinzip. Der Zeithorizont muß gegeben, die Realkapitalausstattung in ihrem zeitlichen Aufbau bekannt sein. Risiko und Ungewißheit in der Produktion sind ausgeklammert, und grundsätzlich ist die Produktionssphäre von der Verteilung unabhängig. Darüber hinaus muß vollständige Teilbarkeit der Güter bei hinreichender Homogenität gegeben sein, weil sonst weder kontinuierlich-differenzierbare noch mengenmäßigbedeutsame Funktionen zustande kommen. Diese Marginalbedingungen müssen gleichzeitig und vollständig erfüllt sein, so daß im Sinne einer Totalbedingung das dann erreichte Optimum an allgemeinem Wohlstand nicht durch ein bisher unbekanntes Gut oder durch eine andere Allokation der Produkte bzw. der Faktoren zu erhöhen ist. Mit anderen Worten: Das Optimum, im Rückgriff auf Ableitungen W. Paretos auch "Pareto-Optimum" genannt, beinhaltet eine höchstmögliche Maximierung der ordinalen Präferenzstruktur, da keine weiteren Steigerungen des Funktionswertes erreicht werden können.

Ich schließe mich der Meinung von H. Giersch an, der schlechtweg erklärt: "Das durch die Gesamtheit der Marginal- und Totalbedingungen umschriebene sozialökonomische Optimum ist eine Utopie".[12] Dieses Urteil scheint nicht zu hart, wenn man bedenkt, daß sich nur bei Erfüllung aller Marginal- und Totalbedingungen das genannte Optimum einstellt. Die reale Wirtschaft weist in ihrer dynamischen Entwicklung jedoch nicht nur Konflikte zwischen den einzelnen Bedingungen auf. Verschiedene dieser Bedingungen selbst sind sogar in sich hypothetischer Natur. So hat etwa die moderne Marktformenlehre deutlich herausgearbeitet, wie neben dem relativ seltenen Unternehmer als Mengenanpasser bei datenmäßig gegebenem Preis zumeist eine unternehmerische Preisfixierung auf der Grundlage einer konjekturalen Preis-Absatz-Funktion in monopolistischer, polypolistischer oder oligopolistischer Form gegeben ist. Von entscheidender Bedeutung ist sodann die der optimalen Produktionsstruktur zugeschriebene optimale Einkommensverteilung, wie sie aufgrund des Äquivalententausches zustandekommen soll. Ihre Problematik führt uns jedoch bereits zum zweiten Fragenkomplex, in dem die Kompatibilität des Modellergebnisses und der wirtschaftspolitischen Ziele angesprochen ist.

Zu 2. Hervorstechende Merkmale einer Inkompatibilität sind die nachweisbaren Ungerechtigkeiten in der Einkommensverteilung und die von mehreren Generationen und auch heute existentiell erfahrbare Unsicherheit hinsichtlich der Beschäftigung. Da sich das Gleichgewicht des Wettbewerbsmarktes auch bei Unterbeschäftigung einpendeln kann, vermögen nur utopische Erwartungen auf eine "prästabilierte Harmonie" (A. Smith) mit einer Kompatibilität zu rechnen. Unsere Erfahrungen sollten uns zu denken geben, wie auch das wertvolle Postulat der individuellen Freiheit unter den düsteren Schatten der erlebten Ungerechtigkeiten in der Einkommens- und Vermögensverteilung bald an Glanz verlor. Ohne Verzicht auf die sogenannte Marginalbedingungen ist jedoch auch eine Steuerung der personalen Einkommensverteilung etwa zur Einbeziehung der "marktpassiven" Glieder der Gesellschaft nicht möglich, weil sich mit den Veränderungen in der Einkommensverteilung auch die Ausgabeentscheidungen ändern. Am Ende stellt sich somit eine andere Datenkonstellation als die des Äquivalententausch-Modells ein. Damit ist zugleich angedeutet, daß sich eine Politik neutraler Finanzgebarung und neutralen Geldes ausschließt. Fak-

---

12 H. Giersch, Allgemeine Wirtschaftspolitik, 1. Bd. Grundlagen, Wiesbaden 1960, S. 125. Der Begriff "Utopie" wird hier — entgegen der heutigen Verwendung — als Ausdruck unrealistischer Erwartung gebraucht.

tisch und theoretisch, d.h. letztlich um der gesteckten Ziele unserer Gesellschaftswirtschaft willen, ist an die Stelle reiner "Deckungsfinanz" eine
aktive "Ordnungsfinanz" getreten. Dazu liefert heute die Politik sogenannte "Sparhaushalte" mit gleichzeitiger Investitions-Stimulanz durch öffentliche Subventionen ein deutliches Beispiel.

Der bekannte Einwand, daß alle Schwierigkeiten aus einer nichtmodell-
gerechten Verwirklichung des Wettbewerbsmarktes sowohl in der Laissez-
faire-Epoche als auch unter den heute gesetzten Daten der Wirtschafts- und
Sozialpolitik resultieren, scheint zwei Fakten zu übersehen: Entweder
wird die Irrealität der (unter dem ersten Fragenkomplex angesprochenen)
Voraussetzungen der Wettbewerbswirtschaft übersehen oder es wird das
Kriterium der "Marktkonformität" bei den zu setzenden wirtschaftspolitischen Maßnahmen überschätzt. Hat sich nach W. Eucken die Wirtschaftspolitik lediglich der Datengestaltung anzunehmen, damit sich der Marktmechanismus ungestört entfalten kann[13], so geht W. Röpke bereits darüber weit hinaus. Er bezieht auch Maßnahmen zur Einpendelung eines
neuen Marktgleichgewichts in eine marktkonforme Wirtschaftspolitik
ein.[14] A. Müller-Armack sieht sodann im Begriff der "Marktkonformität"
alle wirtschaftspolitischen Maßnahmen charakterisiert, die "die Funktion
einer variabel gehandhabten Wirtschaftsordnung nicht gefährden". Mir
scheint, daß nicht nur die historische Erfahrung vom "Laissez-faire" zum
"Interventionismus" und sodann zur planvollen Lenkung der Marktwirtschaft drängte, sondern der von Müller-Armack geforderte "Kreis von
steuernden, antreibenden und bremsenden wirtschaftspolitischen Mitteln"
auch die theoretische Diskussion über ihren toten Punkt abstrakter Modell-
verhaftung hinaushalf.[15]

Zu 3. Es ist kein Geheimnis mehr, daß sich aus der angedeuteten Problematik realiter nur noch eine Schlußfolgerung ergibt. Die andere, die über
Jahrzehnte als sozialistische Alternative gesetzt wurde, scheint nur noch
von theoretischem Erkenntniswert zu sein. Wir meinen vor allem das System sozialistischer Wirtschaft mit einem verstaatlichten Produktionsbe-
reich und einem künstlichen System von Gleichgewichtspreisen. O. Lange
hatte in diesem sogenannten "Konkurrenzsozialismus" die Alternative
zur liberalen Marktwirtschaft gesehen. Als Schlußfolgerung hat sich faktisch die dezentral gelenkte Marktwirtschaft ergeben, wobei das Dilemma
in der wirtschaftspolitischen Lenkung zu liegen scheint.

In der allgemeinen Theorie der Wirtschaftspolitik ist inzwischen hinreichend diskutiert, daß das zu erstrebende Ziel einer gemischten Wirtschafts-

13 W. Eucken, Grundsätze der Wirtschaftspolitik, S. 377.
14 W. Röpke, Die Gesellschaftskrisis der Gegenwart, Erlenbach-Zürich o.J., S. 292.
15 A. Müller-Armack, Wirtschaftslenkung und Marktwirtschaft, Hamburg 1947,
    S. 93 f.

ordnung nicht im sogenannten "Pareto-Optimum" liegen kann. Wenn theoretisch von einem "feasible-optimum" oder von einem "Zweitbesten" die Rede ist, dann scheinen sich darin die Modell-Verhaftung und der Wille zum realistischen wirtschaftspolitischen Ordnungsdenken zugleich Ausdruck zu verschaffen. In jedem Falle muß ordnungspolitisch das "Bestmögliche", die höchste Verwirklichung der gesetzten Ziele unserer Gesellschaftswirtschaft erstrebt werden. Das bedeutet aber auch, die "gewachsenen Daten" dezentraler Träger von Wirtschaftspolitik, die Wirtschaftsverbände, nicht nur koalitions-rechtlich sondern auch wirtschaftspolitisch ernst zu nehmen. Die Koordinierung des wirtschaftspolitischen Mitteleinsatzes wird somit zum Hauptproblem der "gemischten Wirtschaftsordnung".

Jeder Versuch, wirtschaftspolitisch praktikable Vorschläge zu diesem Koordinierungsproblem zu machen, muß sich der Tradition einer diesbezüglichen wirtschaftswissenschaftlichen Diskussion bewußt sein. Handelt es sich doch materialiter um eine spezifische Ausprägung des umstrittenen Machtphänomens, da die nicht-staatlichen, verbandsmäßigen Träger von Wirtschaftspolitik typische Machtpositionen unmittelbar auf dem Markt oder neben dem eigentlichen Marktgeschehen besitzen. Ihr Machteinsatz kann sich in monopolistischer Weise auf die Beschränkung des Wettbewerbs am Markt konzentrieren und etwa auf dem Arbeitsmarkt Mindest- bzw. Höchstlöhne erzwingen. Eine phänomenologisch-soziologische Analyse der Verbandsmacht läßt jedoch offenkundig werden, daß der Schwerpunkt des Machteinsatzes heute vor allem auf dem Gebiet der Wirtschafts- und Sozialpolitik liegt. Diese Tatsache schließt eine Behandlung der vorhandenen Problematik mit dem Instrumentarium einer Marktmachtbekämpfung aus. Weitestgehende Eliminierung wettbewerbsbeschränkender oder wettbewerbsverzerrender Marktmachtpositionen etwa durch eine Kartellgesetzgebung liegt z.T. auch im Interesse der Wirtschaftsverbände. Zur Neutralisierung von Marktmacht im Sinne von J.K. Galbraith' Theorie der "countervailing power" haben sich manche genossenschaftlich-verbandsmäßigen Gruppierungen am Markte erst gebildet. Nicht Eliminierung und nicht Neutralisierung der Macht, sondern Koordinierung des Machteinsatzes ist jedoch dort geboten, wo Zielantinomien aufgrund partikularistischer und gesamtwirtschaftlich ausgerichteter Wirtschaftspolitik dieser selbst die Chance rationaler Lenkung der Marktwirtschaft nehmen. Nach J.H. Kaiser, der die Funktionsweise der organisierten Interessen eingehend untersucht hat, sind die Interessenverbände in einer modernen freiheitlichen Wirtschafts- und Gesellschaftsordnung unentbehrlich. "Die Freiheit des Individuums und seine soziale Sicherheit", so argumentiert Kaiser, "sind unter den Bedingungen der industriellen Massengesellschaft nur unter zwei Voraussetzungen gewährleistet: Erstens müssen staatsunabhängige Organisationen in der Lage sein, die Interessen der Einzelpersonen und der Gruppen gegenüber anderen Gruppen und gegenüber der Staatsgewalt wahrzunehmen, zweitens muß der Staat stark genug sein, den einzelnen gegen die willkürliche Handhabung der Organisationsmacht und die nationale Gemeinschaft gegen den Machtmißbrauch einer Minorität zu schützen".[16]

Schließt man sich realistischerweise dieser Unverzichtbarkeitserklärung hinsichtlich der Verbände an, dann ist die Koordinierung der Ziele und des wirtschaftspolitischen Mitteleinsatzes eine bedeutsame Aufgabe rationaler Wirtschaftspolitik. Dabei bietet sich als ein im Wirtschafts- und Marktgeschehen sonst nicht gebräuchliches Mittel allein der Kompromiß an, und zwar der horizontale Kompromiß als Ausgleich zwischen den Zielsetzungen und dem Mitteleinsatz der einzelnen Verbände und der vertikale Kompromiß zwischen der gesamtwirtschaftlichen und partikularen Wirtschafts- und Sozialpolitik.

Ich bin der Meinung, daß auch nicht eher eine echte gesellschaftliche und wirtschaftliche Integration der Wirtschaftsverbände und damit eine gesicherte Selbstverwaltung der Wirtschaft erreicht werden kann, bevor nicht eine solche Koordination der tatsächlich geübten und der geplanten Wirtschafts- und Sozialpolitik angestrebt wird. Im Grunde ist die ganze bisherige Diskussion der Mitbestimmung vom Ziel einer echten Integration sowohl der organisierten Arbeitnehmer-Vertretung (Gewerkschaften) als auch des einzelnen Arbeitnehmers in die moderne Wirtschaftsgesellschaft gekennzeichnet. Sie kann als Ausdruck des Strebens nach Überwindung wirtschaftlicher, beruflicher, gesellschaftlicher und politischer Desintegration einstmals verproletarisierter Arbeiterschaft gelten, wobei auch die sozialistischen Varianten analog den Vorstellungen vom sogenannten "Konkurrenzsozialismus" zu bewerten sind. Es wächst jedoch offenkundig mehr und mehr die Einsicht in die Interdependenz der industriellen Wirtschaft und Gesellschaft, in die Folgen einer bislang ungekannten sozialen Verflechtung. Einsame Entschlüsse werden darum für das Gemeinwohl immer problematischer, ob sie nun aus bloßer Organisations- und Verbandsmacht oder vom Eigentum legitimiert getätigt werden. Die Erfahrung lehrt bereits deutlich, daß unkoordinierte wirtschafts- und sozialpolitische Maßnahmen wirkungslos bleiben oder gar in ihr Gegenteil sich verkehren können.

Zu diesen Fakten gehört auch die Fragwürdigkeit von sogenannten "Sozialkartellen" produktivitätsstarker Branchen. Es legt sich der Schluß na-

16 J.H. Kaiser, Die Repräsentation organisierter Interessen, Bern 1956, S. 338; vgl. ferner J.K. Galbraith, American Capitalism. The Concept of Countervailing Power, Boston 1952; dt.: Der amerikanische Kapitalismus im Gleichgewicht der Wirtschaftskräfte. Eine neue Lehre vom wirtschaftlichen Kräfteausgleich als letztem Rückhalt des echten Kapitalismus, Stuttgart, Wien, Zürich 1956; ferner P. Badura, Wirtschaftsverfassung und Wirtschaftsverwaltung, Frankfurt 1971; H. Krüger, Interessenpolitik und Gemeinwohlfindung in der Demokratie, München 1976.

he, daß zugleich mit der Integration der Wirtschaftsverbände auch zu einer Koordinierung der leistungsständischen wirtschafts- und sozialpolitischen Maßnahmen gelangt werden kann. Ein solches Ziel funktionierender dezentraler Wirtschafts- und Sozialpolitik auf gemeinsam anerkannte Ziele hin gleicht in ihren Erwartungen keineswegs den Vorstellungen einer neu aufgelegten "prästabilierten Harmonie" oder einem frommen ethischen Wunsch nach solidarischer Überwindung aller Interessengegensätze.

Vielmehr läßt die Zieldiskussion eine Zielantinomie erkennen, die den eigentlichen Kampf der Interessenverbände kennzeichnet. Dazu ist grundsätzlich festzustellen, daß der freiheitlichen Gesamtordnung durch eine uneingeschränkte Freiheit mächtiger Einzelgruppen in einer Gruppenanarchie oder im Syndikalismus größte Gefahr droht. Der Verweis auf die programmatische, d.h. auf eine bloß nominelle Einigkeit in der Zielsetzung mindert diese Gefahr nicht. Die Verwirklichung des Gemeinwohls ist nicht mit dem zufälligen Ergebnis des Interessenkampfes gleichzusetzen. Die materielle Zieldiskrepanz wird auf diese Weise nicht beseitigt, sondern mehr und mehr verschärft. Die Zielsetzung der sozialen Gerechtigkeit kann in einem solchen Kampf völlig zur Farce werden. Dabei bietet das bunte Mosaik berechtigter gruppenmäßig vertretener Gerechtigkeitsforderungen im Wirtschaftsprozeß wie bei der Verteilung des Sozialprodukts auch ohne diese kämpferischen Auseinandersetzungen Anlaß genug, im schwierig auszuhandelnden Kompromiß die "bestmögliche" Zielrealisierung anzustreben. Niemand wird leugnen, daß die Forderungen nach Mitbestimmung der Nicht-Eigentümer, nach größerem Arbeitsschutz und nach mehr sozialer Sicherheit, nach Erhöhung der Lohnquote oder nach einer Beteiligung breiter Schichten am Produktionsvermögen, nach gleichen Marktchancen der Landwirtschaft, des Handwerks, der Dienstleistungsgewerbe gegenüber dem Sektor der industriellen Fertigung sowie auch die Hilferufe des Bergbaus oder der Stahlindustrie aufgrund gewisser Strukturkrisen unter die Zielsetzung der sozialen Gerechtigkeit zu zählen sind. Daneben wachsen die berechtigten Forderungen der unorganisierten Interessen sogenannter "Marktpassiver" auf eine gerechtere Redistribution.

Diese Skizze einer möglichen inhaltlichen Auffüllung des Zieles sozialer Gerechtigkeit zeigt bereits, wie eng die beiden Ziele Gerechtigkeit und Sicherheit miteinander verbunden sind. Sicherheit des Arbeitsplatzes, Sicherheit bzw. Stabilität des Geldwertes, Zahlungsbilanzgleichgewicht, diese Teilziele sind bereits als sogenanntes "magisches Dreieck" in die Diskussion eingegangen. Soziale Gerechtigkeit und Sicherheit, verbunden mit stetem wirtschaftlichen Wachstum würden als Ziele selbst einer zentralen Wirtschaftspolitik schwierige sachliche Aufgaben stellen. Die Zielantinomie wächst sich jedoch zu einem neuen gefährlichen Experiment unter dem altbekannten Stichwort "Macht oder ökonomisches Gesetz" aus, wenn etwa eine machtmäßig erstrebte "gerechtere" Verteilung von Einkommen und Vermögen seitens der Gewerkschaften, eine ausgewogenere Entwicklung der verschieden-produktiven Sektoren sowie eine auf Vollbeschäftigung, Währungsstabilität, Zahlungsbilanzgleichgewicht ausgerichtete staatliche Wirtschaftspolitik insgesamt dem freien Spiel der Kräfte überlassen bliebe.

Theoretisch siegt in einem solchen wider alle ökonomischen Gesetze verstoßenden Machtkampf mit größter Wahrscheinlichkeit der Stärkere. Er kann seine verbandsmäßig gesteckten Ziele realisieren. Das müßte — wiederum theoretisch — der Staat sein, da er allein mit dem vollen Maß an hoheitlicher Macht gegen alle private oder auch öffentlich-rechtliche Verbands- und Kammermacht wirken kann. Die Wirklichkeit zeigt weithin ein anderes Bild: unter Verzicht auf den Primat gemeinwohlverpflichteter hoheitlicher Politik überläßt der Staat der Wirtschaft einen weiten Spielraum autonomer Partialentscheidungen. Die gemeinwohlorientierte Ordnungspolitik wird von einer als "Seelenmassage" bezeichneten steten Mahnung an die Tugend des Maßhaltens ersetzt. Als Ergebnis kann der kritische Beobachter nicht nur eine autonom vorgenommene Zielrealisierung der starken Träger dezentraler Wirtschaftspolitik feststellen, sondern auch eine mit Hilfe staatlicher Ausgleichsvergünstigungen und Subventionen erreichte Zielrealisierung schwächerer, aber in der Demokratie immer noch wahlpolitisch bedeutsamer Gruppen registrieren. Damit ist an die Stelle einer rational-planvollen, von sozialer Gerechtigkeit getragenen Zielrealisierung die Willkürentscheidung des reinen Machtkampfes unter Zurückhaltung staatlicher Machtentscheidung getreten. Die dabei mißachteten ökonomischen Gesetze machen nicht zuletzt in der "schleichenden Inflation" und in gewissen Strukturkrisen — wenn auch hier nur indirekt — von sich reden. Ferner sollte damit offenkundig sein, daß eine Lösung aller Probleme nicht von einer Neuauflage staatlicher "Deckungsfinanz" unter Verzicht auf eine umfassende "Ordnungsfinanz" erwartet werden kann.

Koordination der Ziele beinhaltet somit eine auf Kompromissen und klar abgegrenzten ökonomischen Möglichkeiten aufbauende, planerisch gestaltete Rangordnung ihrer Realisationsmöglichkeiten, deren Schiedsinstanz nicht das Gruppeninteresse, sondern das Gemeinwohl ist. Selbst in der kompromißhaften Einigung und Klärung möglicher Zielrealisierung lastet auf dem Staat die Pflicht, auch gegen starke organisierte Gruppeninteres-

17 G. Strickrodt, Gutachtergremium — Bewährungsprobe der Volkswirtschaftlichen Gesamtrechnung? in: Der Betriebsberater, 17. Jg., 1962, H. 28, S. 1096; vgl. auch die nachfolgenden kritischen Diskussionen des status quo sog. "Konzertierter Aktionen", in: E. Hoppmann, Konzertierte Aktion. Kritische Beiträge zu einem Experiment, Frankfurt 1971; H. Adam, Die Konzertierte Aktion in der Bundesrepublik, Köln 1972; R. Molitor (Hrsg.), Zehn Jahre Sachverständigenrat zur Begutachtung der gesamtwirtschaftlichen Entwicklung. Eine kritische Bestandsaufnahme, Frankfurt 1973.

sen die nur schwach oder nicht organisierten gerechten Ansprüche in der zweiten Einkommensverteilung zu vertreten.

Als notwendiges Instrument einer rationalen Zielkoordination in der nüchternen Abwägung volkswirtschaftlicher Möglichkeiten bietet sich die nicht mehr unbekannte "Volkswirtschaftliche Gesamtrechnung" an. Seit langem werden "Volkswirtschaftliche Gesamtrechnungen" auch in der Bundesrepublik von den verschiedensten Instanzen aufgestellt, unter Einschluß des Statistischen Bundesamtes. Ihre Effizienz für das aufgezeigte wirtschaftspolitische Anliegen der Zielkoordination ist jedoch gleich Null. Das Instrument der "Volkswirtschaftlichen Gesamtrechnung" als Mittel rationaler solidarischer Zielkombination ließe sich jedoch zu einer, wie G. Strickrodt es nennt, "Gesamtwirtschaftlichen Partnerschaftsrechnung" entwickeln. In ihr müßte über die übliche Input-Output-Rechnung hinaus etwa zu erkennen sein, "wieweit letztlich jede Gruppe und auch jeder einzelne im Ergebnis die Vorteile und die Belastungen oftmals bis auf geringe Reste schließlich doch mit sich selber auszumachen hat".[17] Nur auf diese Weise erhalten die Kompromisse in der Zielkombination ein reales Fundament und werden "faule Kompromisse", wie sie beispielsweise vor einigen Jahren um größerer sozialer Gerechtigkeit willen im sogenannten "Sozialpaket" angeboten und zum Teil durchgeführt worden sind, unmöglich. Für den Bereich der Sozialpolitik läßt sich in diesem Sinne vor allem auf die Arbeiten und Forderungen W. Schreibers verweisen, endlich zur "Bilanzwahrheit und Bilanzklarheit" zu gelangen.[18]

Daß eine solche planerische und rationale Zielkoordination in der Wirtschafts- und Sozialpolitik die Dominanz der Marktwirtschaft in einer gemischten Wirtschaftsordnung nicht tangiert, sondern sie im Gegenteil stärkt, hat die breite Diskussion des Planungselements in einer Marktwirtschaft deutlich aufgezeigt.[19] Da der Wettbewerb zu Recht, wie A. Müller-Armack betont, "ein mechanischer Vorgang bleibt, der gegenüber Werten und Zielen indifferent ist"[20], kommt es nicht nur auf die grundsätzliche Anerkennung einer den Marktprozeß ergänzenden und steuernden Ziel-

18 Vgl. W. Schreiber, Existenzsicherheit in der industriellen Gesellschaft, Köln 1955.
19 Vgl. dazu etwa A. Shonfield, Geplanter Kapitalismus, Köln, Berlin 1968; J. Kaiser (Hrsg.), Planung Bde. I — VI, Baden-Baden 1965 — 1972; Th. Ellwein, Politik und Planung, Stuttgart 1968; K. Lompe, Gesellschaftspolitik und Planung. Probleme politischer Planung in der sozialstaatlichen Demokratie, Freiburg 1971; F. Blaich u.a. (Hrsg.), Marburger Forschungsseminar: Wirtschaftssysteme zwischen Zwangsläufigkeit und Entscheidung, Stuttgart 1971; H. Giersch (Hrsg.), Demand Management. Globalsteuerung. Symposium 1971 des Instituts für Weltwirtschaft der Universität Kiel, Tübingen 1972; H. Klages, Planungspolitik. Probleme und Perspektiven der umfassenden Zukunftsgestaltung, Stuttgart 1971.
20 A. Müller-Armack, Das gesellschaftspolitische Leitbild der Sozialen Marktwirtschaft, S. 16.

orientierung an. Vielmehr noch ist aus der gegebenen Wirtschaftsverfassung einer gemischten Ordnung mit dezentraler Ordnungspolitik die Konsequenz der Zielharmonisierung und der Zielkoordinierung abzuleiten. Es ist nicht zu übersehen, daß der wirtschafts- und sozialpolitische Mitteleinsatz zur Erlangung von Gruppenvorteilen im Rahmen gruppenpartieller Deutung der gemeinsamen Ziele wesentlich von der unterschiedlichen Machtstruktur der Verbände abhängig ist. Diese Macht ist zwar durch wechselnde konjunkturelle, strukturelle, beschäftigungsmäßige oder auch wahlpolitische Daten und Fakten von ebenso wechselnden Erfolgschancen. Sie ist jedoch der bestimmende Faktor jedes autonomen, unkoordinierten Mitteleinsatzes. Darum muß realistischerweise davon ausgegangen werden, daß ohne staatlichen Zwang von den verbandsautonomen Trägern der Wirtschafts- und Sozialpolitik weder ein gesamtwirtschaftliches Konzept noch eine gemeinwohlorientierte Handlungsweise erwartet werden kann. Die Interdependenz aller gesellschaftlichen und wirtschaftlichen Daten und Fakten läßt einen unkontrollierten Machteinsatz nicht ohne Nebenwirkungen zu Lasten anderer Gruppen und damit des Gemeinwohls zu. Darum ist der eingangs aufgezeigten utopischen Vorstellung des Paretianischen Ordnungsoptimums jene Auffassung an die Seite zu stellen, die aus einem unkoordinierten wirtschafts- und sozialpolitischen Mitteleinsatz, vielleicht in Analogie zum Leistungswettbewerb des Marktes, die "bestmögliche Ordnung und die höchste Effizienz der Wirtschaft erwartet. Weder eine "unsichtbare Hand" noch die sonst wertvolle Erfahrung: "Aus Schaden wird man klug", können die bewußte ordnungspolitisch gesetzte Koordination erübrigen.

Wie die wissenschaftliche und auch die öffentliche Diskussion der wirtschaftlichen und sozialen Probleme einer zunächst überbeschäftigten und dann auf manchen Gebieten stagnierenden Wirtschaft der Bundesrepublik zeigen, ist jede Kausalanalyse fragwürdig. Darum ließe sich auch Jahre hindurch der "Schwarze Peter" für die inflationären Erscheinungen hin- und herschieben. Ob es sich um eine kosteninduzierte oder um eine nachfrageinduzierte Inflation handelt(e), ist weder in der diesbezüglichen wirtschaftswissenschaftlichen Literatur hinreichend geklärt, noch haben die verbandseigenen "wissenschaftlichen" Rechtfertigungsversuche der Interessenpolitik zur Klärung der Fragen wesentlich beigetragen. Das gleiche Urteil muß hinsichtlich der jüngeren Diskussion über die Folgen der letztjährigen staatlichen Ausgabenpolitik gelten. Wenn man jedoch auch heute noch zu Recht mit W. Ehrlicher "im öffentlichen Haushalt nicht die bedeutsamste Komponente für die Geldentwertung" erblickt[21], dann wird die Konzentration aller Kräfte auf sogenannte "Sparhaushalte" äußerst fragwürdig.

21 W. Ehrlicher, Geldwert und öffentlicher Haushalt, in: Währung zwischen Politik und Wirtschaft, Stuttgart 1962, S. 101.

Ohne das Haavelmo-Theorem[22] für die gesamte Ausgabenpolitik des Staates und den Nachfragedruck auf bestimmten Teilmärkten (etwa im Bausektor) außer acht zu lassen, läßt sich von einer koordinierten Wirtschafts- und Sozialpolitik mehr erwarten, als von einer bloßen staatlichen Sparaktion zum Ausgleich der Haushalte für die kommenden Jahre. Man kann in diesem Zusammenhang auch an der These E. Heimanns nicht vorbeigehen, daß wir in einer Marktwirtschaft "die Dinge bekommen, die die Reklameleute uns zu wünschen lehren, wenn wir diese Weisungen befolgen; wir werden anstelle von mehr Verbrauchsgütern für uns selbst mehr Waffen oder mehr Hilfe für neue Nationen bekommen und alle die anderen Dinge, die kollektiv konsumiert und durch Steuern bezahlt werden, wenn wir dies durch unsere verfassungsmäßige Vertretung beschließen und den jährlichen Einkommenszuwachs durch Steuern für diese Zwecke reservieren". Der dazu von Heimann geforderte "Umbau der Nachfrage" ist jedoch ohne umfassende Koordination der gemeinsamen Ziele und des dezentralen Mitteleinsatzes nicht möglich. Zu Recht wendet sich Heimann nicht nur gegen ein im Grunde immer noch interventionistisches Handeln der aktiven Ordnungsfinanz, sondern auch gegen das weithin katallaktische Denken der Wissenschaft: "Die klassische Nationalökonomie hielt das Bestehende für natürlich und in diesem Sinne für vernünftig. Ihre moderne positivistischen Nachfolger verwerfen solche Vorurteile und halten sich an das Bestehende, das Tatsächliche als solches ... Der Grund des Versagens ist die Beschränkung des Gesichtsfeldes auf Ausschnitte der Wirklichkeit, die sich mit quantitativer Präzision erfassen lassen. Daher entgeht ihnen der Punkt, wo eine Häufung quantitativer Änderungen zu einer qualitativen Änderung wird. Das Programm der modernen Wissenschaft ist ungeschichtlich, und wenn lauter ungeschichtliche Einzelanalysen aneinander gereiht werden, so ist die Wirkung anti-geschichtlich".[23]

Den genannten wirtschafts- und finanzpolitischen Problemen müssen mit gleicher Gewichtigkeit die ungelösten sozialpolitischen Aufgaben an die Seite gestellt werden. Sie kulminieren in der zu Recht kritisch verfolgten Aufblähung des Sozialhaushalts und einer damit eng verbundenen Bilanzunklarheit, so daß selbst Fachleute nicht den echten Netto-Effekt von Redistributionsmaßnahmen angeben können. Wenn das Wort vom Abbau des "Gießkannensystems" auf eine echte Reform hindeuten soll, dann ist damit wohl kaum nur eine aus Gründen von "Sparhaushalten" für notwendig erachtete Beschränkung der Bilanzsumme zu verstehen. Gerade hier ist die Koordination der Ziele und Mittel unverzichtbar.

---

22 Das Haavelmo-Theorem wird kurz so interpretiert: "Eine durch Steuern finanzierte Erhöhung der staatlichen Ausgaben für Güter und Dienste hat einen Multiplikator von der Größe 1". (T. Haavelmo, Multiplizier Effects of a Balanced Budget, in: Econometrica, Vol. 13, 1945, S. 311 ff.).
23 E. Heimann, Soziale Theorie der Wirtschaftssysteme, Tübingen 1963, S. 314.

Damit spitzt sich die Fragestellung in Richtung auf die notwendige Institutionalisierung der Koordinierung aller Maßnahmen zu.

Dabei ist es unverständlich, daß aus dem Gedanken des staatspolitischen Primats der Legislative oder der Exekutive eine Institution "Wirtschaftsrat" oder "Sozialrat" als konkurrierende Machtagglomeration abgelehnt wird, denn gleichzeitig muß auf die Aktivierung des ängstlich behüteten Primatrechts verzichtet werden, obschon aus sachlichen Gründen die Notwendigkeit einer Koordinierung autonom getroffener und vielfach einander divergierender Entscheidungen in der Wirtschafts- und Sozialpolitik anerkannt werden muß. Den starken Verbänden kommt eine solche Auffassung seitens des obersten Trägers aller Ordnungspolitik vielfach entgegen. Die schwachen Verbände suchen sich über eine vom Staat politisch erzwungene Subventionspolitik schadlos zu halten. Die verfassungsrechtlich geschützte Verbandsfreiheit schließt jedoch nicht die völlige Autonomie allen Handelns in der Gesellschaft ein. Sollte das starke Drängen nach Mitbestimmung nicht auch der indirekte Ausdruck für die Erkenntnis sein, daß etwa auf diesem Gebiet die Zeit der "einsamen Entschlüsse" endgültig vorbei ist? Zumindest ließe sich die geforderte Mitbestimmung im Sinne umfassender Mitverantwortung ausgestalten. Wie bereits bei der Analyse der Zielkoordination herausgestellt wurde, hat auch für die Koordination des Mitteleinsatzes ein "sozialökonomischer Partnerschaftsrat" die Bedeutung, die das Parlament auf allgemeinem politischem Gebiet in der Demokratie besitzt. Darum ließe sich die These von der "Wirtschaftsdemokratie" auch so interpretieren und aufgreifen, daß zur Ordnung einer dezentralen Wirtschafts- und Sozialpolitik demokratische Formen der Koordinierung geboten sind. Dazu gehört auch das Sich-Beugen einer Mehrheit. An der sitz- und stimmäßigen Ausgestaltung des Rates liegt es sodann, Mehrheiten zugunsten des Gemeinwohls zu erreichen. Die Art der Zuordnung von Parlament und obengenanntem Rat ist auf vielen Wegen möglich. Das lehrt nicht zuletzt das internationale Beispiel geübter und geplanter Zusammenarbeit verschiedenster Räte mit den parlamentarischen Institutionen.

Aus der publizierten Veröffentlichung des jeweils dezentralen Mitteleinsatzes oder aus der Empfehlung veröffentlichter Sachverständigengutachten allein sowie auch aus bloßen Informationskontakten zwischen Staat und Verbänden ist die notwendige Koordination nicht zu erwarten. Vielmehr zeigt die Erfahrung in anderen Ländern, daß Koordinierungsgespräche am "Runden Tisch" und eine offene, an Sachverständigen-Gutachten orientierte Auseinandersetzung ein neues Klima der Mitverantwortung zu wecken vermag. Auch für den koordinierten Mitteleinsatz stellt die "Volkswirtschaftliche Gesamtrechnung" bzw. "Volkswirtschaftliche Partnerschaftsrechnung" ein wichtiges Mittel dar. Da es jede Wirtschafts- und Sozialpolitik mit Gleichgewichtsprozessen zu tun hat, lassen sich in einem solchen Tableau viele Möglichkeiten koordinierter langfristiger und kurzfristiger Zielrealisierung abklären sowie bedeutsame Eingriffe in die Produktions- und Verteilungsordnung verfolgen und gemeinsam diskutieren. Das würde gerade für die Abstimmung von staatlichen Maßnahmen mit der verbandsmäßig verfolgten Politik in Zeiten rezessiver Krisen von größter Bedeutung sein. Den sozialpolitischen Zielen würde auf diese Weise nicht ein bloßes "Streichquintett" drohen, sondern im nüchternen Aufriß einer koordinierten Redistribution in der personalen Einkommensverteilung ein neues Fundament geben. Nur so scheint vermeidbar, daß hochgesteckte sozialpolitische Ziele aus der wirtschaftlichen Boom-Periode auch für die Zukunft im Zeichen sogenannten Null-Wachstums erhalten bleiben.

Ohne zusammenfassend noch einmal die wirtschaftstheoretische Argumentation zur Relativierung, aber auch zur Stärkung der Dominanz des marktwirtschaftlichen Prinzips in einer gemischten Wirtschaftsordnung zu wiederholen, soll dennoch — schlußfolgernd für die weiteren Überlegungen — das bisherige Ergebnis hinsichtlich der Koordination von Gesellschafts- und Wirtschaftspolitik noch einmal skizziert werden. Diese schlußfolgernden Überlegungen ließen sich unter das Motto stellen: Gewinnung gesellschaftspolitischer Initiative als Pendant zur praxisverändernden Bildung:

— Ohnmacht und sodann Verzicht der Gesellschaftspolitik datieren nicht erst mit unserer jüngsten Entwicklung, in der zunächst nur Reformen, "die kein Geld kosten", offen angezielt wurden, um sodann im Zeichen zunehmender Arbeitslosigkeit und bei Null-Wachstum in eine ganz neuartige Phase ökonomisierter Wertprämissen einzugehen; wie bereits zuvor über die Pervertierung gesellschaftspolitischer Ziele der "Sozialen Marktwirtschaft" ausgeführt wurde, war die Gesellschaftspolitik im nationalen wie vor allem im internationalen Raum spätestens dann den wirtschaftlichen Macht-Interessen zum Opfer gefallen, als nach einigen euphorischen Ansätzen der Nachkriegszeit eine "gute" Wirtschaftspolitik (im Dienste dieser Macht-Interessen) als die "beste" Gesellschafts- bzw. Sozialpolitik angesehen wurde. So droht heute die Entwicklung wieder umzuschlagen: von einer staatlichen Sozialpolitik als Härtenausgleich zu einer Gesellschaftspolitik als soziale und wirtschaftliche Strukturpolitik vorstoßend, befinden wir uns derzeit in unserer eigenen Gesellschaft in der sozialpolitischen Situation eines — nach Möglichkeit kostenlosen — Härtenausgleichs und im Bereich der internationalen Beziehungen immer noch in der Phase imperialistisch-kapitalistischer Macht-Entscheidungen. "Zurückgewinnung" der gesellschaftspolitischen Initiative bedeutet darum: zu Einsichten und Ansätzen zurückzufinden, die früher und heute unter Begriffen wie "Demokratisierung", "Partizipation", "Mitbestimmung" eine andere Position der Gesellschaftspolitik und eine andere Struktur der Gesellschafts- und Wirtschaftsordnung anstrebten, als sie die Leistungsgesellschaft heute darstellt. Die genannten Begriffe stellen wichtige Maximen auch dieser gesellschaftspolitischen Schlußfolgerung dar, die wir aus der kritischen Analyse der heutigen Leistungsgesellschaft ableiten.

— Mit einer umfassenden Demokratisierung als Ausdruck wiederentdeckter Gesellschaftspolitik wird zunächst die Gesellschaft selbst, der Raum zwischen Staat und den privaten Lebensbereichen politisch strukturiert. Das betrifft sowohl die Existenz und die Funktion der hier politisch wirksamen Gruppen und Verbände, als auch den Tatbestand einer sogenannten "Gemischten Wirtschaftsordnung", in der Bereiche eines leistungs-wettbewerblichen Marktes als auch Bereiche sogenannter Gemeinwirtschaft und vor allem individuelle wie staatliche Planung und Lenkung ineinanderwirken. Unsere kritische Analyse suchte auch offenzulegen, daß die Wirtschaft und die von ihr entscheidend geprägte Gesellschaft keine unpolitischen Lebensräume sind; die sie strukturierende Politik, wie sie sowohl durch den Staat als auch durch einzelne Gruppen oder einzelne Personen mit entsprechender Macht betrieben wird, steht jedoch in wichtigen Lebensfragen im Dienst partikularer Interessen und nicht des Gemeinwohls. Rund hundert Jahre nach Aufhebung des Koalitionsverbotes genießen auch wirtschaftliche Interessengruppen den Schutz unserer Verfassung; nicht zu Unrecht aber wird unsere Gesellschaftsstruktur als "antagonistisches Macht-, Kampf- und Verhandlungssystem" (O. Stammer) bezeichnet.

— Aus der freiheitlichen Grundordnung unserer Gesellschaft resultiert, die Dominanz der Marktwirtschaft in unserer gemischten Wirtschaftsordnung zu stärken. Der interessenpluralistische Charakter unserer Gesellschaftsordnung drückt der dazu erforderlichen wirtschaftlichen Planungs- und Lenkungsaufgabe einen dezentralen Stempel auf. Darum ist eine Koordination der gesellschaftlichen wie wirtschaftlichen Ziele und der dazu notwendige politische Mitteleinsatz der realistische Ausgangspunkt für eine Strukturierung der Gesellschaft, durch die alle Gruppen der Gesellschaft, auch die politisch und wirtschaftlich Schwachen, ihre Interessen einbringen, mitbestimmen und mitentscheiden können. Universalistisches Denken und Handeln an die Stelle von partikularistischem Denken und Handeln zu setzen bedeutet darum, eine Macht-Ballance in Partizipation aller Glieder und Gruppen der Gesellschaft zu suchen. Eine Koordinierung des Machteinsatzes prägt darum auch eine Gesellschaftspolitik, die sich ihrer Funktion als wert- und zielbestimmend gerade für eine marktwirtschaftlich ausgerichtete "Gemischte Wirtschaftsordnung" bewußt ist. Denn der Markt bzw. der Wettbewerb ist in der Tat "ein mechanischer Vorgang, der gegenüber Werten und Zielen indifferent ist" (A. Müller-Armack), und der darum ohne mitbestimmende Partizipation aller Beteiligten konsequent unter die Herrschaft des Mächtigsten gerät.

— Zur Aktivierung einer solchen Gesellschafts- und Wirtschaftspolitik ist das von J. K. Galbraith entwickelte Prinzip der "gegengewichtigen Macht" ("counter-vailing power") von großer Bedeutung. Das hat sich in der Geschichte der Industriegesellschaften besonders eindrucksvoll in der Wirksamkeit der Gewerkschaften, also mit der Ausbildung eines zweiseitigen Monopols auf dem Arbeitsmarkt gezeigt. Darüber hinaus ist es die Aufgabe einer neuen Gesellschaftspolitik, über die Aktivierung und strukturelle Einbindung der Interessenvertretung auch sozial und wirtschaftlich Schwacher zu jener Basis-Demokratisierung zu gelangen, die allein den Weg einer Partizipation aller ermöglicht. Das gilt sowohl für die Glieder unserer eigenen Leistungsgesellschaft als auch für das Verhältnis der schwachen und starken, armen und reichen Völker in der Welt.

— Die Institutionalisierung einer solchen, auf Partizipation und Mitbestimmung aller aufbauenden Gesellschafts- und Wirtschaftspolitik ist ohne Änderung des gegenwärtigen Bewußtseins breitester Schichten unserer Gesellschaft kaum denkbar. Darum kommt der zuvor umschriebenen Bildungsaufgabe größte Bedeutung zu. In die politische Diskussion können jedoch auch Überlegungen einbezogen werden, die bereits früher unter Themen wie: "Leistungsgemeinschaftliche Ordnung" oder "Überbetriebliche Mitbestimmung" aktuell waren. Die Einübung der Demokratie als Herrschaftsform oder die Praxis betrieblicher Mitbestimmung — die jedoch als Beispiel echter Demokratisierung nur in partnerschaftlicher, d.h. in gleichberechtigter und gleichstarker Macht-Position ihrem eigenen Anspruch gerecht wird — sind Voraussetzungen dafür, daß der hier angesprochene weitere Demokratisierungsprozeß in seiner Bedeutung verstanden und politisch verwirklicht werden kann. Gleiches gilt für die Ansätze einer Lösung von Interessenkonflikten durch solidarische Aktionen in Wohnvierteln, Universitäten und Betrieben. Denn die aufgezeigte enge Verbindung von sozialem Bewußtsein und den sozioökonomischen Strukturen, ihre gegenseitige Bedingung und Beeinflussung lassen nur durch die Doppel-Strategie der kleinen Schritte zur Veränderung von Sein und Bewußtsein die angesprochene Reform bis zu ihren globalen Auswirkungen denkbar und machbar erscheinen. Wenn neomarxistische Kritiker unser Gesellschafts- und Wirtschaftssystem als "Spätkapitalismus" bezeichnen und sowohl aus der Perspektive der "eindimensionalen" Pervertierung des einzelnen Menschen, seiner neuen Entfremdungs-Erscheinungen, als auch aus der offenkundigen Ohnmacht unserer Gesellschaftspolitik den Zusammenbruch prophezeien, dann kann eine gegenteilige Betonung der Hoffnung auf Zukunft nur in der angesprochenen Veränderung von Sein und Bewußtsein begründet werden.

— Damit sind jedoch wichtige gesellschaftspolitische und wirtschaftspolitische Entscheidungen verbunden, die auch den zielgerechten Einsatz wirtschaftlicher Investitionen für jenes angesprochene Optimum an Wachstum betreffen, das uns selbst unter den Aspekten eines allgemeinen Null-

Wachstums zu einer grundlegenden Veränderung unseres Wirtschafts- und Gesellschaftssystems unter Einschluß des diesen adäquaten Bewußtseins führen wird. Die dazu notwendige Investitionsplanung und Investitionslenkung in der marktwirtschaftlich orientierten gemischten Wirtschaftsordnung unter dem Primat der angesprochenen Gesellschaftspolitik ist – folgt man der aktuellen Diskussion – offenkundig zum Prüfstein dafür geworden, welche Kraft zur Veränderung wir besitzen, um aus dem Teufelskreis der Ohnmacht herauszukommen. Offenkundig haben selbst die aufgezeigten Grenzen des Wachstums und die Gefährdungen der Zukunft den Mut zu jenem dritten Weg zwischen dem status quo und der totalen Negation, d.h. auch zwischen Liberal- und Staatskapitalismus auf der einen und dem Kommunismus auf der anderen Seite noch nicht bestärkt, obschon er einmal, wie bereits aufgezeigt, die Konzeptionen der wirtschaftlichen und politischen Neugestaltung nach dem Zweiten Weltkrieg auszeichnet. Daß sich gerade an der unabdingbar notwendigen Planung unserer Investitionen sowohl auf die Grenzen des Wachtums hin als auch auf den Abbau des Gefälles von arm und reich, von Macht und Ohnmacht die gegenwärtige Diskussion festbeißt, signalisiert offenkundig vor allem die Sorge, die unternehmerische Freiheit zu verlieren. Wie anders sind sonst die Schwarz-Weiß-Malereien zu verstehen, die aus einer Einbindung auch dieser Freiheit in die Notwendigkeiten rationalen Wirtschaftens mit knapper werdenden Ressourcen die totale staatliche Bedürfnis-Verwaltung ableiten. Dabei zeigt gerade die gegenwärtige Situation in den Industrienationen, wie sich die Politik um Investitionsentscheidungen der Unternehmer bemüht, ohne diesen klare Orientierungspunkte für das in Zukunft noch mögliche Wachstum anzugeben. Nicht ausgeschöpfte Kapazitäten oder die unsichere Zukunftsplanung müßte darum gerade den Unternehmer zur Forderung gemeinsamer Investitionsplanung führen, eingeschlossen die gerade den Rohstoffbereich tangierenden Vorstellungen der diesbezüglichen Entwicklungsländer.

Die vorhergehenden Überlegungen suchten dies deutlich werden zu lassen: wir können uns heute weniger als vor zwanzig Jahren die unfruchtbare Diskussion "Markt oder Planung" leisten; die internationale wirtschaftswissenschaftliche Erforschung der Möglichkeiten zu Alternativen, unter Einschluß mannigfacher, nicht ohne politisches Risiko gewagter Experimente, kann auch im Schatten neomarxistischer Neuauflagen des Zwei-Klassen-Modells nicht einfach ignoriert werden. Vor allem sind es die Vielschichtigkeit politischer Entscheidungsebenen und der für eine freiheitliche Demokratie unverzichtbare basisdemokratische Anspruch auf Mitbestimmung und Mitverantwortung, die zu einer ebenso pluralen Koordination unserer gesellschaftspolitischen und wirtschaftspolitischen Ziele zwingen. Dabei stehen Planung gegen Verwaltung, Reform gegen bloße Verteidigung einmal errungener Privilegien und Macht. Diese nicht minder revolutionäre Politik bedarf der Basis eines veränderten Bewußtseins, zu dem diese Analysen beitragen wollen.[24]

4.3. Unverstandenes und darum immer noch umstrittenes "System sozialer Sicherung"

Die wissenschaftliche Begründung, die Diskussion und die politische Durchsetzung der im vorhergehenden Abschnitt umschriebenen wirtschaftlichen und gesellschaftlichen Ordnungskonzeptionen sind ein überzeugendes Beispiel für die wissenssoziologische These, "daß die Gegenständlichkeit der institutionalen Welt, so dicht sie sich auch dem einzelnen darstellen mag, von Menschen gemachte, konstruierte Objektivität ist". Hier bestätigt sich, wie "Theorien in der Geschichte realisiert werden – sogar Theorien, die höchst verworren und abwegig waren, als ihre Erfinder sie in die Welt setzten." Dabei ist weniger der von Berger/Luckmann erwähnte, "in der Bibliothek des Britischen Museums brütende Karl Marx" zum exemplarischen Fall dieser Möglichkeit der Geschichte geworden, als Adam Smith. Entscheidend aber ist die Schlußfolgerung: "Sozialer Wandel muß also immer in dialektischer Beziehung zur Ideengeschichte gesehen werden". Damit ist jedoch der dialektische Prozeß noch nicht vollständig erfaßt. "Das Paradox, daß der Mensch fähig ist, eine Welt zu produzieren, die er dann anders denn als ein menschliches Produkt erlebt", also die Dialektik der Beziehung "zwischen dem Menschen als dem Hervorbringer und der gesellschaftlichen Welt als seiner Hervorbringung" führt dazu, daß nicht nur die "Gesellschaft ein menschliches Produkt", sondern auch "der Mensch ein gesellschaftliches Produkt" darstellen.[1]

Die "Internalisierung, d.h. buchstäblich eine Einverleibung, durch welche die vergegenständlichte gesellschaftliche Welt im Verlauf der Sozialisation ins Bewußtsein zurückgeholt wird"[2], kann zu einer Potenzierung der Mängel und ungelösten Strukturprobleme gesellschaftlicher und wirtschaftli-

---

24 Für die unterschiedlichen Positionen um "Alternativen" vgl. etwa: H. Ritter, Verrat an der sozialen Marktwirtschaft? Wirtschaftspolitik zwischen Anspruch und Wirklichkeit, Hamburg 1972; B. Gemper, Marktwirtschaft und soziale Verantwortung, Köln 1973; H. von Nussbaum (Hrsg.), Die Zukunft des Wachstums. Kritische Antworten zum Bericht des Club of Rome, Düsseldorf 1973; J. Wolff (Hrsg.), Wirtschaftspolitik in der Umweltkrise, Stuttgart 1974; K.G. Zinn, Wohlstand und Wirtschaftsordnung. Zur Leistungsfähigkeit von marktwirtschaftlichen und planwirtschaftlichen Systemen, Darmstadt 1972; L. Bress, K.P. Hensel u.a. (Hrsg.), Wirtschaftssysteme des Sozialismus im Experiment. Plan oder Markt, Frankfurt 1972; A. Sölter, Investitionswettbewerb und Investitionskontrolle. Ordnungspolitische Aspekte der unternehmerischen, staatsinterventionistischen, planwirtschaftlichen und basisdemokratischen Investitionspolitik, Köln 1973; W. Dreier, R. Kümmel, Zukunft durch kontrolliertes Wachstum, Würzburg 1976, Münster 1977.
1 P. Berger und Th. Luckmann, Die gesellschaftliche Konstruktion der Wirklichkeit, S. 65 und 137.
2 Ebd., S. 65.

cher Ordnungskonzeption führen, die sich als verengtes soziales Bewußtsein niederschlagen. Das kann demonstriert werden am System sozialer
Sicherung und dem mit ihm gewachsenen Bewußtsein der so Gesicherten
bzw. "Versicherten".

In doppelter Hinsicht ist das System sozialer Sicherung — nicht selten der
institutionelle Ausdruck von Sozialpolitik schlechthin — von der Wirtschaftspolitik und der wirtschaftlichen Konjunktur abhängig:

— In Zeiten hoher Wachstumsraten profitiert an diesen auch der sogenannte Sozialhaushalt; bei sinkender Konjunktur sind seine Einzelprogramme
vorrangig dem Rotstift des Finanzministers ausgeliefert, wenn nicht gerade Wahlen ins Haus stehen.

— Bei ebenfalls hohen Wachstumsraten individuellen Wohlstands breitester Schichten ist die Bereitschaft, auch den Partizipanden des Sozialhaushalts mehr zukommen zu lassen, größer als in Zeiten bedrohten Wohlstands. Dabei wirkt sich das mangelnde Verständnis bzw. sogar Unverständnis der im sogenannten Sozialhaushalt sich niederschlagenden 2. Einkommensverteilung als Stärkung irrationaler Politik aus, sei es durch Unterstützung von Sparprogrammen zu Lasten der Randgruppen unserer
"Leistungsgesellschaft", sei es durch Forderungen nach Subventionen, die
die Bilanzklarheit und Bilanzwahrheit dieses auf Umverteilung angelegten
Systems noch mehr verzerren und verdunkeln. Sind wirtschaftliche Zusammenhänge bis hin zu unserem Geld- und Währungssystem schon schlechthin "böhmische Dörfer" für breite Schichten unserer Gesellschaft, so zeigt
das Bewußtsein und das Verhalten der vom System sozialer Sicherung als
Gebende und Nehmende Betrofffenen, aber auch der politischen Entscheidungsträger eine schier hoffnungslose Verengung, und dies trotz einleuch-
tender wissenschaftlicher Erklärung der Zusammenhänge.

Gerade um des Lernziels der hier anzustellenden Überlegungen muß auf
diese Einsichten kurz zurückgegriffen werden. Sie sind zum Teil, das mag
erstaunlich klingen, erst im Zusammenhang der Rentenreform Mitte der
50er Jahre gewachsen. Im zweiten Schritt soll dann auf den besonderen
Wert vertiefter Problemanalyse in diesem Bereich für die eigene Praxisveränderung, für den daraus erwachsenden Anstoß zur politischen Reform verwiesen werden. Ich möchte dabei zunächst anknüpfen an die bereits zitierte Perspektive E. Epplers: "Kein Recht auf Arbeit ohne mehr Solidarität!"
Sie berührt auch das System der "Arbeitslosenversicherung", auf das ich
zum Schluß im einzelnen eingehen werde. Hier ist der weltweite Problemhorizont aller nationalen Sicherung aufgerissen, der die Fragen der Bilanzwahrheit und des Netto-Effekts nicht belanglos werden läßt, sondern sie
im Gegenteil noch verschärft. Das gleiche gilt für die "Versicherten-Menta-
lität", das verengte Bewußtsein der "Versicherten". Die kritische Beurtei-
lung des partikularen Denkens läßt sich gerade am System der Arbeitslo-

senversicherung festmachen; wiederum greifen hier die aufgezeigten ökonomischen Probleme des Versicherungssystems mit denen eines entsprechend verengten Bewußtseins ineinander. Bereits die am Praxisfeld der heutigen Jugendarbeit aufgezeigten Probleme der Arbeitslosigkeit und der Konkurrenzkämpfe auf dem Arbeitsmarkt lassen nur die Schlußfolgerung zu, daß eine ganz neue Verteilung der Arbeitsmöglichkeiten gesucht werden muß, neu, d.h. vor allem nach anderen Kriterien als denen des Konkurrenz- und gegenwärtig verstandenen Leistungsprinzips, wobei auch die konstruktive Ausrichtung auf die internationale Solidarität erreicht werden müßte.

Aus der zuletzt genannten Perspektive ist der Anstoß, den Erhard Eppler zu einer diesbezüglichen Bewußtseinsveränderung setzte, von großer Bedeutung, wenn er auch vielleicht ob seines neuen, fast revolutionär klingenden Inhalts noch kaum Eingang in die öffentliche Diskussion gefunden hat. Mit dem Hinweis, daß die Verelendungstheorie von Karl Marx, die sich in den nationalen Wirtschaften als falsch erwiesen habe, international so unsinnig nicht sei, verbindet Eppler diese Analyse unserer gegenwärtigen Situation: "Wir haben heute einen Teil der Erde, wo die einfachsten Bedürfnisse von Milliarden Menschen nicht gedeckt werden, weil sie keine Kaufkraft haben, während in einem anderen Teil der Erde die Kaufkraft anfängt, die Bedürfnisse zu übersteigen, so daß die industriellen und landwirtschaftlichen Kapazitäten nicht voll genutzt werden können. Hätten die Menschen in der dritten oder vierten Welt das Geld, um bei uns ihre dringendsten Bedürfnisse zu decken, gäbe es bei uns keine Arbeitslosigkeit. Sie bekommen dieses Geld aber nur, wenn sie die Ergebnisse ihrer Arbeit bei uns verkaufen können. Das Recht auf Arbeit läßt sich also allenfalls durch eine vernünftige weltwirtschaftliche Arbeitsteilung duchsetzen".[3] Die These: "Kein Recht auf Arbeit ohne mehr Solidarität", hat also eine nationale und internationale Perspektive. Sie zielt auf eine qualitative, das Bewußtsein und die gesellschaftlichen wie wirtschaftlichen Strukturen in der Tiefe umwälzende Veränderung. Ob es sich dabei um die Aufteilung vorhandener Arbeitskapazität nach einer Prioritätenliste handelt, in der Jugendliche und auch alte Menschen ihren gesicherten Platz haben, oder ob es sich um die Aufteilung dieser Arbeitskapazität auf weniger Stunden Arbeitszeit für viele Arbeitsuchende handelt, diese nationalen Reformen stehen in engstem Zusammenhang mit der Reform des internationalen Wirtschaftsgefüges, wie es im Programm einer "Neuen Weltwirtschaftsordnung" angezielt wird. Hier findet die Forderung Krockows nach totaler Abschaffung des Konkurrenzprinzips ihren konkreten Anwendungsbereich. Eppler stellt zu Recht fest: "Wer das Recht auf Arbeit durchsetzen will, braucht eine gute Konjunkturpolitik, aber er muß zugleich wissen, daß Konjunkturpolitik

3 E. Eppler, Kein Recht auf Arbeit ohne mehr Solidarität, zit. nach dem Auszug seiner Rede in der Frankfurter Rundschau vom 28.5.1976.

nicht ausreichen wird. Wer Recht auf Arbeit sagt, muß wissen, daß er mit politischem Dynamit handelt. Er berührt nämlich eine Alternative, die in den nächsten Jahren unsere politische Diskussion beherrschen dürfte. Es ist die Frage, was wir mit Solidarität meinen.

Solidarität: ist das nur Arbeitslosenhilfe oder Sozialhilfe für die Junglehrer, die trotz überfüllter Klassen keine Stelle finden, oder ist das auch und vor allem die Bereitschaft aller, auch, aber nicht allein, der etablierten Lehrer, das Geld aufzubringen oder einzusparen, das zur Besoldung dieser Lehrer gebraucht wird?

Solidarität: ist das nur die nachträgliche, mehr oder minder wirksame ärztliche Hilfe für die Arbeiterin, die sich die Bandscheiben verdorben hat durch die jahrelange Schufterei in ein und derselben Körperhaltung, oder ist das auch und vor allem die Bereitschaft, Arbeitsplätze so einzurichten, daß sie weniger Gesundheitsschäden anrichten?

Solidarität: ist dies nur der Zehnmarkschein für 'Misereor' und 'Brot für die Welt', oder gehört dazu auch und vor allem die Bereitschaft, für Kupfer und Zinn kontinuierlich etwas mehr zu bezahlen, als dies im einen oder anderen Augenblick nach dem Gesetz von Angebot und Nachfrage nötig wäre?

Kurz: ist Solidarität nur ein nachträgliches Auffangen des Fallenden oder gehört zur Solidarität zuerst das Stützen und Schützen, das Ermutigen und Bestätigen, also die faire Chance der Selbstverwirklichung für jeden? Meinen wir mit Solidarität nur den Unfallwagen, der möglichst rasch und unauffällig alle abschleppt, die unter die Räder unserer totalen Konkurrenzgesellschaft gekommen sind? Was wir jetzt brauchen, ist eine gemeinsame Anstrengung, mehr Solidarität in die Strukturen unserer Gesellschaft einzuprägen, damit weniger Menschen in jenes Netz sozialer Sicherheit geworfen werden, das wir miteinander gespannt haben und miteinander festhalten".[4]

Ich halte den Versuch nicht für aussichtslos, entsprechend meinen vorhergehenden Überlegungen bildungsmäßig aufzuklären, daß die Strukturen unseres Systems sozialer Sicherung, aber auch die einer wirtschaftlichen und gesellschaftlichen Ordnung, wenn sie Zukunft haben wollen, im Grunde bereits von dieser Solidarität geprägt sind. Solidarität nicht im Sinne des vorhandenen Bewußtseins und der Handlungsstrategien einzelner, der Gruppen und Verbände wie der politischen Entscheidungsträger; ihr Handeln stellt einen enormen Auszehrungsprozeß dieser Solidarität dar. Es gilt vielmehr, die zuvor genannte Bilanzwahrheit und Bilanzklarheit im wirtschaftlichen Kreislaufgeschehen aufzudecken und an die Stelle falscher Mentalität und Denkstrukturen von "Versicherung", von partiku-

4 Ebd.

larer bzw. individueller Existenzsicherung, konkurrenzmäßigen Sich-Durchsetzens zu neuen Wertpräferenzen universalistischen, solidarischen Denkens und Handelns zu gelangen, die im Grunde das System aufrecht-erhalten. Das macht den Kern einer gesellschaftlichen Strukturreform auch an dieser Stelle aus, dessen langwieriger Prozeß nur auf den Lerner-folgen praxisverändernder Bildung aufbauen kann.

Allen modernen Industrienationen sind Begriff und Forderung der sozia-len Sicherung bzw. Sicherheit geläufig und selbstverständlich geworden. Hinter dem Ruf nach sozialer Sicherheit steht zwar die fast 100jährige Tradition staatlicher Sozialpolitik; doch scheint sich eine neue umfassen-dere Auffassung sozialpolitischer Schutz- und Sicherungspolitik durchge-setzt zu haben. In einigen Ländern ist dieser Entwicklung mit einer sozial-reformerischen Neubegründung von Systemen sozialer Sicherung bereits institutionell Raum gegeben worden. Gegenüber der bisherigen, langsam gewachsenen sozialpolitischen Praxis des Härtenausgleichs hebt sich das neuerlich diskutierte "System sozialer Sicherung" durch eine breitere Sicht der Ziele und des Mitteleinsatzes von der Tradition ab. Die Einsicht in die Interdependenz sozialer und wirtschaftlicher Faktoren hat die Politik der sozialen Sicherung in einen engen Zusammenhang mit der allgemeinen Wirtschaftspolitik, insbesondere mit der Beschäftigungs-, Verteilungs- und Konjunkturpolitik gebracht. Gerhard Mackenroth formulierte diesen Tat-bestand bereits 1952 mit den Worten: "Heute gibt es keine volkswirt-schaftlich neutrale Sozialpolitik mehr. Wir dürfen die Sozialpolitik nicht mehr als eine Randerscheinung des volkswirtschaftlichen Kreislaufs und des ganzen Gesellschaftsaufbaus sehen. Sie steht heute als ein integrieren-der Bestandteil mitten in beiden, sie ist aus der Wirtschaft und aus dem ganzen Gesellschaftsaufbau nicht mehr wegzudenken, sie bestimmt diese mit und ist mit ihnen durch vielseitige Wechselwirkungen verbunden".[5]

Zunehmend ist diese Sozialpolitik, die 1977 mit einem Sozialhaushalt von 354 Milliarden DM operiert, für die jeweilige wirtschaftliche Situation und die gesamte Wirtschafts- und Gesellschaftspolitik ein bedeutsamer Faktor. Immmerhin wird durch diesen Sozialhaushalt rd. ein Fünftel des Brutto-sozialprodukts erfaßt und im Zuge einer staatlich gelenkten zweiten Ein-kommensverteilung — auf der Basis von Zwangsabgaben aus der ersten Einkommensverteilung auf dem Markt — umverteilt. Gegenüber einer in etwa vergleichbaren Summe von ca. 11 Milliarden DM im Jahre 1950 für so-ziale Leistungen ist — trotz des gleichzeitigen Wachsens des Bruttosozialpro-dukts — der Anstieg enorm. Allein von 1972 bis 1977 erhöht sich die durch-schnittliche Sozialleistung je Kopf der Bevölkerung von 2.617,— DM auf 4.576,— DM. Die volkswirtschaftliche Gesamtrechnung zeigt, wie der sich

5 H. Mackenroth, Die Reform der Sozialpolitik durch einen deutschen Sozialplan, in: Schriften des Vereins für Sozialpolitik NF. Bd. 4, Berlin 1952, S. 40 f.

zwischen Entstehung und Verwendung der Einkommen schiebende Sozialhaushalt von der Ausgabenseite her ein neues Datum setzt; so kann mit
Recht vermutet werden, daß durch die Veränderung in der Einkommensverteilung die marginale Verbrauchsneigung nicht gleich bleibt und erhebliche Multiplikatoreffekte durch den Redistributionsakt ausgelöst werden.

Einer kritischen Durchleuchtung unseres Systems sozialer Sicherung kann
es nicht entgehen, daß es sich bei diesem System um ein geschichtlich ge-
wachsenes Konglomerat unterschiedlichster Sicherungseinrichtungen handelt. Nur theoretisch läßt sich der Begriff des Sozialhaushalts aufrechterhalten. An dieser Tatsache haben auch die Reformen der letzten Jahrzehnte nicht viel geändert. Eine Sozialreform zur Durchforstung des sich viel-
mals überschneidenden und in seiner Uneinheitlichkeit nur aus der historischen Perspektive verständlichen Systems sozialer Sicherung steht noch
aus.

Seine charakteristische Prägung erhält unser System der sozialen Sicherung
durch drei wirksame Gestaltungsprinzipien: das Versicherungsprinzip, das
Versorgungsprinzip und das Fürsorgeprinzip. Unter diesen dreien nimmt
das Versicherungsprinzip eine dominierende Position ein. Definitorisch
sucht es eine gewisse Koppelung von Leistung und Gegenleistung aufrechtzuerhalten. Die eigene Vorleistung soll die Leistung der Versicherung im
Falle des klar abgegrenzten Risikos garantieren. Dagegen sind Leistungen
nach dem Versorgungsprinzip nicht auf individuellen Vorleistungen begründet, der Anspruch entsteht unmittelbar aus der gesetzlichen Bewilli-
gung. In gleicher Weise wirkt auch das Fürsorgeprinzip. Es schaltet jedoch
noch einen Bedürftigkeitsnachweis der Leistung vor. Geschichte und System unserer deutschen Sozialpolitik zeigen auf, wie auf recht vielfältige
Weise, nicht zuletzt jedoch infolge der stetig zunehmenden Staatszuschüsse
für die Sozialversicherung, das prinzipiell dominierende Versicherungsprinzip erheblich "durchlöchert" wird.

Es waren jedoch bisher weniger prinzipielle Überlegungen, die zur Reform
des ganzen Systems drängten. Bei uns wie auch in anderen Industriestaaten setzen die Ökonomen erhebliche Fragezeichen hinter die Effizienz der
historisch gewachsenen Systeme sozialer Sicherung. Vor allem sind es
kreislauf- und konjunkturtheoretische Überlegungen, die zur kritischen
Überprüfung des Tradierten drängen. Gerade sie aber ermöglichen auch
eine Durchleuchtung des Systems "sozialer Sicherung" auf die Mitverantwortung jedes einzelnen. Diese aber steht und fällt mit der Kenntnis und
Anerkennung der gewachsenen Grundstruktur unseres gesamten Redi-
stributions-Systems, die in der Altersrentenversicherung mit dem terminus technicus "Umlageverfahren" umschrieben wird. Damit ist eine Soli-
dar-Haftung gemeint, die die Verantwortung des einzelnen für die soziale
Sicherung aller mit seiner eigenen Abhängigkeit verbindet. Sie umgreift
sowohl den jeweils "Marktaktiven" als auch den "Marktpassiven", den

durch die 2. Einkommensverteilung Gesicherten. Worin letztendlich die "Versicherung" in diesem System der wirtschaftlichen "Sicherung" liegt, wird noch aufzuzeigen sein.

Als exemplarische Beispiele für das ganze System sollen die Alterssicherung, die Kindersicherung bzw. der Familienlastenausgleich und die sogenannte Arbeitslosenversicherung ausgewählt werden. Sie garantieren in ihrer Verschiedenheit der Ziele und der Funktionsstruktur, ein möglichst breites, aber doch wiederum für die hier anstehenden Fragen einheitliches Bild der Situation zeichnen zu können. Sie ermöglichen fernerhin einen direkten Übergang zum zuvorgenannten zweiten Schritt der Überlegungen, das Lernziel "Solidarität" in unmittelbarer Praxisveränderung und einem neuen politischen Agieren einzuüben.

1. Die Alterssicherung – nur eine Rentenfrage?

Was über die historische Entwicklung unseres Systems sozialer Sicherung ausgesagt wurde, gilt für die Altersrentenversicherung als dem bedeutendsten Zweig der Sozialversicherung in besonderem Maße. Nicht nur die dynamische Entwicklung unserer Wirtschafts- und Sozialstruktur, sondern vielmehr noch die Einsicht in die Existenzbedingungen einer auf umfassender Arbeitsteilung basierender Wirtschaftsgesellschaft haben die verschiedenen Entwicklungsstadien dieses Sicherungszweiges geprägt. Was durch Gesetz vom 22. Juni 1889 zum Schutze einer sozial schwachen und zahlenmäßig noch geringen Arbeiterschaft als bescheidener Zuschuß zum Lebensunterhalt im Alter in der Form der Zwangsversicherung konzipiert worden war, ist heute zum System generativ-solidarischer Totalversorgung für die Zeit des Alters von mehr als vier Fünftel der Bevölkerung geworden. Diese Tatsache gilt es näher zu durchleuchten.

Die klassische Altersrentenversicherung war als staatliche Zwangseinrichtung nach dem Vorbild privatwirtschaftlicher Versicherungsunternehmen aufgebaut. Zwei Faktoren ließen jedoch das Versicherungsprinzip niemals zur vollen Auswirkung gelangen: die Aufteilung der Beiträge zwischen Arbeitnehmern und Arbeitgebern und der jährliche Staatszuschuß entsprechen prinzipiell dem Versorgungsprinzip, auch wenn diese beiden Tatbestände heute anders beurteilt werden müssen. Die Ansammlung des versicherungsmathematischen Deckungskapitals wurde spätestens in der ersten Nachkriegsinflation zur Illusion. Trotzdem scheinen sich die Vertreter der Sozialversicherung bis zum Tage nur unschwer von dem privatwirtschaftlichen Vorbild einer Lebensversicherung bzw. eines Leibrentenvertrages lösen zu können. Der Versuch, mittels Staatszuschüssen auch heute noch zu einem gewissen Deckungskapital zu kommen, ist vielfach verbunden mit dem Hinweis auf die in den folgenden Jahren auf die Versicherung zukommenden höheren Belastungen, wie sie durch die Anomalität unseres Altersaufbaus bedingt sind.

Der kreislauftheoretisch geschulte Ökonom und Sozialpolitiker kommt jedoch zu einer anderen Analyse der hier anstehenden Probleme. Ich möchte vor allem auf drei Tatbestände aufmerksam machen:

a) Bei der Größenordnung des in der Altersrentenversicherung zu behebenden Risikos ist ein versicherungsmäßiges Sparen nicht möglich. Es gibt nur eine güter- und geldmäßige Quelle zum Unterhalt von Erwerbstätigen und Alten in einer Periode des volkswirtschaftlichen Güter- und Geldkreislaufs: das jeweilige Sozialprodukt bzw. Volkseinkommen. Eine Übertragung von angesparten Geldfonds von der einen in die andere Periode stellt zunächst eine Verknappung des verfügbaren Einkommens und sodann eine Vermehrung dieses Einkommens dar, was bekanntlich nicht frei von problematischen Auswirkungen auf das Preisniveau, den Beschäftigungsgrad und andere ökonomische Variable ist. An der Tatsache hat sich jedoch nichts geändert, daß der alte Mensch von dem lebt, was die schaffende Generation an Gütern und Diensten bereitstellt. Auch die fiskalische Betrachtungsweise, nach der man von einer 2. Einkommensverteilung spricht, vermag den Simultanvorgang der Anspruchsübertragung von der einen zur anderen Generation nicht zu überdecken. Hinter dem komplizierten System der genannten Redistribution verbirgt sich nichts anderes als der in der Naturalwirtschaft höchst einsichtige Übertragungsvorgang zugunsten der "marktpassiven" Alten, wodurch der Konsumspielraum der "Marktaktiven" entsprechend verringert wird. So zeigte Hensen bereits 1955 in seinem Kreislaufdiagramm auf, "daß der ganze Sozialhaushalt ein Redistributionsmechanismus ist, aber nicht eine sozialpolitische Vorratskammer, aus der bei Bedarf gezehrt werden könnte".[6] Eine Gleichsetzung der Sozialversicherung mit der privaten Lebensversicherung ist trotz beiderseitig verwendeten gleichen Begriffe – es werden Beiträge gezahlt, Anwartschaften rechnerisch abgegrenzt, versicherungsmathematische Bilanzen aufgestellt – nicht möglich. Man übersähe dabei, daß Aggregate solcher Art ein anderes Verhalten zeigen als ihre kleineren Teile, daß die Summe der sozialen Altersrentenversicherung nicht den Sparbeträgen einzelner Bürger in einer privaten Lebensversicherung gleichzusetzen sind. Hat doch der Bürger im Einzelfall die Möglichkeit, ohne Schwierigkeiten gespartes Vermögen in Konsumgeld zurückzuverwandeln, wenn seiner Desinvestition ein anderer Spar- und Investitionsakt gegenübersteht. Das ist jedoch bei der sozialen Rentenversicherung unter der Annahme entsprechend hoher Kapitaldeckung nicht möglich, da die hier getätigten Investitionen praktisch irreversibel sind.

6 H. Hensen, Die Finanzen der sozialen Sicherung im Kreislauf der Wirtschaft, Kiel 1955, S. 31; vgl. auch F. Naschold, Systemanalyse des Gesundheitswesens in Österreich. Eine Studie über Entstehung und Bewältigung von Krankheit im entwickelten Kapitalismus, Bde. I – V, Wien 1975, wo für den hier nicht berücksichtigten Bereich sozialer Sicherung ähnliche Schlußfolgerungen gezogen werden.

Die Folgerung, vom Kapitaldeckungsverfahren zum Umlageverfahren überzugehen, ist in der Rentenreform des Jahres 1957 nur mit halbem Herzen und gegen den Widerstand der Versicherungsfachleute gezogen worden, obschon "in praxi" seit Beginn der Altersrentenversicherung nach diesem Umlageprinzip gearbeitet werden mußte. Die englische, französische und auch übrige internationale Diskussion dieses Problems zeigt auf, daß überall dort, wo nicht von Anfang an die Alterssicherung nach dem Versorgungsprinzip konzipiert worden war, nur unter großen Schwierigkeiten der ökonomische Sachverstand eine Reform des mit dem Kapitaldeckungsprinzip verbundenen Versicherungsprinzips auslösen konnte.[7]

Der Gedanke einer generativen Solidarität im Sinne gegenseitiger Versorgung der Generationen scheint sich — das zeigt auch die Diskussion über das Pendant zur Altensicherung, den Familienlastenausgleich -, nur schwer durchzusetzen.

b) War man in der ursprünglichen Konzeption der Alterssicherung nicht zu Unrecht von der Möglichkeit einer vertikalen Umschichtung der Einkommen ausgegangen, so muß hinter eine derartige Redistributionsabsicht trotz sogenannter Arbeitgeberanteile und trotz hoher Staatszuschüsse ein großes Fragezeichen gesetzt werden. Es sei nicht bestritten, daß dieses sozialpolitische Anliegen, wie es vor allem seitens der Kathedersozialisten und der Christlich-Sozialen bei der ursprünglichen Konzeption unseres Sicherungssystems vertreten wurde, auch in einer mehr und mehr nivellierten Wohlstandsgesellschaft noch eine gewisse Aktualität besitzt. Die ökonomischen Möglichkeiten einer vertikalen Redistribution scheinen jedoch immer geringer zu werden. Das gilt nicht nur für die Bundesrepublik, sondern wird auch von den bereits genannten Autoren für fast alle entwickelten Industriestaaten aufgewiesen.

Zunächst einmal gilt es, den sogenannten Arbeitgeberanteil seines altruistischen Charakters zu entkleiden. Vielleicht war dieser Anteil zur Zeit seiner gesetzlichen Einführung ein echter Beitrag des Arbeitgebers zur Alterssicherung der Arbeitnehmer. Im Laufe der Zeit haben diese Anteile jedoch im Zuge des späteren Aushandelns möglicher Lohnerhöhungen ihre Anrechnung als Lohnnebenkosten, also als echte Lohnanteile, erfahren. Zahlenmäßig beläuft sich dieser Arbeitgeberanteil auf die Hälfte des 14prozentigen Beitragssatzes in der Arbeiter- und Angestelltenrentenversicherung. Der Arbeitgeber trägt die Beiträge sogar allein, wenn das monatliche Bruttoarbeitsentgelt des Versicherten ein Zehntel der Beitragsbemessungsgrenze für Monatsbezüge nicht übersteigt. Der Anteil des Arbeitgebers für die

7 Vgl. J.H. Richardson, Economic and Financial Aspects of Social Securiety, London 1960; A.P. Peacock, The Economics of National Insurance, Edinbourgh, London, Glasgow 1952; G. Bremme, Freiheit und soziale Sicherheit. Motive und Prinzipien sozialer Sicherung, dargestellt an England und Frankreich, Stuttgart 1961.

Pflichtversicherten der knappschaftlichen Rentenversicherung ist noch höher und beträgt 15 Prozent der Bezüge des Versicherten, wohingegen für den Arbeitnehmer noch 8,5 Prozent verbleiben. Es würde der Bilanzklarheit und der Beseitigung falscher altruistischer Positionen dienlich sein, wenn statt des sogenannten Arbeitgeberanteils die volle Beitragshöhe als das bezeichnet und als solche eingezahlt würde, was sie wirklich ist: eine Zwangsabgabe des Arbeitnehmers zur Sicherung der aus dem Arbeitsprozeß ausgeschiedenen Arbeitnehmer, also der jetzt lebenden alten Menschen.

Zu einem ähnlichen Ergebnis gelangt die Analyse der Staatszuschüsse zur Altersrentenversicherung. Der Bund leistet heute diesen Zuschuß für solche Ausgaben der Arbeiter- und Angestelltenrentenversicherung, die nicht Leistungen der Versicherung sind. Die knappschaftliche Rentenversicherung erhält darüber hinaus zur Aufrechterhaltung ihrer hohen Leistungen einen Zuschuß in Höhe des Unterschiedsbetrages eines jeden Kalenderjahres zwischen Gesamteinnahmen und Gesamtausgaben. Insgesamt belief sich der Bundeszuschuß für die Alterssicherung 1975 auf 19,5 Milliarden DM, gegenüber 0,7 Milliarden DM im Jahre 1950. Für 1985 ist ein Bundeszuschuß kalkuliert von 41,5 Milliarden DM.[8]

Die Begründungen für die Beibehaltung dieser Subventionen, die man in unseren Tagen bei steigender Belastung der Sozialversicherung einerseits und bei schrumpfenden Staatseinnahmen und "Sparhaushalten" andererseits vorzubringen pflegt, können nicht rechtlich überzeugen. Zumeist wird dabei ein Block von sogenannten Kriegsfolgelasten genannt. Danach könnte etwa jede elfte Rente als Kriegsfolge bezeichnet werden, weil der Versicherte im Krieg gefallen ist. Die Anrechnung von Zeiten des Wehr- und Kriegsdienstes, der Gefangenschaft, der Vertreibung, der politischen Verfolgung usw. läßt sich unter demselben Gesichtspunkt betrachten. Zieht man allerdings – wie das nicht selten geschieht – auch den ungünstigen Bevölkerungsaufbau infolge der Kriegsverluste sowie den Kapitalschwund mit in Betracht, dann wird offenkundig, wie problematisch eine darauf basierende Rechnung am Ende wird. Denn über das Steuersystem einen vertikalen Lastenausgleich zu schaffen, scheint zwar wünschenswert, jedoch undurchführbar zu sein. Vor dem zuvor genannten, einzig realen Standort aus betrachtet, daß wir alle immer von dem jeweils geschaffenen Sozialprodukt leben, ist eine solche historische Begründung und der Versuch, über die Beitragserhebung hinaus zu steuerlichen Umverteilungen der Lasten für die Alten-Generation zu kommen, praktisch kaum von Wert und Bedeutung. Im Gegenteil muß – wenn auch nur aufgrund recht mangelhafter Untersuchungen – angenommen werden, daß in allen hochentwickelten sozialen Sicherungssystemen trotz Milliarden Umsätze des So-

---

8 Vgl. Übersicht über die Soziale Sicherung, hrsg. vom Bundesminister für Arbeit und Sozialordnung, 9. Aufl. Bonn 1974, S. 23 ff.

zialhaushalts die Nettoredistribution für jede Gruppe = 0 ist, d.h., daß jede Gruppe sich jeweils selbst finanziert. Wenn also die Finanzierung der Altersversicherung in der homogenen Schicht der Versicherten selbst erfolgt, wenn innerhalb dieser Schicht die Schaffenden die Alten erhalten, dann müssen das Versicherungsprinzip im allgemeinen und jede Art von Kapitaldeckungsansammlung und damit jeder Staatszuschuß – der heute auch noch lediglich dieser Kapitalrücklage dient – als fragwürdige, irrationale Elemente des Systems bezeichnet werden. Sie wiegen den so Gesicherten in eine falsche Sicherheit eigener Versicherung, und lassen den Tatbestand der generativen Solidarität nicht erkennbar und für das entsprechende Verhalten gegenüber der nachwachsenden Generation nicht wirksam werden.

c) Die Thesaurierung von Milliardenbeträgen der Altersrentenversicherung als Rücklage für die Notzeit hoher Inanspruchnahme durch eine zahlenmäßig große Altengeneration ist sachlich und optisch von fragwürdiger Bedeutung. Die gesetzliche Grundlage dieser Thesaurierungspolitik liegt in der Festsetzung eines modifizierten Umlageverfahrens durch die Rentenversicherungs-Neuregelungsgesetze vom 23. Februar 1957. Danach soll der monatliche Beitrag der Versicherten so bemessen werden, daß für einen zehnjährigen Deckungsabschnitt der Wert aller in diesem Zeitraum eingehenden Beiträge und sonstigen Einnahmen samt dem Vermögen mit Zins und Zinseszins den Betrag deckt, der erforderlich ist, um alle in diesem Deckungsabschnitt zu leistenden Aufwendungen zu bestreiten und um außerdem am Ende des Deckungsabschnitts eine Rücklage zu haben, die den Aufwendungen zu Lasten der Versicherungträger im letzten Jahr des Deckungsabschnitts gleichkommt.[9]

Die auf uns zukommende stärkere Belastung in der Alterssicherung durch Ansparen einer Kapitaldecke anzugehen, muß als ein Rückfall in das überwunden geglaubte Kapitaldeckungsprinzip bezeichnet werden, auch wenn es sich um geringere Zeiträume des Ansparens und Kapitaldecken für kürzere Perioden handelt. Das Auflösen der Kapitalien stellt negatives Sparen dar und muß konjunktur- und wachstumspolitisch als äußerst bedenklich angesehen werden. So beunruhigend die Tatsache auch erscheinen mag, die Erhaltung der immer stärker werdenden Generation alter Menschen kann nur durch die jährlich erneut vorzunehmende Umverteilung zwischen den Generationen erfolgen. Selbst der durch eine gesetzlich festgelegte Bundesgarantie erfolgte Rückhalt im Staatshaushalt ändert auf Grund der hohen Selbstfinanzierungsquote an dieser Tatsache nichts. Sie kann gegebenenfalls durch steigende Staatszuschüsse flexible Beitragssätze der Versicherten vermeiden.

9 Vgl. §§ 1382 ff. RVO; §§ 1909 ff. AVG.

Der vorgesehene Reservefonds wäre für den Ausgleich kurzfristiger Schwankungen zu groß, die geübte Anlagepolitik dazu ebenfalls ungeeignet. Systemgerecht und einzig rational ist bei größeren Verschiebungen der generativen Aufbringer-Empfänger-Relation zu Lasten der Aufbringer eine entsprechende Erhöhung der Umlagequote, will man die Rentenhöhe und gar ihr mit den Lohnerhöhungen verknüpftes dynamisches Wachsen unangetastet lassen. Es ist ebenfalls systemgerecht, auch aus einer solch höheren Generationenumlage keine besonderen Leistungsansprüche des jetzt Belasteten für sein Alter abzuleiten. So scheint es uns sinnvoller, von einem "generativen Versorgungsprinzip" als vom "Versicherungsprinzip" zu sprechen. Man käme dann einer rationelleren Gestaltung des ganzen Systems näher und beugte falschen Vorstellungen der sogenannten Versicherungsnehmer in ihrer typischen Versicherungsanspruchsmentalität vor.

Auf die weitere Problematik dieser sogenannten "Juliustürme" in der Sozialversicherung möchten wir bei der Untersuchung der Arbeitslosenversicherung zurückkommen.

Die Diskussion um die ökonomische Rationalität dieses erst 1957 reformierten Systems sozialer Alterssicherung hat durch die seitens des Bundesministers für Arbeit und Sozialordnung dem Bundestag bisher vorgelegten "Versicherungstechnischen Bilanzen für die Arbeiter- und Angestelltenversicherung" und die "Versicherungstechnische Bilanz der knappschaftlichen Altersversicherung" eine große Bereicherung erfahren; war doch der Mangel einer exakten Einkommens-, Ausgaben- und Vermögensbilanz als zwar nicht unproblematische Zukunftprognose bereits bei der Rentenreformdebatte der Jahre 1953 – 1957 sprübar geworden. Er hatte zur Formulierung der §§ 1383 Abs. 2 und 3 RVO und 110 Abs. 2 und 3 AVG geführt, wodurch "die Bundesregierung" aufgefordert worden war, "in Abständen von zwei Jahren, erstmals für den 1. Januar 1959", solche Bilanzen für einen Zeitraum der nächsten 30 Jahre vorzulegen und "nach Anhören des Sozialbeirats" unter anderem auch gegebenenfalls "Vorschläge zur Änderung der Bemessungsgrundlage oder des Beitragssatzes" zu machen. Auf Grund dieser Bilanzen lassen sich für unsere Fragestellung wichtige Aussagen treffen, wobei wir uns bei der neunfach verschieden prognostizierten Datenkonstellation auf eine mittlere Position beziehen, d.h. eine Entwicklung der Arbeitsentgelte von jährlich 4,5 Prozent und des Zinssatzes von 3 Prozent zugrunde legen. Fernerhin kann man von der Annahme einer Bevölkerungsentwicklung mit folgender Schwerpunktverlagerung ausgehen: Kamen auf 100 Pflichtversicherte im Jahre 1960 etwa 37 Rentenbezieher, so wächst die letztgenannte Zahl im Zuge weiterer Vergreisung unseres Volkes bereits in 20 Jahren auf 48. Zugrunde liegt dieser speziellen Relation die allgemeine Bevölkerungsentwicklung der Art, daß bereits 1961 die Zahl der unter 15jährigen gegenüber 1950 um 3 Prozent anstieg, die Zahl der Erwerbstätigen (15 – 65jährigen) um

13 Prozent, die Zahl der Alten jedoch um 30 Prozent. Diese Entwicklung wird durch das Hineinwachsen der geburtsstarken Jahre in die Altersperiode und der geburtsschwachen Jahrgänge in das Erwerbsalter bei weiterem Hinausschieben der Sterbegrenze noch anhalten.

Rechenmäßig wiesen die genannten Versicherungsträger am 1. Januar 1961 ein Vermögen von 16 084 Milliarden DM aus. Das entspricht jedoch nur 62,4 Prozent des gesetzlich vorgeschriebenen Rücklagesolls. Für den kritischen 2. Deckungsabschnitt der prognostizierten 30 Jahre (Stichtag 31. Dezember 1976) ergibt sich somit die Notwendigkeit, den Beitragssatz von jetzt 14 Prozent auf 19,6 Prozent anzuheben, damit das Rücklagesoll von insgesamt 38 216 Milliarden DM 1976 erreicht wird. Verzichtet man auf eine Beitragserhöhung, so wären Staatszuschüsse von 212,4 Prozent der jetzigen Höhe erforderlich. Für den 3. Deckungsabschnitt gälte es entweder die Beiträge auf 19,4 Prozent oder den Bundeszuschuß auf 218,8 Prozent der jetzigen Höhe zu bringen, um den dann erforderlichen Deckungssatz von 57 766 Milliarden DM zu erreichen.

Inzwischen hat sich die finanzielle Situation der sogenannten Rentenversicherungsträger dadurch erheblich verändert, daß sich der Bund zwischen 1973 und 1975 rund 5,7 Milliarden DM der Zuschüsse stunden lassen mußte. So wird in Fachkreisen geschätzt, daß sich auf Grund eines Liquiditätsengpasses im kommenden Jahr 1977 von ca. 10 — 15 Milliarden DM das Rücklagevermögen der Rentenversicherung von derzeit rd. 40 Milliarden DM auf etwa 18 Milliarden DM zurückbilden werden, wenn es den Versicherungsträgern überhaupt gelingt, die Reserve liquide zu machen. Denn dadurch würden dem Kapitalmarkt weitere, für die Verbesserung der gegenwärtigen wirtschaftlichen Situation notwendige Mittel entzogen; verfügten die Rentenversicherungen doch Ende 1975 über ganze 378 Millionen DM Barmittel.

Je exakter man die Situation der Altersrentenversicherung rechnerisch und kreislauftheoretisch angeht, desto klarer wird das bereits herausgestellte Fazit: alle Finanzmanipulationen können nicht darüber hinwegtäuschen, daß die Altengeneration jeweils von den Schaffenden, diese später von den heranwachsenden Kindern ernährt werden. Wird die Basis der nachwachsenden Generationen schmaler, wie das zur Zeit bei einem Rückgang der Geburten von ca. 50 % in etwa 5 Jahren der Fall ist, dann steigt die Einzelbelastung der Schaffenden, wenn sie nicht finanzpolitisch manipuliert wird. Darauf wird in der Schlußüberlegung zurückzukommen sein.

2. Die Kindersicherung — eine staatliche Kostenausgleichsfürsorge?

Die öffentliche Diskussion über den Familienlastenausgleich steht in der Bundesrepublik — im Gegensatz zu anderen Industriestaaten — auf einem vorwissenschaftlichen Niveau. Irrationale Polemik und politische Lethargie lähmen nunmehr fast drei Jahrzehnte die wissenschaftliche Aufarbeitung der zu lösenden Redistributionsprobleme und verhindern eine zielgerechte politische Entscheidung. Obwohl man nicht selten die heutige Familienpolitik als "Ergebnis der Interessenpolitik starker Familienverbände" bezeichnet, ist sie weit von den rationalen Zielvorstellungen dieser Verbände entfernt. Sie entspricht in der Praxis auch keineswegs den Programmen der Parteien und den Beteuerungen in vielen Regierungserklärungen. Die wissenschaftliche Arbeit des Ministeriums für Familie und Jugend läßt die Notwendigkeit einer Reform des Familienlastenausgleichs seit Jahren deutlich erkennen; offenkundig kann es sich aber weder in der Regierung noch im Parlament damit durchsetzen. Auch die letzte kombinierte Steuer- und Kindergeldreform stellt materialiter angesichts der jährlichen Geldentwertung keinen echten "Lastenausgleich" dar; ihre politische Diskussion und Durchführung ließ keinen Ansatz für eine echte Strukturreform erkennen. Die unter dem Leitwort einer "Sozialreform" durchgeführte Rentenreform der fünfziger Jahre bleibt unvollständig und ungerecht in der Lastenverteilung, wenn eine mindest ebenso grundlegende Reform des Familienlastenausgleichs durch Systemänderung, Anhebung der Ausgleichsbeträge und Einbau in die dynamische Einkommensentwicklung nicht erfolgt. Die folgenden sozial- und wirtschaftswissenschaftlichen Analysen und gesellschaftspolitischen Folgerungen möchten zu einer solchen Reform beitragen.

1.) Systemänderung

Das Politikum einer sogenannten staatlichen Lösung, also die Übernahme aller Kindergeldleistungen auf den Bundeshaushalt, kann auch heute noch mit dem Wort eines wissenschaftlichen Beraters des Familienministeriums als "unsinnig, ja geradezu als widersinnig" bezeichnet werden. So wenig wie damals die Verkoppelung des Familienlastenausgleichs mit Fragen der Lohnfortzahlung für kranke Arbeiter und einer Krankenversicherungsreform im berühmten "Sozialpaket" allen drei Ordnungsproblemen dienlich war, genauso gering sind heute die Chancen, eine Reform des Familienlastenausgleichs über die allgemeine Budgetpolitik zu erreichen. Wenn damals gewarnt wurde, "die relativ wehrlose Minderheit unserer Mehrkinderfamilien nicht zum Opfer noch so plausibler Finanzierungsmanipulationen werden zu lassen, besonders, wenn diese Familien bei der Finanzierung des Kindergeldes durch Steuermittel mehr als bisher selber das Kindergeld mitfinanzieren werden", dann haben die vergangenen vier Jahre diese Gefahr mehr als einmal deutlich werden lassen. Es droht heute der Eindruck zu entstehen, daß die Einkommensumverteilung zugunsten der Familie ein Akt staatlicher Subventionspolitik darstellt. Die engen Grenzen, die einer solchen Subventionspolitik im allgemeinen heute gestellt sind, führen dann nicht selten zu Vorschlägen des "Bestmöglichen" auf der Grundlage einer gegebenen staatlichen Haushaltssituation, die nicht den Namen "Reform" verdienen. Kindergeldzahlungen als Ausdruck staatlicher Subventions-politik lähmen fernerhin vor allem die Kräfte in unserer Gesellschaft, die sich in Wissenschaft und Politik einer Stabilisierung freiheitlicher Ordnung verpflichtet fühlen. Bei dieser Kritik darf nicht übersehen werden, daß der umfangreiche Sozialhaushalt der Bundesrepublik mehr als jede theoretische Argumentation die Notwendigkeit und die Bedeutung auch unmittelbarer staatlicher Redistributionspolitik demonstriert. Die Möglichkeit jedoch, Einkommen über den Staatshaushalt umverteilen zu können, ist heute eng begrenzt. Infolge des hohen Anteils indirekter Steuern und der kaum exakt meßbaren Überwälzungschancen direkter Steuern auf vielen "Verkäufermärkten" ist gerade die Familie mit geringem Einkommen und hohen Konsumausgaben relativ hoch mit Abgaben belastet. Sie bringt auch einen erheblichen Teil der Ausgleichsbeiträge selbst auf, die sie vom Staat in Form von Kindergeld erhält. Der Nettoeffekt aller Ausgleichszahlungen nach dem geltenden Kindergeldgesetz ist demzufolge äußerst gering. Nicht wenige Familien mit niedrigem Einkommen und mehreren Kindern werden vom Staat zu höheren Abgaben herangezogen, als er ihnen an Kindergeld wieder auszahlt.

Das führt zu der Frage, ob eine grundsätzliche Reform des Systems zu einem höheren Nettoeffekt, aus dem Odium staatlicher Subventionspolitik heraus in eine wissenschaftlich-rationale Konzeption gebracht werden kann. Hierbei gilt zunächst zu bedenken, daß sich aus dem Konzept "Soziale Marktwirtschaft" die Ausrichtung des Marktes auf soziale Werte, also auch auf den Dienst an der Entfaltung der Familie, als folgerichtig und systemadäquat ergibt. Aus Gerechtigkeits- und Zweckmäßigkeitsgründen richtet sich die Marktverteilung von Einkommen und Vermögen in der Volkswirtschaft nach dem Marktleistungsprinzip, so umstritten es auch heute ist. Die Ausrichtung der Verteilungsordnung auf den Familienhaushalt und seine Bedürfnisse ist darum eine ordnungspolitische Aufgabe, weil sie die Funktion und die Kräfte des Marktmechanismus übersteigt. Die Abhängigkeit des Familienhaushaltes von staatlichen Redistributionsmaßnahmen kann darum nicht mit dem Verzicht auf Freiheit und Eigenverantwortung der Familie gleichgesetzt werden; denn die "marktpassiven" Glieder der Familie können nur durch einen initiierten und geregelten Einkommensverzicht der "marktaktiven" Glieder unterhalten werden. Nach der Marktverteilung des Einkommens ist darum eine zweite Einkommensverteilung unumgänglich; die ordnungspolitischen Maßnahmen einer breiteren Vermögensstreuung sollen hier nicht in Betracht gezogen werden. Das regulative Prinzip einer zweiten Einkommensverteilung leitet sich aus der tatsächlichen Solidarität ab, ohne die eine arbeitsteilige Volkswirtschaft — analog der familiären Solidarität zur Zeit der Familienwirtschaft — nicht existieren und funktionieren kann. Der gerechte Anspruch einer Familie mit vielen "marktpassiven" Gliedern muß sodann, wie etwa auch der Anspruch "marktpassiver" Alten-Haushalte, mit der Forderung nach Auf-rechterhaltung von Leistungs- und Arbeitswille der "Marktaktiven" in Ein-klang gebracht werden. Der Familienlastenausgleich ist darum in seinem Kern von Kompromiß zwischen dem Leistungsprinzip und dem Solidari-tätsprinzip gekennzeichnet. Die psychologische Schwelle, an der etwa in-folge zunehmender Zahl alter Menschen durch zu hohe Umverteilungs-bzw. Abgabequoten der Leistungswille schwindet, läßt sich theoretisch nicht ermitteln. Es bleibt ein bloßes interessenpolitisch gefärbtes Schlag-wort, wenn heute von einer bereits erreichten Grenze aller sozialen Abga-bebelastungen gesprochen wird. Ein solches Schlagwort kann leicht die Situation verdunkeln, daß infolge der sinkenden Kinderzahlen die Abga-benquote steigt oder noch höher sein müßte, wenn eine gerechte Vertei-lung der Abgaben in echter Bilanzwahrheit und -klarheit erfolgen würde.

Diese bittere Wahrheit kommt mit zwingender Notwendigkeit auf uns zu, weil sich infolge des rapiden Geburtenrückgangs das Verhältnis der späte-ren "Marktaktiven" zu den "Marktpassiven" erheblich verschieben wird: die in den 50er Jahren sich eingependelte Geburtenquote von rund 1 Mil-lion Lebendgeborenen ist inzwischen auf rund die Hälfte zusammenge-schrumpft; der exakten Statistik nach von 1 019 459 im Jahre 1967 auf 810 808 im Jahre 1970 und weiterhin auf 626 370 im Jahre 1974. Nach bisherigen inoffiziellen Zahlenangaben ist auch für das Jahr 1975 und 1976 mit einem weiteren Rückgang der Geburten von deutschen Eltern zu rechnen. Gastarbeiterkinder stabilisieren offenkundig derzeit die wei-terhin rückläufige Geburtenquote in der Bundesrepublik.

Ziel einer Reform des jetzigen Systems muß es darum sein, die staatliche Redistributionspolitik zugunsten der Familie mit Kindern zu einem mög-lichst hohen Nettoeffekt zu führen. Dabei sollte ohne politische Hysterie das 1965 verlassene System der Familienlastenausgleichskassen, das im-merhin von rund der Hälfte aller familienpolitisch aktiven Staaten der Welt praktiziert wird, auf seine Vorteile und Nachteile im Dienste des genann-ten Ziels geprüft werden. Mikro- wie makroökonomisch gesehen handelt es sich bei der gesamten Ausgleichssumme innerhalb der Arbeitnehmerschaft um einen Bestandteil der Lohnquote, der nicht nur als solcher von den Un-ternehmen verrechnet wird, sondern auf die auch die unverheirateten und kinderlosen Arbeitnehmer verzichten müssen. Dieser Weg einer Umver-teilung der Einkommen für Arbeitnehmerfamilien – der Weg einer ähn-lichen Umverteilung für Selbständige müßte im Anschluß und in enger Ver-bindung mit dem Ausgleichssystem der Arbeitnehmer beschritten wer-den –, so wie sie vor 1965 grundsätzlich über Familienlastenausgleichs-kassen praktiziert wurde, bietet sich um eines hohen Nettoeffekts auch aus einem anderen Grunde als naheliegend an: bei einer sukzessiven Einfüh-rung der notwendigen Ausgleichsmaßnahmen könnte man in wachsenden Volkswirtschaften auf eine absolute Verminderung des Einkommens der

Unverheirateten und Kinderlosen verzichten und die jährliche Spanne möglicher Lohn- und Gehaltserhöhungen den Umverteilungsmaßnahmen nutzbar machen. Die staatliche Redistributionsmaßnahme wirkt sich zwar innerhalb der Lohnquote aus, tangiert jedoch nicht eine dynamische Lohnpolitik der Gewerkschaften oder die Tarifautonomie als solche. Wohl setzt eine solche Verwirklichung des Familienlastenausgleichs die Bereitschaft der Tarifpartner voraus, bei zukünftigen Lohnerhöhungen einen vom Staat jeweils zu errechnenden und festgelegten Anteil zunächst den Familien mit Kindern zukommen zu lassen, und erst den verbleibenden Rest wie bisher auf alle Arbeitnehmer zu verteilen. Rückblickend kann festgestellt werden, daß die von 1955 bis 1965 geübte Methode des Familienlastenausgleichs auch ohne Mitwirkung der Tarifpartner im Sinne einer Aufspaltung der Lohnerhöhungsquote wirkte; denn durch die Abgaben an die Ausgleichskasse verringerte sich der Spielraum der nächstmöglichen Lohnerhöhung. Die relative Schlechterstellung des lohnintensiven gegenüber dem kapitalintensiven Unternehmen ist auch durch eine solche Bindung der Abgaben für den Familienlastenausgleich an die Lohnquote kaum verstärkt, wie sie umgekehrt auch nicht durch Befreiung von diesen Abgaben verringert oder gar beseitig werden kann. Die unterschiedliche Wettbewerbssituation lohnintensiver und kapitalintensiver Unternehmen ist überhaupt nicht mit der "Befreiung" oder Verringerung von Abgaben zugunsten der zweiten Einkommensverteilung zu beseitigen. Auch der mittelständige Unternehmer sollte sich von dem Trugschluß endgültig befreien, durch sozialpolitische Umverteilungsmaßnahmen zu besonderen Leistungen fürsorgerischer Art aufgerufen und dadurch besonders belastet zu sein. Eine notwendige Marktordnungspolitik und Mittelstandspolitik lassen sich ebensowenig über eine mangelhafte und schlechte Familienpolitik gestalten wie eine antiinflationäre Finanzpolitik und eine antizyklische Konjunkturpolitik. Ohne die Interdependenz aller ordnungspolitischen Maßnahmen zu verkennen, muß eine rationale Konzeption jeder einzelnen Aufgabe gefordert werden.

Anhebung der Ausgleichsbeträge

Bei der Berechnung des Kindergeldes ist von den effektiven Kosten des Aufziehens von Kindern auszugehen. Daneben ist mehr als bisher die Entwicklung des Pro-Kopf-Einkommens bei wachsender Kinderzahl in einer Familie zu beobachten, weil nur dann sichtbar wird, wie schnell manche Familien in die "Bedrängniszone" geraten und wie andere aus ihrer "Wohlstandszone" herausgedrängt werden. Es ist anzunehmen, daß die zuletzt genannte Gefahr bei drei und mehr Kindern noch in höheren Einkommensschichten befürchtet wird, woraus die Motivation einer entsprechenden Familienplanung auf das Ein- bis Zweikind-System hin entscheidend zurückzuführen ist; denn von einem gewissen Pro-Kopf-Einkommen ab wird bei zunehmender Kinderzahl der Wohlstandskonsum, der das Sozialprestige bestimmt, so weit eingeschränkt werden müssen, daß daraus eine objektiv gegebene oder subjektiv empfundene soziale Deklassierung erwächst.

Ohne den gegenwärtigen Geburtenrückgang auf diese soziale Deklassierung zurückführen zu können, kann doch vermutet werden, daß sie bei der Entscheidung für ein Kind erhebliche Bedeutung besitzt. Das muß auch hinsichtlich der gegenwärtigen Situation kürzlich verbesserter Ausgleichsbeträge festgehalten werden, denn sie liegen immer noch weit unter den Fürsorgesätzen in der Bundesrepublik: ab 1. Januar 1975 werden für das 1. Kind 50,– DM, für das 2. Kind 70,– und für das 3. und jedes weitere Kind 120,– DM Kindergeld gezahlt. Hinzu kommen Kinderfreibeträge bei der Lohnsteuer.[10]

Einbau in die dynamische Einkommensentwicklung

Es entspricht den Zielen des Familienlastenausgleichs, nicht nur den einmal erreichten Stand des Ausgleichs mit einem diesbezüglichen Nettoeffekt zu erhalten, sondern der Einkommensentwicklung gemäß den Ausgleich stetig zu verbessern. In der Vergangenheit ist vielfach das Gegenteil zu verzeichnen gewesen. Gesetzgeberische Maßnahmen des sogenannten steuerlichen Splitting-Verfahrens oder auch lineare Steuersenkungen wie allgemeine Lohnerhöhungen haben sich nicht verbessernd, sondern mindernd auf den Ausgleich ausgewirkt. Neben der Vermeidung solcher Sekundärwirkungen ordnungspolitischer Maßnahmen muß angestrebt werden, daß die Ausgleichsbeträge nicht nur der allgemeinen Einkommenserhöhung angepaßt werden, sondern daß eine systematische Verbesserung der Ausgleichsbeträge der effektiven Kinderkosten erreicht wird. Das ist umso eher möglich, als der vorgeschlagene Weg der Nutzung zukünftiger Lohnerhöhungs-Margen im Zuge der Produktivitätsentwicklung unserer Wirtschaft zugunsten des Familienlastenausgleichs mit einer gewissen Automatik die angestrebte Dynamisierung erzwingt. Es wird Aufgabe der Tarifpartner im Zusammenhang einer "konzertierten Aktion" mit dem Staat sein, über notwendige Clearings zwischen den verschiedenen Leistungsständen Übereinkommen zu erzielen und eine Ausweitung und Öffnung des Systems auf selbständig Tätige mit einer ebensolchen Dynamisierung zu erreichen. Im Zeitalter der Computer und der Hochrechnungen aller möglichen Daten klingt es wie ein Hinweis aus dem vorwissenschaftlichen Zeitalter, wenn solche Rechenaufgaben eines notwendigen Clearings und die Abschätzung der notwendigen Ausgleichsbeträge in einer sozialgerechten zweiten Einkommensverteilung als unmöglich hingestellt werden. Volkswirtschaftliche

10 Auch nach der Einkommen- und Kindergeld- "Reform" 1975 liegt das Netto-Einkommen (bei einem Brutto-Einkommen von 1.000,– DM) einer Familie mit 1 Kind bei 1.009,– DM gegenüber dem Sozialhilfeniveau von 1.052,– DM, mit 2 Kindern bei 1.079,– DM – Sozialhilfe: 1.309,– DM, mit 3 Kindern bei 1.199,– DM – Sozialhilfe: 1.550,– DM.

114

Gesamtrechnungen und versicherungstechnische Bilanzen lassen bereits erkennen, wozu eine rationale Sozialpolitik im allgemeinen und die Familienpolitik im besonderen in der Lage ist.

Eine weitere Dynamisierung erhält der Familienlastenausgleich durch Ausgleichsmaßnahmen der Länder und der Gemeinden, wenn diese nicht nur eine allgemeine Familienförderung betreiben, sondern durch unmittelbar gezielte Finanz- und Sachleistungen die Mehrkinderfamilie auf den verschiedensten Gebieten fördern. Bis heute wirken sich manche Einrichtungen, Abgaberegelungen und Förderungsbestimmungen vor allem auf dem kommunalen Sektor noch mehr oder weniger familienfeindlich aus. Es bieten sich jedoch in der kommunalen Boden- und Wohnungspolitik, Verkehrs- und Versorgungspolitik und nicht zuletzt bei vielen Veranstaltungen auf dem Gebiet der Kultur und Bildung je eigene und wirkungsvolle Möglichkeiten, den Familienlastenausgleich zu stärken. Gegenüber der bekannten Argumentation vieler Gemeinden, bei einem guten Familienlastenausgleich auf der höheren Ebene erübrige sich eine kommunale Familienpolitik zur Stärkung dieses Ausgleichs, ist zu betonen, daß ein hundertprozentiger Lastenausgleich auf der sogenannten höheren Ebene kaum zu erreichen ist. Selbst bei einem Höchstmaß des Ausgleichs errechneter Lasten und Kosten würde eine weitere Förderung der Mehrkinderfamilie in jenen Bereich des notwendigen Ausgleichs vorstoßen, der sich auf Grund der schwierigen Marktposition des Mehrkinder-Haushalts (allgemeine Preissenkungs-Tendenz für Güter des gehobenen Lebensstandards und allgemeine Preiserhöhungs-Tendenz für Nahrungsmittel, vor allem landwirtschaftlicher Produktion) oder aus anderen Benachteiligungen der Familien mit Kindern als gerecht erweist. Vor allem ist hier auch die Förderung der Mehrkinder-Familie auf dem Bau- und Wohnungssektor zu betonen, da leider bei uns einer Kinderfeindlichkeit nicht weniger Haus- und Grundbesitzer die Marktstellung des Wohnung suchenden Familienvaters mit mehreren Kindern gegenüber dem Kinderlosen erheblich verschlechtert. So sehr hier auch allgemeine kommunalpolitische Maßnahmen zum Nutzen der Familien mit besonderen Maßnahmen zur Stärkung des Familienlastenausgleichs ineinandergreifen, sollten doch die Maßnahmen gesondert beachtet und bewertet werden. Dabei ist die Stärkung des Familienlastenausgleichs für die Landes- und Kommunalpolitik eine Aufgabe, die von vielen Gemeinden und verantwortlichen Landespolitiken noch entdeckt werden muß.

Der Familienlastenausgleich, von vielen seiner Gegner zwar als eine Ideologie bezeichnet, wird am schlechtesten durchgeführt werden, wenn er ideologischen Vorstellungen untergeordnet oder irrationalen Schlagworten geopfert wird. Es ist auch keine Verbesserung des Ausgleichs zu erwarten, wenn mit Hilfe wissenschaftlicher Spekulationen stets neue "Pläne" und ad-hoc-Lösungen der bestmöglichen Verteilung begrenzter Mittel der nüchternen Frage des Ausgleichs, d.h. des Gebens und Nehmens verschiedener Gruppen unter dem Gesetz der "generativen Solidarität" ausgewichen wird.

Die hier durchzuführende Reform hängt in ihrem Erfolg wohl am allerdeutlichsten von einer Änderung des sozialen Bewußtseins und dem daraus erwachsenden Mut zur Reformpolitik des Ausgleichssystems ab.[11] Die Dringlichkeit dieser Reform ergibt sich nicht nur aus den errechenbaren Fakten sozialer Ungerechtigkeit; das partikulare Denken und Handeln, das hier zur ständigen Verschleppung der notwendigen Reform führte, bei der Alterssicherung — die ja in einem engen Zusammenhang mit der Kindersicherung gesehen werden muß — eine falsche Einschätzung der eigenen Leistung bzw. Versicherung produzierte, muß auch in kausalem Zusammenhang mit dem Trend gesehen werden, daß Kinder und alte Menschen neue Randgruppen der Gesellschaft bilden. Darauf wird unter dem Stichwort der "Leistungsgesellschaft" noch zurückzukommen sein.

3. Die Arbeitslosenversicherung

Die heutige Arbeitslosenversicherung und Arbeitslosenhilfe wurde in Deutschland 1927 als neuer Zweig der Sozialversicherung bzw. der öffentlichen Fürsorge gesetzlich eingerichtet. Während die Arbeitslosenfürsorge aus öffentlichen Etatmitteln bestritten wurde, erfolgte der Aufbau der Arbeitslosenversicherung nach dem Versicherungs- bzw. Kapitaldeckungsprinzip. Der Zusammenbruch dieses Zweiges der Sozialversicherung in der Weltwirtschaftskrise ist in seiner ganzen Bedeutung bis zum Tage noch nicht recht erkannt und gewürdigt. Man weist vielfach auf das geringe Alter, auf die geringe Kapitaldecke der damaligen deutschen Arbeitslosenversicherung hin und übersieht, daß auch ältere Systeme gleicher Art, wie etwa das englische aus dem Jahre 1911, in der Weltwirtschaftskrise bald funktionsunfähig waren.

Wenn geschichtliche Tatbestände hier von Bedeutung sind, dann weist die Tatsache der am Finanzproblem der Arbeitslosenversicherung gescheiterten Regierungen Hermann Müller im März 1930 und Heinrich Brüning im Mai 1932 mit aller Deutlichkeit darauf hin, daß Massenarbeitslosigkeit

11 Vgl. dazu meine früheren Stellungnahmen und Vorschläge in: Das Familienprinzip, ein Strukturelement der modernen Wirtschaftsgesellschaft. Familienlastenausgleich, die sozialpolitische Großaufgabe des 20. Jahrhunderts, Münster 1960; ferner: Wirtschaftliche und soziale Sicherung von Ehe und Familie, Münster 1965, sowie auch das für den Familienbund der Deutschen Katholiken erstellte und von ihm veröffentlichte Gutachten "Zur Reform des Familienlastenausgleichs", München 1969 und meinen Beitrag zum Kongreß über aktuelle Fragen der Familie und der Familienpolitik des Zentralkomitees der deutschen Katholiken 1974: Zur Situation von Ehe und Familie in unserer Gesellschaft — sozialwissenschaftliche Analysen und Perspektiven, in: Berichte und Dokumente des Zentralkomitees, Bd. 22, S. 20 ff.

nicht mit den Mitteln der Versicherungsbeiträge und der Steuern aufzufangen war. Das Parlament hatte Hermann Müller die radikale Senkung der Unterstützungsbeihilfen verweigert und Heinrich Brüning die fehlende Milliarde RM zur kurzfristigen Versorgung von 6 Millionen Arbeitslosen nicht gebilligt. Franz von Papen erreichte zwar 1932 beides sowie die Bindung der verminderten Hilfe an den makabren Bedürftigkeitsnachweis; beseitigt wurde die Arbeitslosigkeit jedoch erst im Zuge der staatlichen Arbeitsbeschaffung über eine inflationäre Geldschöpfung.

Auch heute, nach längeren Zeiten der Vollbeschäftigung, ja Überbeschäftigung, und nun unter dem Druck rd. einer Million Arbeitsloser, sind die immer wieder aufflackernden Diskussionen um den Wert dieser Versicherung noch nicht zu einer umfassenden Reform gediehen. Im Sinne einer solchen Reform scheinen uns folgende drei Tatbestände aus kreislauf- und konjunkturtheoretischer Sicht besonders erwägenswert:

— Das Risiko Arbeitslosigkeit, so drückend es auch als strukturelles und konjunkturelles Phänomen durch lange Jahrzehnte unseres industriellen Zeitalters empfunden wurde, läßt sich mit Hilfe des Versicherungsprinzips schlechthin nicht angehen. Ausmaß und Dauer dieses Risikos unterliegen weder einer versicherungsmathematisch errechenbaren Regelmäßigkeit, noch läßt sich für diesen unbestimmten Fall vorsorgen durch Ansparen einer entsprechend hohen Kapitaldecke.

— In der deutschen Arbeitslosenversicherung wurden nach dem 2. Weltkrieg unterschiedlich zwischen 1 Prozent und 4 Prozent der Bruttoeinkommen aller Beschäftigten in die Verfügungsgewalt einer Bundesanstalt überführt, die dadurch im Zeitalter permanenter Vollbeschäftigung eine Kapitaldeckung ansammeln konnte, die im Sozialhaushalt 1974 mit 6,4 Milliarden DM ausgewiesen wird. Dabei ist zu beachten, daß seit Beginn der Wirtschaftskrise zunächst keine Rücklagen mehr gebildet werden konnten und sodann diese, soweit sie flüssig waren, angegriffen werden mußten, bis hin zu Kassendarlehen des Bundes.

Hier überschneiden sich die Überlegungen zur Kapitaldeckung in der Altersrentenversicherung mit der Problematik der Arbeitslosenversicherung. Würde die Thesaurierung der genannten Milliarden in Form barmäßiger Kassenhaltung, also einer Stillegung, erfolgen, dann ist nicht einzusehen, warum bei Einsetzen der Arbeitslosigkeit die Mittel der Unterstützung unter Verzicht dieser vorherigen Stillegung durch staatliches "deficit spending" mit Hilfe der Notenbank aufgebracht werden sollen. Mit anderen Worten: der vorherige Entzug und die dann erfolgende Verausgabung dieser Mittel in Form sogenannter Beiträge und Versicherungshilfe hält nur einen Pseudo-Versicherungscharakter dessen aufrecht, was kreislauftheoretisch als Stillegung und als Neuschöpfung von verfügbarem Einkommen bezeichnet werden muß, und was einen Teil jener antizyklischen Konjunkturpolitik ausmacht, die zum Bestand moderner Wirtschafts- und Sozialpolitik zählt.

Wird die Thesaurierung aber in Form von Kapitalanlagen genommen, wie das im Augenblick für ca. zwei Drittel der Kapitalreserve beider Versicherungszweige der Fall ist, dann läuft diese Praxis den inzwischen gewonnenen ökonomischen Erkenntnissen und Erfahrungen zuwider. Es sollte einleuchtend sein, daß die angesammelten und kapitalmarktmäßig angelegten Reserven in Notzeiten nicht verfügbar oder nur mit krisenverschärfender Wirkung flüssig gemacht werden können. Das aber stellt negatives Sparen dar und entzieht der Wirtschaft in dem Augenblick erhebliches Kapital, wo dieses dringend benötigt wird, läßt den zu erwartenden Kurssturz an der Börse durch massives Aufkündigen der Kredite evtl. zum Ausgangspunkt weiterer depressiver Prozesse werden.[12] Es ist anzunehmen, daß sich die Wirtschaftspolitik einer solchen zyklischen Sozialpolitik entgegenstellen und den Ausverkauf der Kapitalanlagen mit öffentlichen Mitteln auffangen wird. Damit würden dann die einer antizyklischen Politik entsprechenden zusätzlichen Einkommen geschaffen. Was bleibt, ist also nur die Politik des "deficit spending" als Teil allgemeiner Konjunktur- bzw. Beschäftigungspolitik. Die gesamte Thesaurierungspolitik der Sozialversicherung und insbesondere der Arbeitslosenversicherung wäre im letztgenannten wie im erstgenannten Fall äußerst fragwürdig.

– Diese Fragwürdigkeit ließe sich nur dann bestreiten, wenn man die Arbeitslosenversicherung als Mittel der Konjunktur- oder Währungspolitik betrachten würde. In der Tat verlaufen Einnahmen und Ausgaben im Konjunkturrhythmus in jeweils antizyklischer Richtung, wenn man von einer Bar-Reservehaltung der Versicherung ausgeht. Dieser automatischen Flexibilität ist zweifelsohne ein "impact effect" (Schrumpfungs-Effekt) eigen, der Kaufkraft in der Phase der Hochkonjunktur entzieht und de-

12 Daß diese Gefahr z.Zt. akut ist, schlägt sich in Reaktionen der Wirtschaftspresse nieder. So ist in der Süddeutschen Zeitung Nr. 180 vom 6.8.1976 zu lesen: "Rentenversicherung überschattet Kapitalmarkt. Veräußerung von festverzinslichen Papieren könnte das Klima negativ beeinflussen". Näherhin heißt es: "Mit einiger Sorge wird am Kapitalmarkt die schwierige Lage der Rentenversicherungen betrachtet. Schon lange sind sie nicht mehr die früher so aufnahmefähige Kapitalsammelstelle, die dem Rentenmarkt durch entsprechende Abnahme von Papieren eine oft kräftige Stütze gab. Nunmehr schmilzt das aufgehäufte Vermögen ab, und man fürchtet, daß dieser Prozeß den Kapitalmarkt längere Zeit unter Druck setzen könnte". Auch der "Ruf nach der Bundesbank" stößt auf Kritik: "Unter diesen Umständen ist es verständlich, daß schon jetzt nach der Bundesbank gerufen wird. Diese sollte per Lombardkredit aus den Wertpapieren der Rentenversicherer Bargeld machen. Dies bedeutete aber in erheblichem Umfang die Schaffung von neuem Zentralbankgeld und paßte auch bei einer verhalten aufstrebenden Konjunktur schlecht zum Stabilitätsbemühen der Notenbankiers" (S. 17). Was hier für die "Rentenversicherung" allgemein ausgeführt wird, gilt für die Thesaurierungspolitik der Altersrentenversicherung wie der Arbeitslosenversicherung.

flatorisch auf das Preisniveau bzw. kontraktiv auf die wirtschaftliche Aktivität zu wirken vermag. Daneben kommt ein "disposal effect" (Ausweitungs-Effekt) bei der Verwendung der angesammelten Überschüsse zur Auswirkung, der ceteris paribus eine expansive Tendenz auslösen kann.

Diesen konjunkturpolitischen Möglichkeiten der Arbeitslosenversicherung ist eine erhebliche Reserve gegenüber angebracht. Wohl kaum würde sich eine aktive Konjunkturpolitik auf die hier wirksame automatische Flexibilität — analog dem System des "built-in-flexibility" — verlassen können. Sie wird sich ihrer Möglichkeiten, wenn sie gegeben sind, bedienen. Jedoch zeigt die gegenwärtige Diskussion des Inflationsproblems, wie ein solches System des "built-in-flexibility" nicht in jedem Falle antiinflationär und stabilisierend wirken muß. Es ist jedoch zu fragen, warum für diesen Zweck ein gewaltiger Apparat unter dem irreführenden Begriff der Arbeitslosenversicherung aufrechterhalten werden soll, der aus immer neuer Resistenzkraft neue, wenn auch wesensfremde Aufgaben findet.

Im Sinne unseres zuvor angedeuteten zweiten Schritts der Überlegung legt sich eine doppelte Schlußfolgerung nahe:

Erstens: Die Argumentation für eine Reform unseres Systems sozialer Sicherung verdeutlicht zunächst, wie die Einsicht in die wirtschaftlichen Kreislauf- und Konjunkturbewegungen eine Änderung von der "Sache" her notwendig macht. Bilanzklarheit und Bilanzwahrheit allein sind Ausdruck einer rationalen Sozial- und Wirtschaftspolitik. Es zeigt sich immer deutlicher, daß man trotz der tradierten Zersplitterung der Sicherungs- und Schutzsysteme von der Einheit des Sozialhaushaltes auszugehen hat. Die zu erfolgende interpersonelle Redistribution etwa zwischen Schaffenden und Alten, zwischen Gesunden und Kranken, zwischen Kinderreichen und Kinderlosen ist streng auf ihren echten Nettoeffekt zu prüfen, auch wenn dabei alle lieb gewordenen Vorstellungen von Staatszuschüssen und Arbeitgeberbeiträgen im Lichte ökonomischer Kreislaufanalyse zusammenfallen. Auch die bisher üblichen Unterscheidungen von Versicherungs- und Versorgungsprinzip verlieren dabei an Boden. Ohne Zweifel gilt es, die pädagogisch wirkungsvollen Möglichkeiten der Leistungsbewertung beim Versicherungsprinzip, wie z.B. die individuelle Bemessung der Altersrenten nach Arbeitsjahren auszuschöpfen, ohne jedoch dabei die Tatsache zu übersehen, daß in jeder Wirtschaftsperiode die Schaffenden die Alten versorgen. Wo aber weder ein Umlageverfahren noch eine private Vorsorge in großem Umfange helfen kann, sondern nur eine staatliche Konjunktur- und Beschäftigungspolitik, da drängen sich die Konsequenzen in Form der Annullierung überkommener Versicherungszweige unmittelbar auf. Das heißt nicht, daß man die Arbeitslosenversicherung ohne weiteres aufheben sollte. Es gilt aber, ihre möglichen Funktionen zur Behebung friktioneller und saisonaler Arbeitslosigkeit zu erkennen und ihren Aktionsradius entsprechend abzugrenzen, und nicht durch Übernahme auch artfremder Aufgaben der Kapitalverwendung die bisherige Existenz immer wieder neu zu begründen. Das Ausweichen der deutschen Arbeitslosenversicherung in die Aufgaben der Berufsberatung und beruflichen Förderung, der Anwerbung von ausländischen Arbeitskräften, der Finanzierung von Ausländerwohnheimen oder des allgemeinen Wohnungsbaus wie der Versorgung des Kapitalmarktes macht deutlich, wie sehr dieser Teil sozialer Sicherung als Versicherungszweig in der Krise steckt.

Zweitens: Eine Reform aber ist nur zu erreichen, wenn eine entsprechende Einsicht in die Zusammenhänge breitester Schichten zur Bewußtseins- und Praxisveränderung führt. Die heutige Praxis ist bei vielen nicht nur durch partikulares Versicherungsdenken gekennzeichnet, sondern — und hier wäre auch das Beispiel der Krankenversicherung mit einzubeziehen — durch die Mentalität, in der Inanspruchnahme von Sozialleistungen den Staat oder anonyme Kassen auszunutzen, gegebenenfalls mit dem Bewußtsein, sich berechtigterweise schadlos zu halten.

Eine Reform muß also mehr erbringen als größere Bilanzwahrheit und Bilanzklarheit. Es steht mehr auf dem Spiel als etliche Milliarden, die im jetzigen Dschungel sich überschneidender Sozialleistungen vergeudet werden. Eine rationellere Gestaltung der Redistributionsvorgänge, um mit geringerem Aufwand einen größeren Erfolg oder mit den eingesparten Mitteln die Verwirklichung noch ausstehender Sicherungsleistungen zu erlangen, all dies hängt selbst von der genannten Bewußtseins- und Praxisveränderung der so sozial Gesicherten ab.

Der Prozeß einer solchen Reform, der gleichzeitig auf die Veränderung von sozialem Sein und Bewußtsein hinzielt, könnte damit selbst zum Motor weiterer Reformen werden: partikulares Denken in universales zu wandeln, stellt ja den Ausgangspunkt jener Veränderung dar, die notwendig ist, allen Menschen berechtigte Hoffnung auf Zukunft zu geben. Als größtes Hindernis scheint sich hier eine weit verbreitete Unwissenheit, noch mehr aber ein individualistisches "Versicherungsdenken" zu erweisen, so daß praxisverändernde Bildung daran anzusetzen hätte. Das Praxisfeld "Soziale Sicherung" bietet zudem die Chance, den kurzsichtigen Alternativen von Freiheit oder Versorgung die Spitze zu nehmen; der Tatbestand einer gewissen "Zwangssolidarität" ist nur zu mehr Freiheit veränderbar, wenn durch Mitverantwortung und Mitbestimmung über entsprechende Bilanzwahrheit und Bilanzklarheit die immer dichter werdende soziale Verflechtung zum Ausgangspunkt des sozialen Fortschritts wird. Das Lernziel und das Reformziel heißen in der Tat: "Mehr Solidarität"!

120

4.4. Bedarfsweckende Absatzwerbung – Krücke des Wachstums/Motor menschlicher Selbstentfremdung

Diese weitere Perspektive in die "Konstruktion" chaotischen Wachstums unserer sozialen Wirklichkeit hat zweierlei mit der zuvor angestellten Problemanalyse des Systems sozialer Sicherung gemeinsam:

— Wiederum handelt es sich um einen sozialen Lebensbereich, der, von wirtschaftlichen Vorentscheidungen geprägt, eine Systemfrage aufwirft, die sowohl aus wirtschaftlichen als auch gesellschaftlichen Aspekten beantwortet werden muß.

— Auch der Absatzprozeß moderner Industriewirtschaft stellt ein Praxisfeld unmittelbarer Betroffenheit und Erfahrungsmöglichkeit dar, auf die hin ein Bildungsprozeß zur Bewußtseins- und Praxisveränderung direkt ausgerichtet werden kann.

Für die Systemfrage, d.h. näherhin die Entwicklung der modernen Absatzwerbung für Konsumgüter und ihre Etablierung als unverzichtbaren Faktor eines auf höchste Wachstumsraten ausgerichteten volkswirtschaftlichen Kreislaufs, wird gern übersehen, daß sie seit dem Zusammenbruch des Laissez-faire-Systems Teil systemimmanenter Kritik darstellt. An ihr haben sich hervorragende Wirtschaftswissenschaftler beteiligt, und zwar von den sogenannten Katheder-Sozialisten im 19. Jahrhundert bis in unsere Tage. Für die jüngste Kritik möchte ich vor allem auf J. K. Galbraith und E. Heimann verweisen. Die hier ausgewählten Zitate verraten ein gesellschaftspolitisches Engagement, das ihre Autoren leider in eine Außenseiterposition der heutigen Wirtschaftswissenschaft bringt. J. K. Galbraith stellt fest: "Mit spitzfindigen und geistreichen Argumenten beweist man uns, daß die Produktion an und für sich bedeutungsvoll sei. Von diesem Standpunkt ist die Dringlichkeit der Produktion bis zu einem beträchtlichen Grad unabhängig vom Produktionsvolumen. Damit hat die Wirtschaftstheorie es fertiggebracht, die Auffassung von der Dringlichkeit, die Bedürfnisse des Verbrauchers zu befriedigen, wie sie früher einmal in einer Welt galt, in der eine gesteigerte Gütererzeugung mehr Nahrung für die Hungrigen, mehr Kleidung für die Frierenden und mehr Häuser für die Obdachlosen bedeutete, hinüberzuretten in eine neue Welt. In dieser Welt befriedigt ein wachsender Güterausstoß nur die Sucht nach noch eleganteren Autos, nach noch mehr exotischen Leckereien, nach noch mehr erotisch betonter Kleidung, nach noch raffinierterem Amüsement – kurz, die ganze Skala sinnlicher 'kultureller' oder gar tödlicher Wünsche. Die volkswirtschaftliche Theorie, die diese Bedürfnisse und damit die ihrer Deckung dienende Produktion verteidigt", so schließt Galbraith, "nimmt zwar in traditonellem Denken des herkömmlichen Konzepts einen eindeutigen (und bis zu einem erstaunlichen Grad auch unbestrittenen) Platz ein; sie ist jedoch unlogisch und zum Teil sogar gefährlich".[1]

E. Heimann umschreibt die "Paradoxie des freien Marktes" mit dem folgenden Worten: "Der freie Markt, kanalisiert durch Regulierung des Arbeitsmarktes und der Kaufkraft, hat kraftvoll dazu beigetragen, Freiheit zu verbreiten und Demokratie zu befestigen, indem er die Massen des Volkes aus der Armut heraushob, ihnen das Notwendige an Nahrung, Kleidung und Wohnung sicherte und ihnen die körperliche Gesundheit und den Unabhängigkeitssinn verlieh, ohne die es Demokratie nicht gibt. Und nun sagen wir nach alledem, daß der freie Markt, der dem Menschen so treu gedient hat, nicht mehr der Diener des souveränen Verbrauchers ist, sondern ihn der Reklame und letztes Endes den Expansionsbedürfnissen der Industrie versklavt. Es gibt ein einfaches Kriterium, an dem man diese ungelegene Wahrheit erproben kann: Der Mensch ist in dieser neuen Fügung seines Schicksals nicht mehr frei, sich mit dem, was er hat, zufrieden zu erklären und den Kauf weiterer Dinge mit der Begründung zu verweigern, daß er sie nicht brauche. Nichts Menschlicheres könnte es geben, nichts Erfreulicheres, nichts Ehrenvolleres für die Sache, der zu dienen das Wirtschaftssystem organisiert wurde. Aber gerade das", so schließt E. Heimann, „muß unter allen Umständen verhindert werden, weil sonst, wenn diese Idee um sich griffe, die Wirtschaft zusammenbrechen würde. Die Tragödie des Wirtschaftssystems rundet sich auf diese Weise. . . Der Dehumanisierung seiner Arbeit verdankt der moderne Arbeiter die Üppigkeit seines Verbrauchsniveaus, seine Befreiung von Hunger und Krankheit, seine Mitgliedschaft in der modernen Gesellschaft, seine Bürgerrechte in der Demokratie — eine wahrhaft imposante Liste einzigartiger Leistungen. Der Mensch opferte seine Freiheit als Produzent und erwarb dafür seine Freiheit als Konsument; es schien ein sehr guter Tausch zu sein. Aber nun wird auch der Mensch als Verbraucher ein Zubehör des rein technischen Apparats sich erweiternder kommerzieller Produktion, der seinerseits keinen Zweck außerhalb seiner selbst, seiner eigenen Expansion mehr kennt".[2]

E. Heimann erblickt in dieser Problematik eine wesentliche Ursache der Fragwürdigkeit unseres gesamten Wirtschaftssystems. "Die Wasserscheide, die wir erreicht haben, trennt Sinn von Sinnlosigkeit". Nach Heimanns "Soziale(r) Theorie der Wirtschaftssysteme" — der ersten und in ihrer Argumentation bestechenden sozialkritischen Analyse innerhalb der wirtschaftswissenschaftlichen Literatur — stellt sich für uns die Alternative: "Entweder auf der Straße unserer bisherigen Triumphe fortzufahren und uns dabei mehr und mehr auf die Krücken der Reklame zu stützen, oder das System so umzubauen, daß wir dem Expansionszwang entgehen".

1 J.K. Galbraith, Gesellschaft im Überfluß, Zürich 1959, S. 155 f.
2 E. Heimann, Soziale Theorie der Wirtschaftssysteme, Tübingen 1963, S. 327 f.

Heimann weist nach, daß "die Souveränität der Verbraucher keineswegs auf den Marktsektor in den westlichen Volkswirtschaften beschränkt ist. Die Menschen im Westen werden die Dinge bekommen, die die Reklameleute sie zu wünschen lehren, wenn sie diese Weisungen befolgen, sie werden anstelle von mehr Verbrauchsgütern für sich selber mehr Waffen oder mehr Hilfe für neue Nationen bekommen, . . . und alle die anderen Dinge, die kollektiv konsumiert und durch Steuern bezahlt werden, wenn sie dies durch ihre verfassungsmäßige Vertretung beschließen und den jährlichen Einkommenszuwachs durch Steuern für diese Zwecke reservieren". Mit Recht fordert Heimann "Umdenken und Umbauen": "Der Umbau der Nachfrage ist eine Aufgabe für grundlegende Umerziehung im Lichte moralischer und ästhetischer Werte". Da das aber ohne eine größere wirtschaftspolitische Planung nicht möglich sein wird, rechnet Heimann damit, daß "auch die organisierte Wissenschaft" ein solches Programm "zunächst bekämpfen wird".

"Die klassische Nationalökonomie hielt das Bestehende für natürlich und in diesem Sinne für vernünftig. Ihre modernen positivistischen Nachfolger verwerfen solche Vorurteile und halten sich an das Bestehende, das Tatsächliche als solches. Sie sprechen z.B. von Investition, ohne durchblicken zu lassen, daß Investition ein geschichtsbildender Vorgang ist, weil er im Prinzip alle Bedingungen ändert. Der Grund des Versagens ist die Beschränkung des Gesichtsfeldes auf Ausschnitte der Wirklichkeit, die sich mit quantitativer Präzision erfassen lassen. Daher entgeht ihnen der Punkt, wo eine Häufung quantitativer Änderungen zu einer qualitativen Änderung wird. Das Programm der modernen Wissenschaft ist ungeschichtlich, und wenn lauter ungeschichtliche Einzelanalysen aneinander gereiht werden, so ist die Wirkung anti-geschichtlich".[3] Die hier festgestellte Fixierung auf "Ausschnitte der Wirklichkeit" zeigt auf, welches Gewicht dem im 3. Abschnitt zitierten Wort A.M.K. Müllers zukommt, daß dieses Denken und Handeln an die selbstmörderischen Grenzen seiner Möglichkeiten gekommen ist.

Auf diesem Hintergrund ist den mehr journalistisch und auf Massenwirksamkeit abgestimmten Herausforderungen von Vance Packard an die Werbewirtschaft mehr Aufmerksamkeit zu schenken, als dies leider der Fall war.[4] Nicht zuletzt die durch ihn ausgelöste Diskussion ermöglichte einen

3 Ebd., S. 314 und 320 ff.; vgl. ferner A. Tautscher, Lebensstandard und Lebensglück, Berlin 1963; R.L. Heilbronner, Jagd nach Reichtum. Aus der Chronik der Habgier, Köln 1960; P. Meyer-Dohm, Sozialökonomische Aspekte der Konsumfreiheit. Untersuchungen zur Stellung des Konsumenten in der marktwirtschaftlichen Ordnung, Freiburg 1965; K.H. Hörning, Ansätze zu einer Konsumsoziologie, Freiburg 1970.
4 Vgl. V. Packard, Die geheimen Verführer. Der Griff nach dem Unbewußten in jedermann, Düsseldorf 1958; ders., Die große Verschwendung, Düsseldorf 1961.

tieferen Einblick in die Werkstatt der Werbeindustrie.[5] Zugleich erweiterte und verschärfte sich die interne Diskussion über "Funktion und Ethos der Konsumwerbung".[6]

P. Martineau, bekannter Werbetheoretiker und -praktiker in den USA, kritisiert das eigene berufsständische Programm (der Advertising Federation of America) so: "Das Programm der AFA beginnt mit der Feststellung, Ziel der guten Werbung sei es, den Verbraucher zu unterrichten und ihm behilflich zu sein, klüger einzukaufen. Das ist ein bewundernswerter Grundsatz, aber wenn wir nur Informationen bieten würden, könnten wir das Ziel, das wir uns gesteckt haben, nicht erreichen — nämlich die Menschen zu überzeugen . . . Werbung muß mehr sein als Information und Beweisführung, sie muß vor allem die Macht entwickeln, Menschen zu bewegen".[7] Ähnlich umschreibt H.F.J. Kropff für die deutschen und europäischen Verhältnisse das Ziel: "Die erste und Generalfunktion der Werbung, ihr Hauptziel in der Privatwirtschaft ist nach wie vor die Steigerung des Verbrauchs und Umsatzes durch die Anregung des Verbrauchs . . . Ihr wissenschaftliches Hauptziel ist die Schaffung des Massenabsatzes als Voraussetzung für eine Massenproduktion . . . Die Aufklärung der Verbraucher muß zur Erziehung gesteigert werden, um den Fluß der Waren reibungslos zu gestalten . . . Das erfordert", so meint Kropff, "aber eine Steigerung der psychologischen Wirkung der Werbung". Nicht in Bluff und Trick zeige sich der Meister, "sondern in der behutsamen Kombination rationaler und emotionaler Appelle".[8]

In der Tat scheint das größte Problem der entwickelten Industriewirtschaften darin zu liegen, mit der Massenproduktion fertig zu werden, d.h. den Sättigungsgrad vor allem für Güter des sogenannten gehobenen Bedarfs immer weiter hinauszuschieben und die einer maximalen Produktion entsprechenden Konsumenten zu mobilisieren. Darum liegt nach E. Dichter, erfolgreichster Werbepraktiker mit tiefenpsychologischen Methoden in den USA, selbst in der "Überredung nichts Negatives, wenn sie ein anständiges Ziel verfolgt. Im Bereich der wirtschaftlichen 'Verführung' wird mit Hilfe der modernen Psychologie zumindest ein Hauptziel erkennbar: Wir können es als Werbung für eine enthemmte Kauflust bezeichnen, aber ebensogut ließe es sich als Aufforderung werten, neue Erfahrungen zu sammeln oder das Leben schöpferischer und erfüllter zu gestalten".[9] Dichter betont: "Eines der Grundprobleme dieses Wohlstandes besteht darin, den Leuten die Sanktion und die Rechtfertigung zu geben, den Wohlstand zu

---

5 Vgl. E. Dichter, Strategie im Reich der Wünsche, Düsseldorf 1961.
6 So der Titel meiner eigenen Abhandlung, Münster 1964.
7 P. Martineau, Kaufmotive. Neue Weichenstellung für Werbung und Kundenpflege, Düsseldorf 1959, S. 61 und 318.
8 H.F.J. Kropff, Angewandte Psychologie und Soziologie in Werbung und Vertrieb, Stuttgart 1960, S. 75.
9 E. Dichter, Strategie im Reich der Wünsche, S. 129.

genießen und ihnen darzutun, daß ihre lustvolle Lebensauffassung eine moralische und keine unmoralische ist". Dabei ist für Dichter eine "Neuformung unserer Moralbegriffe zur zwingenden Notwendigkeit geworden. Der Hedonismus, . . . der schon in der Blütezeit Griechenlands galt, muß sich", so Dichter, "auch bei uns wieder durchsetzen. Wir müssen unsere Urschuld, die Erbsünde, vergessen".[10] Es ist nicht uninteressant, daß Kropff "die Bedenken" gegen eine solche Zielsetzung der Werbung und die damit verbundene "systematische Züchtung eines 'Talmi-Luxus' in breiten Volkskreisen vom ethischen Standpunkt aus für zweifellos am Platze hält. Nach Kropff "wiegen" diese Bedenken jedoch "in einer notwendigen Konsolidierung des Wohlstandes einer Nation und bei der Notwendigkeit der Erhaltung des Systems der Marktwirtschaft nicht so schwer, daß die Werbung drastisch eingeschränkt oder geknebelt werden dürfte".[11]

Es scheinen sich also ethische und wirtschaftspolitische Ziele in unserer Marktwirtschaft zu widersprechen. Wer einen krisenfesten, vollbeschäftigten Ablauf der Wirtschaft will, kann scheinbar nicht gleichzeitig ethische Maßstäbe in der Absatzwirtschaft anwenden. Die sittliche Unterscheidung von echten und unechten Bedürfnissen, von Luxus, von klugem Abwägen des rechten Maßes und der Maßlosigkeit als Alternativen personalen Handelns scheint dem höheren Ziel der "Erhaltung des Systems der Marktwirtschaft" geopfert werden zu müssen. Konsequenterweise hält M. Mayer die "alte Vorstellung von der 'Erzeugung von Bedürfnissen' durch Werbung" für falsch, "weil sie auf der Annahme beruhte, daß die Werbung nur einen 'künstlichen' Wertzuwachs hervorrufe", womit "kein wirklicher Vorteil für den Verbraucher verbunden sei. Was den wirklichen, den neuen, im "Geltungsnutzen" liegenden Wert ausmache, sei "die Erfüllung des Verlangens nach einem bestimmten Erzeugnis". Die moderne Werbung versteht es nun, dieses Verlangen zu wecken und zu steigern. Also gilt: "Je größer das Verlangen, desto größer der Befriedigungswert".[12] Werbung mit einem wirkmächtig kreierten "Geltungsnutzen" von Gütern und Diensten läßt den "Verbrauchsnutzen" oder "Gebrauchsnutzen" und damit das Gut an sich in den Hintergrund treten. So konstatiert L. Abott, "daß das, was die Menschen wirklich wollen, nicht Güter" seien, "sondern befriedigendes Erleben".[13] Nach M. Mayer "verschafft" beispielsweise "ein Erzeugnis, das sublimierte Sexualtriebe befriedigt, dem Verbraucher hohe abgeleitete Werte. Und dadurch, daß der Produzent das Bewußtsein dieser Werte mit Hilfe von Werbung intensiviert, erhöht er den Genuß, den der Verbraucher der Ware verdankt: der zusätzliche Wert, den die Werbung versprochen hat, wird also wirklich geliefert". Für Mayer ist es innerhalb dieser "wirtschaft-

10 Ebd., S. 315.
11 H.F.J. Kropff, Angewandte Psychologie und Soziologie, S. 34.
12 M. Mayer, Madison Evenue. Verführung durch Werbung, Köln 1959, S. 389 f.
13 L. Abbott, Qualität und Wettbewerb, München und Berlin 1958, S. 43 f.

lichen Betrachtung unwichtig, ob ein vom Konsumenten genossener Verbrauchswert echt oder falsch ist". Die Geschichte "des Lasters" beweise, "daß sich Werte, die am häufigsten für 'falsch' gehalten werden, zu allen Zeiten als so real" darstellten, "daß sie einen hohen Marktpreis erzielten". Das ergibt für Mayer den Schluß: "Ob von der Werbung geschaffene Werte echt oder falsch sind, ist Meinungssache, nicht Gegenstand objektiver Analyse".[14]

Inzwischen ist von verschiedener Seite der Versuch unternommen worden, die Auswirkungen einer solchen totalen Umwerbung des Menschen im Dienste wachsender Wirtschaft auszumachen.[15] Der Trend zur Anpassung und Einordnung des Menschen in ein Wirtschaftssystem, das auf höchste Wachstumsraten ausgerichtet ist und ihr Sozialprodukt in den Grenzen des eigenen Wohlstands abzusetzen genötigt ist, macht damit auch zwangsläufig vor der arbeitsfreien Zeit des Menschen nicht halt; im Gegenteil: hier entscheidet sich ja über die marktwirksame Nachfrage des Konsumenten, ob die Produktion und damit der angelaufene Geld- und Güterkreislauf die erwartete Gewinnchance bestätigt. Art und Umfang, aber auch Absicht und Erfolg der uns bis in den privaten Lebensbereich folgenden Absatzwerbung zeigen, daß zur Aufrechterhaltung dieses Kreislaufs größte Anstrengungen und höchste Aufwendungen getätigt werden, um die Nachfrage dem Angebot anzupassen. Was hier jedoch so rational klingt, muß als gefährlichste Form menschlicher Selbstentfremdung gedeutet werden, wobei nicht selten von einer Manipulation des Menschen gesprochen werden kann. Die Fülle des Menschlichen droht "eindimensional" im "totalen Verbraucher" unterzugehen.[16]

So wird den abzusetzenden Waren ein sozialer Prestigewert angehängt, der den Gebrauchsnutzen zugunsten des Geltungsnutzens in den Hintergrund drängt. Damit scheint der Absatz an keine Grenze der Sättigung zu stoßen. Vielmehr zeigt sich von unten nach oben durch die Einkommens-

---

14 M. Mayer, Madison Evenue. Verführung durch Werbung, S. 392; vgl. ferner auf diesem Hintergrund die kritische, in ihrer Sprache zuweilen sarkastische Analyse von H. Marcuse, Der eindimensionale Mensch, 5./6. Aufl. Neuwied und Berlin 1968.

15 Vgl. dazu meinen Versuch, im Zusammenhang einer Analyse der "Leistungsgesellschaft" die Gemeinsame Synode der Bistümer in der Bundesrepublik Deutschland in den Dienst der Bewußtmachung und Bewußtseinsveränderung zu stellen. Das nicht mehr zur Veröffentlichung gelangte Arbeitspapier "Zum Dienst der Kirche in der Leistungsgesellschaft" ist nunmehr abgedruckt in: D. Emeis und B. Sauermost, Synode — Ende oder Anfang, Düsseldorf 1976, S. 436 ff., eine Einführung S. 425 ff.

16 Vgl. P. Meyer-Dohm, Sozialökonomische Aspekte der Konsumfreiheit. Untersuchungen zur Stellung des Konsumenten in der marktwirtschaftlichen Ordnung, Freiburg 1965; W. Dreier, Funktion und Ethos der Konsumwerbung, Münster 1964; H. Marcuse, Der eindimensionale Mensch, 5./6. Aufl. Neuwied und Berlin 1968.

schichten unseres Volkes der unaufhaltsame Trend, die Grenze der Sättigung immer wieder hinauszuschieben, da es für jede Einkommensschicht eine höhere Schicht mit einem größeren Sozialprestige gibt, und zwar einzig und allein auf Grund der Tatsache, sich mit mehr Einkommen auch mehr leisten zu können. Diesen Prozeß glossierte ein Wirtschaftswissenschaftler mit dem nachdenkenswerten Wort: "Man kauft etwas, was man nicht braucht, mit dem Geld, das man nicht hat, um dem zu imponieren, den man nicht mag".[17]

So steht der vielfach passiven Erduldung des Leistungsdrucks eine höchst aktive Handhabung des Leistungsprinzips im genannten Sinne des "Sich-Leisten-Könnens" und des "Sich-Leisten-Wollens" gegenüber. In beiden Lebenssituationen bestimmt die Zweck-Rationalität der Wirtschaft die Normen sozialen Verhaltens. Der einzelne und die Gesellschaft finden sich in den Dienst eines krisenfreien Wachstums der Wirtschaft genommen. Gerade in den nicht zu vermeidenden Wachstumskrisen jedoch demonstriert unsere Wohlstandsgesellschaft die neuen Formen der Hörigkeit und Besessenheit als eigenes soziales Bewußtsein — ein Ausdruck von Selbstentfremdung, der in seiner Totalität die Existenz unserer Leistungsgesellschaft in Frage stellt, weil ein so bestimmtes Leisten nicht zu einem Mehr an menschlichen Werten führt.

Die Leitbilder sogenannter "Konsum-Eliten", immer erneut von der Konsumwerbung mit den Mitteln raffiniertester Bild-, Ton- und Wortreklame herausgestellt, haben auf breiteste Schichten eine solche Faszinationskraft, daß dadurch andere Leitbilder zunehmend verblassen. Ihre "Leistungen", oft skandalumwittert oder mit zweifelhaften Geschäfts- oder Steuermethoden verbunden, stellen den Sinn des Leistungsprinzips in besonders provozierender Weise in Frage. Ihre "Leistung" besteht weniger in einem konstruktiven Beitrag zum sozialen, wirtschaftlichen, kulturellen oder politischen Leben, als vielmehr in einer Vermarktung besonderer Fähigkeiten im Interesse kurzfristiger Bedürfnisbefriedigung der Massen und damit der Ablenkung von ihren wirklichen Belastungen und eigenen Bedürfnissen. Der Sport- und Medienbereich bietet hierfür täglich Beispiele.

Je mehr aber Leistung ausschließlich am Einkommen gemessen wird, an dem, was man sich leisten kann, folgt auch die menschliche Wertschätzung und die Bewertung des anderen, der Beziehungen untereinander zunehmend materiellen Marktgesetzen. Die menschlichen Beziehungen werden mehr und mehr versachlicht und verdinglicht. Der andere Mensch wird in seiner Tiefe und Einmaligkeit nicht mehr wahrgenommen. Eine auf Gebrauchs- und Verbrauchsgüter fixiertes Geltungs-, Genuß- und Besitzstreben erklärt dann auch den Prozeß zunehmender Verengung des sozialen Problembewußtseins. "Soziale Fragen" beschränken sich auf die Vertei-

17 A. Tautscher, Lebensstandard und Lebensglück, S. 64.

lung von Gütern und Einkommen. Die quantitativen Aspekte dominieren über Fragen der Qualität des Lebens. Berechtigte Interessen machtloser Gruppen, wie die der Kinder und alten Menschen und die Belange künftiger Generationen, finden kein Gehör. Diese neue Form der "Hörigkeit" führt offenkundig dazu, keine höheren Bedürfnisse zu entwickeln, als von der Konsumwerbung erzeugt und mit Waren befriedigt werden können. So führt beispielsweise die geringste Gefährdung des jeweils erreichten Wohlstandsniveaus dazu, noch stärker als bisher an diese materielle Bedürfnisbefriedigung zu denken; höhere Bedürfnisse, wie Reformen und Veränderungen zugunsten von mehr Freiheit, Gerechtigkeit und Solidarität haben dann kaum eine Chance, verstanden oder gar akzeptiert zu werden. Das Leistungsprinzip muß dann herhalten, um Forderungen nach Veränderung abzuschirmen, den gegenwärtigen Zustand aufrecht zu erhalten. Wenn dabei auf die eigene "Leistung" und das eigene Recht des "Sich-Leisten-Könnens" verwiesen wird, etwa gegen offenkundig leistungsunfähige oder leistungsunwillige Randgruppen im eigenen Volk oder innerhalb der Weltgesellschaft, dann vollzieht sich eine bedauerliche Solidarisierung zu Lasten derer, die im Verteilungskampf keinen Platz und keine Stimme haben. Dies erklärt zum gewichtigen Teil, warum im Auf und Ab der strukturellen und konjunkturellen Entwicklung der Nachkriegszeit ein echter Durchbruch zu einem universalen, solidarischen Denken und Handeln nicht erfolgte, das die berechtigten Interessen aller Glieder der Gesellschaft einschloß und im gemeinsamen Bemühen Interessenkonflikte zu lösen vermochte. Das Beispiel der Entwicklungshilfe, aber auch der Strafvollzugsreform, der Altenpolitik oder der Raumordnungspolitik zeigen, wie engagierte Politiker, die ohne ein sie tragendes soziales Bewußtsein ihrer Wähler den Teufelskreis der partikularistischen Interessenvertretung zu durchbrechen suchten, stürzten und resignierten.

Die Aufgabe klingt zu einfach und scheint doch nur schwer lösbar: wir müssen die problematischen Folgen der uns heute gesellschaftlich und wirtschaftlich vermittelten Bedürfnisse erkennen und ernsthaft und bald die Frage nach den wirklichen Bedürfnissen aller Menschen und den wirklich zu fordernden Leistungen stellen lernen und offen diskutieren. Die Faszinations- und Suggestionskraft moderner Konsumwerbung bestimmt und verengt zunehmend die Bedürfnisstruktur. Sie führt damit zu einer neuen Art menschlicher Selbstentfremdung in den Wohlstandsländern; sie mindert die Dienstfunktion der Wirtschaft zur Bedürfnisbefriedigung aller Menschen; sie trägt dazu bei, wirtschaftliche Ressourcen zu vergeuden, und das in einer geschichtlichen Situation, wo unser aller Zukunft von einer gerechteren Verteilung der Lebenschancen abhängt.

Ob wir den Wohlstand arbeitend mehren oder konsumierend genießen — wir haben mit dieser Möglichkeit zugleich die Pflicht, Antwort zu geben auf die Frage nach Verlust oder Gewinn für die lebenslange Aufgabe unseres eigenen Menschwerdens und Menschbleibens sowie für einen sozialen Fortschritt in einer weithin noch hungernden, weil unsolidarischen Menschheit. Jeder weiß aus eigener Erfahrung in der Wohlstandsgesellschaft, wie gern sich der satte und wohlhabende Mensch vor solchen Fragen und Antworten drückt und am Ende unfähig wird, sie zu vernehmen. Wer sich an den Wohlstand verliert, nimmt auch seine eigene Verlorenheit und die Not des anderen nicht mehr wahr. Der Verlust der Freiheit in dieser modernen Form von "Besessenheit" und "Herrschaft", sowie der Mangel an Begegnungs- und Beziehungsfähigkeit und an solidarischer Verantwortung aller Menschen bedingen einander.

Diesen Teufelskreis aufzubrechen, kann Bildungsbemühungen nur gelingen, wenn sie die Einsicht in die Zusammenhänge erweitern und verschärfen, die Praxis des Konsumverhaltens verändern. Dies ist kein indirekter Appell an eine individuelle Askese. Denn zur Motivation der Praxisveränderung zählt — unseren bisherigen Überlegungen entsprechend — auch die Einsicht, nur durch eine grundlegende Reform unseres Wirtschaftssystems Überlebenschancen zu haben: von chaotischem Wachstum zu kontrolliertem Wachstum zu gelangen, schließt eine grundlegende Reform des Absatzprozesses, eine Veränderung der Wertprämissen von quantitativem zu qualitativem Denken ein.

4.5. Die Eskalation des Leistungsprinzips: die "Leistungsgesellschaft"

Mit der Kennzeichnung unserer Gesellschaft — gemeint sind die Bundesrepublik und vergleichbare hochentwickelte Industrienationen — als "Leistungsgesellschaft" ist ein neuer kritischer Akzent gesetzt. Er geht von der Eskalation eines Leistungsprinzips aus, das durch seine zunehmende Ökonomisierung, d.h. die Ausrichtung des je individuellen Leisten-Könnens und Leisten-Müssens auf wirtschaftliches Wachstum bzw. Wohlstandsmehrung, eine doppelte Gefahr erkennen läßt: der Sinn menschlicher Leistung im Zusammenhang personaler Entfaltung wird mehr und mehr in Frage gestellt und die Auswirkungen eines solchen Leistungs-Denkens und -handelns in einem sich zunehmend verschärfenden Konkurrenzkampf zehren in gefährlichem Maße an den Grundwerten unserer Gesellschaft, drohen sie in zwei Gruppen zu zerbrechen. So warf im Zusammenhang der zuvor aufgeworfenen These: "Kein Recht auf Arbeit ohne mehr Solidarität" Erhard Eppler die Frage auf, "ob wir eine Gesellschaft werden, in der eine schrumpfende Mehrheit von Gehetzten damit beschäftigt ist, die wachsende Minderheit derer durchzubringen, die nicht mehr mithalten können, oder ob wir jedem die Chance geben wollen, seinen Beitrag zu leisten, etwas Nützliches für die Gesellschaft zu tun". Eppler zeichnet Konturen des Bildes unserer "Leistungsgesellschaft", wenn er fordert: "Wir dürfen uns niemals abfinden mit einer Gesellschaft, in der eine wachsende Minderheit von Alten, Frührentnern, Arbeitslosen, Behinderten,

Gebrechlichen, Kranken, psychisch und physisch Überforderten, Drogen- und Alkoholsüchtigen, Straffälligen oder Ausgeflippten nicht ohne miß- fälliges Knurren ausgehalten wird von einer schrumpfenden Mehrheit de- rer, die, japsend und keuchend, im Rennen um den Erfolg gerade noch mithalten können, solange, bis auch sie, früher als nötig, zur wachsenden Minderheit abgedrängt werden. Wollen wir eine Gesellschaft, die spätestens dann zusammenbricht, wenn die wachsende Minderheit zur Mehrheit ge- worden ist"?[1]

Sowohl diese zunehmende Randgruppenbildung als auch die innere Aus- zehrung derer, die noch Leistungen erbringen können — aus eigener Kraft und durch die Chance, von der Wirtschaft benötigt zu werden — werfen in ihrer existenziellen Bedrohung des einzelnen und der Gesellschaft die Frage einer Strukturreform auf, die die zuvor behandelten Einzelprobleme ge- wissermaßen zusammenfaßt. Wenn sich am Leistungsbegriff bzw. gelten- den Leistungsprinzip Unbehagen und Kritik an unserer Gesellschaft ent- zünden, dann werden Grundfragen menschlichen Lebens und Arbeitens aufgeworfen. Nicht zuletzt wird dabei nach unserer Macht bzw. Ohnmacht zur Steuerung des gegenwärtigen sozialen Wandels und den dadurch sich einstellenden bzw. ausweitenden sozialen Problemen gefragt.

Leisten-Können und Leisten-Müssen sind Ausdruck menschlicher Kreati- vität und sozialer Verantwortung zugleich. Beides gerät jedoch in unserer "Leistungsgesellschaft" zunehmend in die Position, zur menschlichen Selbstentfremdung entscheidend beizutragen. Nicht wenige Menschen fühlen sich in den Dienst einer Wirtschaft genommen, deren Prozeß sie — selbst in der betrieblichen Einheit ihrer jeweiligen Arbeitsstätte — nicht mehr überschauen und über deren Struktur und Ziele sie nicht mitbestim- men können. Zu dieser Gruppe unserer Gesellschaft gehören vor allem die- jenigen, die fremdbestimmt in zunehmender Arbeitsteilung unter einem

1 E. Eppler, Kein Recht auf Arbeit ohne mehr Solidarität; ähnlich fragt Christian Graf von Krockow, wie bereits zitiert, nach dem Endpunkt einer solchen Verände- rung, die keine Entwicklung darstellt: "Wenn es richtig ist, daß die westlichen In- dustriegesellschaften zu jenem Hobbesschen Wettrennen organisiert sind, das kein anderes Ziel, keinen anderen Siegeskranz kennt als: der Erste zu sein, und den das Rennen aufgeben Sterben heißt, dann stellt sich die fatale Frage: Treibt uns der Systemzwang der Veränderung und des Wachstums, des Konkurrenz- und Lei- stungsprinzips nicht unaufhaltsam an jene Grenze, an jenen 'point of no return' heran, hinter dem keine Stabilisierung mehr möglich ist, sondern nur noch der Absturz in die Katastrophe?" Vor diesem Punkt zeigt jedoch das System seine "barbarischen Züge", wie Krockow meint: "Was wird aus denen, die im Hobbes- schen Wettrennen nicht mithalten können, aus den Schwachen, Behinderten, den nicht oder nicht mehr Leistungsfähigen?" in: Reform als politisches Prinzip, S. 133 und 139; vgl. ferner: Barry Commoner, Wachstumswahn und Umwelt- krise, München 1971; I.W. Dörge, Qualität des Lebens. Ziele und Konflikte sozialer Reformpolitik, didaktisch aufbereitet, Opladen 1973; E. Küng, Wohlstand und Wohlfahrt. Von der Konsumgesellschaft zur Kulturgesellschaft, Tübingen 1972.

oft unmenschlichen Leistungsdruck stehen. Sie können ihre eigenen Interessen an einer menschenwürdigen und freiheitlichen Gestaltung des Arbeitslebens gegenüber den Interessen an höchstmöglicher Rentabilität und Gewinnerzielung nicht durchsetzen.

Durch die Verengung des Leistungsprinzips auf Marktleistung gelangt man zu einem problematischen Richtmaß der Leistungsbewertung, und zwar was das einkommensmäßige Entgelt als auch den sozialen Status des Leistenden betrifft. So werden wertvolle Leistungen für die Gesellschaft erbracht, müssen Leistungen erwartet und erstellt werden, die nicht marktgängig sind. Ihre Berücksichtigung in der Einkommensverteilung stößt, da sie nur durch die schon genannte Umverteilung einer zweiten Einkommensverteilung erreicht werden kann, immer wieder an eine bewußtseinsmäßige und politisch verfestigte falsche Verengung des Leistungsdenkens. Dagegen honorieren wir "Leistungen" in oft unverständlichem Ausmaß, deren Wert für die Gesellschaft nicht selten zweifelhaft ist. Hier sind auch öffentlich finanzierte oder bezuschußte Medien betroffen, die mit ihren Honoraren für derartige "Leistungen" allen Grundsätzen sogenannter Sparhaushalte Hohn sprechen. Problematisches oder gar falsches Leistungsdenken — gegebenenfalls trotz eigener Betroffenheit durch einen unwürdigen Leistungsdruck — läßt soziale Normen entstehen, durch die sich individuelles und gesellschaftliches Bewußtsein wie Verhalten diesen Strukturen der "Leistungsgesellschaft" anpassen.

So hat die kritische Bezeichnung unserer Gesellschaft als "Leistungsgesellschaft" ihren tiefsten Grund darin, daß viele die positive Funktion des Leistungsprinzips nicht mehr wahrnehmen, und zwar im wesentlichen auf Grund einer einseitig-wirtschaftlichen Anwendung und konkurrenzmäßigen Verabsolutierung. Die uns heute abverlangte persönliche Leistungsbereitschaft und Leistungsfähigkeit, Reformen anzugehen, dazu politische Initiative und persönliche Veränderungsfähigkeit zu entwickeln, nehmen demgegenüber immer mehr ab. Ist es doch das mangelnde soziale Problembewußtsein breitester Schichten, das diese "Leistungsgesellschaft" mit etabliert, das durch seine Verengung die politischen Kräfte hemmt, die notwendigen Reformen anzugehen. Eine nur auf höchste Wachstumsraten bzw. Wohlstandsmehrung ausgerichtete Politik und Mentalität — damit sind soziales Sein und Bewußtsein angesprochen — verstärken die zerstörerischen Kräfte, die sich aus den unbewältigten sozialen Problemen ergeben. Diese Kräfte wiederum reichen mit ihrer Tendenz, alle Bedürfnisse der Menschen innerhalb der Leistungsgesellschaft mit produzierten Waren zu befriedigen, tief in den Bereich individuellen und sozialen Seins wie Bewußtseins. So entwickeln sich neue Herrschaftsformen zur Steuerung menschlicher Bedürfnisse, die das seit Beginn der Industrialisierung diskutierte Problem menschlicher Selbstentfremdung trotz vielfachen wirtschaftlichen und sozialen Fortschritts in neuen Formen reproduziert.

Am offenkundigsten und dem Erfahrungsbereich jedes einzelnen unmittelbar zugänglich zeigen sich diese Strukturen der "Leistungsgesellschaft" in der Ausbildung von Randgruppen, die nicht nur ein Opfer wirtschaftspolitischer oder gesellschaftspolitischer Entscheidungen – mögen diese etwa für den Bereich des Systems sozialer Sicherung noch so konstruktiv gemeint sein –, sondern auch der persönlichen Einstellung und Verhaltensweise, der tagtäglichen Praxis sozialen Lebens vieler einzelner sind.[2]

Hier kann zurückverwiesen werden auf die Darstellung der exemplarischen Praxisfelder "Jugend- und Sozialarbeit" im 2. Abschnitt unserer Überlegungen. Arbeitslose Jugendliche, Strafgefangene und Haftentlassene können als stigmatisierte Randgruppen bezeichnet werden. In Ergänzung meiner Analyse der strukturell-institutionellen Probleme unserer heutigen Alters- und Kindersicherung und in Fortführung der dabei bereits angesprochenen Fragen individueller Bewußtseinsverengung selbst der Betroffenen sollen hier zwei Skizzen angefügt werden, die Phänomene einer neuen Randgruppenbildung von alten Menschen und Kindern in unserer "Leistungsgesellschaft" aufzeigen.

Kinder als Randgruppe

4.5.1 Immer noch erfährt das Kind – und damit auch die Familie mit Kindern – in unserer Gesellschaft ein hohes Maß an Ablehnung, Unverständnis und Beeinträchtigungen. Ein Kind scheint aber auch für immer mehr Eltern – die selbst als Kinder von dieser unserer Wohlstands- und Leistungsgesellschaft geprägt worden sind – so viel Sorgen, Ärger und Verzicht zu bringen, daß wir – wie bereits ausgeführt – 1975 nur noch rund die Hälfte der Geburten des Jahres 1965 registrieren. Hinter diesem rapiden Geburtenrückgang stehen die Entscheidungen einer wachsenden Zahl von Ehen, kinderlos zu bleiben, aber auch das Sich-Durchsetzen des Einkind-Systems. Denn Kinder drücken nicht nur den Lebensstandard; sie wirken sich im mobilen Lebens- und Arbeitsrhythmus vermaterialisierter Lebensbeziehungen und Prestigebestrebungen wie "Fehlinvestitionen" aus, die eine reibungslose Anpassung der Eltern an die Normen der Leistungsgesellschaft erschweren oder gar verhindern. Daß Kinder als "Konsumbremse" oder als "Karriere-Hindernis" empfunden werden, ist auf dem Hintergrund der zuvor angesprochenen Leistungsnormen im Arbeits-

2 Vgl. dazu Grenzen der Leistung, mit Beiträgen von S. Golowin u.a., Olten, Freiburg 1975; H. Heckhausen, Das Leistungsprinzip in der Industriegesellschaft, Köln 1974; H.D. Seibel, Gesellschaft im Leistungskonflikt, Düsseldorf 1973; G. Gäfgen (Hrsg.), Leistungsgesellschaft und Mitmenschlichkeit, Limburg 1972; W. Lempert, Leistungsprinzip und Emanzipation, 2. Aufl. Frankfurt 1971; H.P. Dreitzel (Hrsg.), SozialerWandel. Zivilisation und Fortschritt als Kategorien der soziologischen Theorie, 2. Aufl. Neuwied, Berlin 1972; W. Dreier, M. Estor, H. Th. Risse, Zum Dienst der Kirche in der Leistungsgesellschaft, in: D. Emeis, B. Sauermost (Hrsg.), Synode – Ende oder Anfang? Düsseldorf 1976, S. 436 ff.

prozeß und im arbeitsfreien Bereich des demonstrierten Lebensstandards keine Frage nur der "Betroffenen". Nimmt man die ungerechten Normen der Einkommensverteilung zwischen "Marktaktiven" und "Marktpassiven" —hier vor allem der Kinder — hinzu, dann wird die Sozialisationsmacht der Leistungsgesellschaft offenkundig. Ihre Leistungsnormen und die hinter ihnen stehenden Interessen prägen bereits das Bewußtsein und damit die Entscheidung der einzelnen Menschen in einem Maße, das die Bejahung des Kindes hinter den Bedürfnissen nach ständig steigendem Lebensstandard zurücktreten läßt.

Diese "Entfremdung" prägt häufig die Entscheidung von Ehepartnern für oder gegen ein Kind, läßt Städte und Wohnanlagen zu kinderfeindlichen Steinwüsten entarten, verleitet Hausbesitzer bis zur Nötigung in ihren Mietverträgen, bei Geburt eines Kindes die Kündigung aussprechen zu können, bringt Hotels und Gaststätten in den Verruf, kinderfeindlich zu sein, Gäste mit Kindern abzuweisen. Sie führt aber auch zu vielen Formen öffentlicher Diskriminierung des Kindes wie der kinderfreundlichen Familien durch die unmittelbaren, wenn auch vielfach unbewußten Reaktionen des Nachbarn, des Arbeitskollegen, der jeweiligen Verkehrsteilnehmer oder auch der Bildungs- und Erholungssuchenden. Die steigende Zahl und die vermutete hohe Dunkelziffer von Kindesmißhandlungen zeigen, wie sehr Kinder von Eltern und Nachbarn als lästig angesehen werden und manchmal — als Reaktion auf die Lebensbedingungen und das erzieherische Unvermögen ihrer Eltern — tatsächlich auch sein können.

Die Problematik, Kind in dieser "Leistungsgesellschaft" sein zu müssen, wird aber auch in den vielfältigen Bemühungen um Hilfe deutlich: von dem bezeichnenden Einsatz einer Aktion Gemeinsinn "Seid nett zu den Kindern!" (mit Anzeigen und Plakaten!) über die vielfältigen Beratungsdienste, pädagogischen und therapeutischen Hilfsangebote bis zum familienpolitischen Einsatz. Dessen geringer Erfolg dokumentiert die Ohnmacht des Kindes und die Macht des herrschenden Bewußtseins, das zudem von der in Massenmedien "veröffentlichten Meinung" und den hier zugleich herausgestellten Leitbildern leistungsgesellschaftlichen Lebens normiert wird. Lediglich als Konsument findet das Kind hier eine positive Wertung. Allerdings vermag auf Grund des mangelhaften Kinderlastenausgleichs nur das Einzelkind voll den Normen "kindlichen" Lebensstandards zu entsprechen, wie sie von der Werbung für Nahrung und Kleidung, für Spiel und Sport, für Wohnung und Urlaub aufgestellt werden. Die Tatsache, in einer industriellen Leistungsgesellschaft nur durch nachwachsende Kinder im Alter gesichert zu sein, ist durch eine Vielzahl irreführender Sicherungs- und Versicherungs-Vorstellungen verdeckt. Es scheint wenig massenwirksam zu sein, diese Tatsache offenzulegen. Ebensowenig verspricht ein familienpolitisches Engagement politische Karriere. Der dornenreiche Weg familienpolitischen Bemühens seit Bestehen der Bundesrepublik zeigt, wie ich bereits aufzeigte, sehr deutlich die Bewußtseinsverengung und Ungerechtigkeit deutscher Leistungsgesellschaft. Die Diffamierung des sogenannten Kindergeldes ist bis heute nicht abgebaut; der ordnungspolitische Vorgang einer zweiten Einkommensverteilung ist bis zum Tage nicht aus dem Odium versorgungsstaatlichen Härteausgleichs für Leistungsschwache herausgebracht — trotz unumstrittener wissenschaftlicher Einsichten in die tatsächliche "strukturelle Solidarität".

Unsere Einstellung als Erwachsene zum Kind, zu eigenen Kindern wie zu den uns im täglichen Leben umgebenden Kindern zu überprüfen, wäre ein Lernziel praxisverändernder Bildung. Wir stoßen hier auf internalisierte Normen und Wertmuster der Leistungsgesellschaft, die den schon des öfteren ausgesprochenen Entfremdungsprozeß am deutlichsten, weil für jeden Einzelnen überprüfbar, signalisieren. Kind-Sein mit allen dem ökonomisierten Leistungsprinzip widersprechenden Bedürfnissen und Qualitäten affektiv-emotionaler oder auch spielerisch-kreativer Art, scheint zu einer unbewußten Provokation zu werden, je mehr dieses Leistungsprinzip zum Lernprinzip der Erwachsenen wird.[3]

So wird sich am Erfolg des Veränderungsprozesses, der das Umdenken und ein neues Verhalten am Kind, zum kindlichen Lebensrecht und zur kindlichen Lebensart anzielt, zeigen, wie weit die menschlich-existentiellen

3 Vgl. dazu etwa: Kinderfeindlichkeit oder: Die Chancen einer wehrlosen Minderheit, Heft 7 der Zeitschrift für Gesellschaftspolitik "Vorgänge", 12. Jg. 1974; ferner: Das Kind und die Gesellschaft. Schriftenreihe der Rias-Funk-Universität, hrsg. von R. Kurzrock, Berlin 1973; E. Kühn, Kinder zwischen Leistung und Konsum, Tübingen 1972; G. Oestreich, Kinder zwischen Angst und Leistung, Freiburg 1975; G. Hartfiel, Die autoritäre Gesellschaft, 3. Aufl. Opladen 1972; H. Zulliger, Umgang mit dem kindlichen Gewissen, Frankfurt und Hamburg 1969; ders., Die Angst unserer Kinder, Stuttgart 1966; R. Ruthe, Zur Erziehung zur Aggressionsbewältigung, München 1973; G. Patterson, Soziales Lernen in der Familie. Psychologische Hilfen für Eltern und Kinder, München 1975; K.D. Müller, Jugend im Elend der Lieblosigkeit. Eine Reportage über Not in unserer Zeit, Neuburgweier, Karlsruhe 1973. Zur übergreifenden Frage der Randgruppenbildung vgl. E. Klee, Der Schrotthaufen der Menschlichkeit. Ein Lesebuch zur sozialen Wirklichkeit in der Bundesrepublik Deutschland. Reports und Reportagen, Düsseldorf 1976; A. Bellebaum/H. Braun (Hrsg.), Reader Soziale Probleme. Bd. I Empirische Befunde, Frankfurt, New York 1974; Unterprivilegiert. Eine Studie über sozial benachteiligte Gruppen in der Bundesrepublik Deutschland. Hrsg. von der Spiegel-Redaktion, Neuwied, Berlin 1973; E.M. Schur, Abweichendes Verhalten und Soziale Kontrolle. Etikettierung und gesellschaftliche Reaktionen, Frankfurt, New York 1974; Abweichendes Verhalten. Erklärungen, Scheinerklärungen und praktische Probleme, hrsg. von A. Abele, St. Mitzlaff, W. Nowack, Stuttgart 1975; H.S. Becker, Außenseiter. Zur Soziologie abweichenden Verhaltens, Frankfurt 1973; zu den Problemen der Veränderung des Sozialverhaltens auch diesen Randgruppen gegenüber vgl. W.G. Bennis, K.D. Benne, R. Chin, Änderung des Sozialverhaltens, Stuttgart 1975; zur Frage der Praxisveränderung überhaupt vgl. A. Bellebaum/H. Braun (Hrsg.), Reader Soziale Probleme. Bd. II Initiativen und Maßnahmen, Frankfurt, New York 1974.

Entfremdungserscheinungen der Leistungsgesellschaft abgebaut werden können. Dieser Veränderungsprozeß schließt auch die Leistungsnormen ein, die wir Erwachsene den Lernzielen unseres Schulsystems setzen. Darauf werde ich im Ausblick (Abschnitt 6) noch einmal eingehen.

Randgruppe der Alten

4.5.2 Der alternde Mensch wird in unserer Gesellschaft an Leistungsnormen gemessen, die sich zumeist an den Kenntnissen und Fähigkeiten junger Menschen orientieren. Die zunehmende Verwissenschaftlichung der Produktionsprozesse, ihre rasche Veränderung, die dem jeweiligen Stand von Wissenschaft und Technik entsprechen, begünstigt junge, gerade ausgebildete Menschen und entwertet die in langen Jahren erworbene Berufserfahrung. Das verursacht Unsicherheit zumal dann, wenn die Sorge um den Arbeitsplatz hinzukommt. Denn die Vermittlung älterer Arbeitsloser — gleich welchen Qualifikationsniveaus — wird zunehmend schwerer. Hinzu kommt der physische und psychische Verschleiß durch den Streß der Arbeitsbedingungen. Die große Zahl von jährlich rund 200 000 Menschen, die vorzeitig als "Frühinvalide" aus dem Arbeitsleben ausscheiden, aber auch die große Zahl derer, die aus gesundheitlichen Gründen ihren Beruf nicht mehr voll ausüben können, belegen eindringlich, in welcher Weise menschliche Leistung vermarktet wird. Die Leistungsfähigkeit des alternden Menschen hat nur einen geringen oder gar keinen Marktwert mehr.

Das Ausscheiden aus dem Arbeitsleben ist für viele ein schmerzlicher Einschnitt, erzwungen und keine freie Entscheidung. Die Konkurrenz der Jüngeren, die Erfahrung des eigenen Leistungsabfalls, oft eine stufenweise Degradierung auf immer geringer geschätzte und entlohnte Arbeitsplätze, Einflüsse der wirtschaftlichen Lage des Unternehmens oder der Volkswirtschaft führen zur Kündigung und damit zur Beendigung des Arbeitslebens. Je nachdem, wie sehr das Leben mit der Arbeit gleichgesetzt wurde, kann dies einem "sozialen Tod" gleichkommen. Beziehungen brechen ab, Kontakte werden selten, für Aktivitäten gibt es keinen Rahmen mehr. Mit der sozialen Stellung wird das Ansehen verloren, das Selbstbewußtsein gebrochen. In dieser Lage einen neuen Lebenskreis aufzubauen, erfordert Initiativen und Kräfte, über die der einzelne dann kaum noch verfügt. Wenn dies auch vorrangig für die Männer gilt, so trifft auch die Frauen das Ausscheiden aus dem Erwerbsleben, insbesondere, wenn sie allein für ihren Lebensunterhalt sorgen müssen. Vor allem wegen der meist niedrigeren Rentenansprüche müssen sie sich finanziell und materiell einschränken, wodurch sich auch ihr Lebensraum verengt und ihr sozialer Status verschlechtert.

Auch in vielen Familien finden solche gealterten und "verbrauchten" Menschen häufig keinen Platz und keine Aufgabe. Der alte Mensch selbst sucht seine Unabhängigkeit zu bewahren. So lebt ein großer Teil der alten

Menschen, vor allem der Frauen, allein und isoliert, ohne Aussprache, ohne Anspruch. Oder sie werden in Heimen untergebracht, wo zwar die materiellen Bedürfnisse befriedigt werden, aber nur allzu oft außer Betracht bleibt, daß auch der alte Mensch ein Recht zu Selbstbestimmung und Mitbestimmung, auf geistige und auch auf andere Aktivitäten hat. Mit den Belastungen durch die Erkrankung und das Sterben der Mitbewohner wird er häufig allein gelassen. Isolation und Ghettoisierung kennzeichnen die Lebenslage vieler alter Menschen in unserer Gesellschaft.

Sie finden mit ihren Interessen und Anliegen, ihren Erfahrungen und Sorgen nur selten in der Öffentlichkeit Gehör. Fernsehen und Medien entdecken nur zögernd die Gruppe der alten Menschen. Auch die medizinische und soziologische Forschung beginnt diese Gruppe erst neuerdings zu beachten. Und wenn auch immer mehr Programme für sie organisiert werden, so fehlt es doch an positiven Erwartungen, die die Öffentlichkeit dem alten Menschen gegenüber hat sowie an Bereitschaft, ihre Aktivitäten anzunehmen. Wer braucht sie eigentlich? Um diese Frage beantworten zu können, müssen wir uns von unseren, auf ökonomische Leistung eingeengten Erwartungen freimachen, müssen uns fragen: Was hat uns der alte Mensch zu sagen, was mitzuteilen? Gibt es nicht gerade Werte, die nur in einem lebenslangen Ringen und Suchen entdeckt und erworben werden? Die Unausweichlichkeit der Sinnfrage, die Auseinandersetzung mit der Schuld, mit dem Sterben, sollten ihren Platz in unserer Gesellschaft, im Leben aller Menschen haben. Vielleicht könnte sich hier eine Kraftquelle auftun, die Tagesprobleme und Konflikte auf zukunftsweisende Art zu lösen.[4]

Diese und andere Problemfelder der Randgruppenbildung in unserer "Leistungsgesellschaft", der darin sich zeigende status quo mangelnder Reformfähigkeit und — als Pendant — die zerstörerische Kraft des Konkurrenzprinzips lassen, wie kein anderes Beispiel, die Dialektik von sozialem Sein und Bewußtsein deutlich werden: unser verengtes Bewußtsein spiegelt exakt das gesellschaftlich sanktionierte Macht/Ohnmacht-Gefälle wieder, zugleich ist es mitverantwortlich für die Verfestigung dieser ungerechten Strukturen. Politik als Mittel der Struktur-Reform versagt oder wird im Verzicht auf notwendige Reformen zur bloßen Verwaltung des status quo, weil das verengte Bewußtsein "keine Experimente" zuläßt. Umgekehrt

4 Dies betrifft v.a. die rd. 1 Million alter Menschen, die als arm anzusprechen sind, d.h. jeden 8. Alten! Maßstab für ihre Armut ist ein Einkommen in Höhe des Fürsorgesatzes, der 1975 für 2 Personen bei 789,— DM lag. Der "Circle of powerty" (Armutszirkel) — von dem in der sogenannten Dritten Welt die Rede ist — ist auch bei diesen Menschen aufweisbar: fehlende oder mangelnde Berufsausbildung, Arbeitslosigkeit, vielfach Krankheit — sodann oft Aussteuerung, Sozialhilfe-Empfänger oder Rentenbezieher ohne viele sogenannte Beitragsjahre! Vgl. dazu: U. Geißler, Armut in Deutschland — eine Neue Soziale Frage? In: Sozialer Fortschritt, 3/76, S. 49 ff.; ders., Armut, Sozialhilfe und Sozialpolitik. Zur Armutsdiskussion in der BRD, in: Theorie und Praxis der sozialen Arbeit, 8/76, S. 290 ff.

betrachtet ist diese Verengung Ergebnis jener gesellschaftlich vermittelten Bedürfnisse, so wie des Angebots zu ihrer Befriedigung mit den Statussymbolen unserer Wohlstandsgesellschaft und — so obskur es klingen mag — der Leistungsanforderung in allen gesellschaftlichen Lebensbereichen.[5]

So ist Helmut Gollwitzer zuzustimmen, der feststellt, "daß wir nicht zu wählen haben, ob wir Revolution wollen oder nicht, sondern nur noch, welche wir wollen: die schon in Gang befindliche und noch rapid eskalierende Revolution der entfesselten Destruktivkräfte oder die Umkehr von der Destruktion zu einem konstruktiven Entwurf menschlicher Gesellschaft, der der destruktiven Verwendung ihrer Produktivkräfte ein Ende setzt. Beides ist Revolution zu nennen, wenn wir uns angewöhnen, damit nicht eine politische Putschunternehmung, datierbar und blutig zu bezeichnen, sondern einen Prozeß, der die Gesellschaft in ihrer Tiefe umwälzt".[6] Die Zurückhaltung gegenüber dem Begriff "revolutionär" ist auf Grund der Thesen und Forderungen der "Neuen Linken" verständlich. Wir hatten uns jedoch schon zuvor daran gewöhnt, die gewaltigen Umwälzungen im Zuge der Industrialisierung als "industrielle Revolution" zu bezeichnen. Ohne daß ich mich hier auf diesen Begriff festlegen möchte, muß ich auf den ungeheuerlichen Tiefgang der gegenwärtigen Veränderung des Bewußtseins bis hin zu neuen Formen menschlicher Selbstentfremdung, und auf den ebenso ungeheuerlichen Tiefgang des vom imperialistischen Kolonialismus her noch verfestigten status quo sozialen Unfriedens in den Beziehungen der Völker untereinander verweisen. Das macht auch den Hintergrund der Argumentation Gollwitzers aus. Nicht minder revolutionär werden darum das Umdenken und die politische Etablierung einer Neuen Gesellschafts- und Wirtschaftsordnung in der Welt sein.[7]

5 Dieser Abschnitt über die Randgruppenbildung alter Menschen ist ebenfalls Teil des von M. Estor und mir entworfenen Synoden-Arbeitspapiers "Zum Dienst der Kirche in der Leistungsgesellschaft" und ist inhaltlich von M. Estor erstellt worden. An weiterer Literatur vgl. etwa: H.P. Bleul, Alte Menschen in Deutschland, München 1972; J.P. Junker, Alter als Exil. Zur gesellschaftlichen Ausgrenzung des alten Menschen, Zürich, Einsiedeln, Köln 1973; R. Nitsche, Das vergessene Alter. Im Abseits der Gesellschaft, München, Wien 1972.

6 H. Gollwitzer, Die kapitalistische Revolution, München 1974, S. 8.

7 Vgl. dazu auch E. Eppler, Ende oder Wende. Von der Machbarkeit des Notwendigen, Stuttgart 1975; ders., Maßstäbe für eine humane Gesellschaft: Lebensstandard oder Lebensqualität? Stuttgart 1974; F. Menne (Hrsg.), Neue Sensibilität. Alternative Lebensmöglichkeiten, Darmstadt/Neuwied 1974; A. Tautscher, Die Wende in der Wirtschaftsentwicklung: Von den ökonomischen Quanten zum Quale des Menschen, Berlin 1975; W. Glasser, Identität und Gesellschaft, Weinheim, Basel 1974; M. Rossmann, Lernen für eine neue Gesellschaft, Weinheim, Basel 1974; Lebensqualität — zur inhaltlichen Bestimmung einer aktuellen politischen Forderung. Ein Beitrag des Sozialwissenschaftlichen Instituts der evangelischen Kirchen in Deutschland, Wuppertal 1973; R. Garaudy, Die Alternative. Ein neues Modell der Gesellschaft jenseits von Kapitalismus und Kommunismus, Wien, München, Zürich 1972; P. Freire, Pädagogik der Unterdrückten. Bildung als Praxis der Freiheit, Hamburg 1973.

5. Die Kirchen — Instanzen zur Weckung eines neuen Wertbewußtseins?

5.1. Zur Situation von "Angebot und Nachfrage"

"Die Kirchen sollten bei der Neufindung dessen, was im Rahmen eines weiteren Zeithorizonts echt und falsch ist, führend sein"[1], fordern D.L. und D.H. Meadows, die verantwortlichen Leiter des Wissenschaftler-Teams am Massachusetts Institute of Technology, das den ersten Club of Rome-Bericht erstellt. Auch J.W. Forrester, der die hier aufgezeigten teuflischen Regelkreise näher untersuchte, kommt zu dem Ergebnis: "Es gibt, abgesehen von den religiösen Vereinigungen, keine Institutionen für die langfristigen, nicht traditionellen und zukunftsweisenden Zielvorstellungen. Auf den Religionen und Glaubensgemeinschaften ruht die Verantwortung, die langfristigen Wertvorstellungen zu erhalten, zu entwickeln und der Zerfall diesbezüglicher Werte zu verhindern". Forrester fügt jedoch nicht ohne Grund an: "Aber Religionen und Religionsführer können solche Werte nicht lebendig machen, wenn diese widersprüchlich oder nicht anwendbar sind und den neuen dynamischen Verhaltensweisen des Sozialsystems nicht entsprechen".[2]

Diese "Nachfrage" nach Erneuerung religiöser, vor allem christlicher Wertsysteme muß im Zusammenhang der Kritik gesehen werden, die auch D.L. Meadows offen äußert: "Das eine Menschenbild, das von den Befürwortern eines unbegrenzten Wachstums getragen wird, ist der homo sapiens, ein ganz besonderes Geschöpf, dessen einzigartiges Gehirn ihm nicht nur die Fähigkeit, sondern auch das Recht gibt, alle anderen Geschöpfe und alles, was die Erde zu bieten hat, für seine kurzfristigen Zwecke auszubeuten. Dies ist ein uraltes Menschenbild, fest in der jüdisch-christlichen Tradition verankert und erst kürzlich bestärkt durch die großartigen technischen Errungenschaften der letzten Jahrhunderte. Diesem Glauben zufolge ist der Mensch allmächtig".[3] So wirft Julius Kardinal Döpfner mit Recht die Frage auf, ob Christen und Kirche heute die "Sündenböcke" seien, während sie bis vor kurzem noch als die "Ewig-Gestrigen" galten.[4]

Trotz ihrer Widersprüche bietet diese Diskussion, gibt die in ihr geäußerte "Nachfrage" an die Kirche eine Chance, zu überprüfen, welche aktive oder passive Rolle die Kirche bei der Bildung des geltenden Wertbewußtseins gespielt hat und wie sie ein neues Wertbewußtsein zur Gewinnung von Zukunft wecken kann. Dabei ist auch die Theologie herausgefordert. M. Horkheimer sieht die Funktion christlicher Theologie so: "Die Sinnfrage

---

1 D.L. und D.H. Meadows, Das globale Gleichgewicht, Stuttgart 1974, S. 258.
2 J.W. Forrester, Ist Humanität überholt? in: Bild der Wissenschaft, 11. Jg., H. 6, 1974, S. 84.
3 D.L. Meadows, Wachstum bis zur Katastrophe, Stuttgart 1974, S. 28.
4 Julius Kardinal Döpfner, Zur Zukunft der Menschheit und den Bedingungen für ein künftiges menschenwürdiges Leben, als Ms. gedruckt Bonn 1974, S. 10.

ist . . . wohl die Frage, um die die heutige Theologie sich besonders kümmern müßte . . . Möglicherweise hat die Theologie die Aufgabe, die Natur-
wissenschaften und die Geisteswissenschaften daraufhin kritisch zu befragen, inwieweit sie dem Menschen antworten, Hilfen geben können auf
seine Frage nach dem Sinn seiner Existenz''. Für Horkheimer könnte sich
daraus ein neues Bewußtsein, eine neue Gesinnung entfalten, ''in der die
Menschen es als ihre wesentliche Aufgabe ansehen, zusammenzustehen,
damit niemand mehr hungere, damit jeder ein anständiges Heim habe,
damit auch in notleidenden Ländern keine Epidemien mehr herrschen.
Die Menschen würden versuchen, ihre Probleme als endliche Wesen gemeinsam zu lösen und die Existenz nicht nur länger, sondern auch schöner zu
machen. Ja, ich gehe so weit, zu denken, daß sich die Solidarität schließlich sogar auf die anderen Kreaturen ausdehnen könnte. Diese Gedanken
sind mindestens so sehr in der Theologie wie in der Wissenschaft verwur-
zelt, aber die Vorstellung des Ziels würde eine enge Zusammenarbeit
zwischen Wissenschaft und Theologie bedingen''.[5]

Das ''Angebot'', das in den letzten Jahren aus dem Raum protestantischer
Theologie und Kirchen dazu gemacht wurde, enthält zunächst eine wichtige Korrektur im Verständnis des ''Vorletzten'' gegenüber dem ''Letzten''.
Das aus biblischer Rückbesinnung gewonnene neue Verständnis von christlicher Eschatologie als der Lehre von der Zukunft ermöglichte es, die
Notwendigkeit von gesellschaftlichen Reformen im gegenwärtigen Zusammenleben der Menschen aus der Heilsperspektive des schon angebrochenen
und einmal sich vollendenden Reiches Gottes zu begründen.[6]

Zu diesem ''Angebot'' der Kirchen zählen zweifelsohne die von niemanden
an Deutlichkeit übertroffenen sozialen Problemanalysen, wie sie sich in
Deklarationen von Weltkirchentagen und auch von Synoden der verschiedenen Kirchen finden. Für die katholische Kirche hat dabei das 2. Vatikanische Konzil einen entscheidenden Schritt nach vorn getan. Exemplarisch
für die Situation der Kirchen möchte ich nachfolgend auf zwei in diesem
''Angebot'' enthaltenen Beiträge verweisen, die für das eigene Selbstverständnis und für einen möglichen Beitrag zur gesellschaftlichen Reform
von Bedeutung sind:

— Die bekundete und aus dem Wesen ihres Heilsauftrags abgeleitete Bereitschaft, zur Lösung der drängendsten Menschheitsprobleme beizutragen, und

— das erneute Aufgreifen der Kapitalismuskritik und ihre Ausweitung auf
die internationale Situation.

5 M. Horkheimer, Die Funktion der Theologie in der Gesellschaft, in: P. Neuenzeit (Hrsg.), Die Funktion der Theologie in Kirche und Gesellschaft, München
1969, S. 226.
6 Vgl. etwa J. Moltmann, Theologie der Hoffnung, 3. Aufl. München 1965.

Für die zuerst genannte Bereitschaft der Kirche ist auf die Pastoralkonstitution des 2. Vatikanischen Konzils zu verweisen. Beispielhaft für eine Reihe ähnlicher Aussagen scheint mir diese von Bedeutung: "Gewiß ist die Menschheit in unseren Tagen voller Bewunderung für die eigenen Erfindungen und die eigene Macht; trotzdem wird sie oft ängstlich bedrückt durch die Fragen nach der heutigen Entwicklung der Welt, nach Stellung und Aufgabe des Menschen im Universum, nach dem Sinn seines individuellen und kollektiven Schaffens, schließlich nach dem letzten Ziel der Dinge und Menschen. Als Zeuge und Künder des Glaubens des gesamten in Christus geeinten Volkes Gottes kann daher das Konzil dessen Verbundenheit, Achtung und Liebe gegenüber der ganzen Menschheitsfamilie, der dieses ja selbst eingefügt ist, nicht beredter bekunden als dadurch, daß es mit ihr in einen Dialog eintritt über all diese verschiedenen Probleme; daß es das Licht des Evangeliums bringt und daß es dem Menschengeschlecht jene Heilskräfte bietet, die die Kirche selbst, vom Heiligen Geist geleitet, von ihrem Gründer empfängt. Es geht um die Rettung der menschlichen Person, es geht um den rechten Aufbau der menschlichen Gesellschaft". Entsprechend soll sich "die gesellschaftliche Ordnung und ihre Entwicklung dauernd am Wohl der Personen orientieren, denn die Ordnung der Dinge muß der Ordnung der Person dienstbar werden und nicht umgekehrt . . . Die gesellschaftliche Ordnung muß sich ständig weiterentwickeln, muß in Wahrheit gegründet, in Gerechtigkeit aufgebaut und von Liebe beseelt werden; sie muß in Freiheit ein immer humaneres Gleichgewicht finden. Um dies zu verwirklichen, sind Gesinnungswandel und weitreichende Änderungen in der Gesellschaft selbst notwendig".[7] Daß dieser Beitrag aus dem Wesen ihres Heilsauftrags entspringt, bringt das Konzil wie folgt zum Ausdruck: "Christus, der für alle starb und auferstand, schenkt dem Menschen Licht und Kraft durch seinen Geist, damit er seiner höchsten Berufung nachkommen kann . . . Im Licht Christi also, des Bildes des unsichtbaren Gottes, des Erstgeborenen vor aller Schöpfung, will das Konzil alle Menschen ansprechen, um das Geheimnis des Menschen zu erhellen und mitzuwirken dabei, daß für die dringlichsten Fragen unserer Zeit eine Lösung gefunden wird".[8]

Zu den "Gründen der Beunruhigung" zählt das Konzil vor allem die gegenwärtige wirtschaftliche und gesellschaftliche Ordnung sowohl innerhalb der Wohlstandsgesellschaften als auch im internationalen Bereich: "Nicht wenige Menschen, namentlich in den wirtschaftlich fortgeschrittenen Ländern, sind von der Wirtschaft geradezu versklavt, so daß fast ihr ganzes persönliches und gesellschaftliches Leben von ausschließlich wirtschaftlichem Denken bestimmt ist, und dies ebenso in Ländern, die einer kollektivistischen Wirtschaftsweise zugetan sind, wie in anderen. Gerade zu der

7 Pastoralkonstitution "Gaudium et spes", Nr. 3 und 26.
8 Ebd., Nr. 10.

Zeit, da das Wachstum der Wirtschaft, vernünftig und human gelenkt und koordiniert, die sozialen Ungleichheiten mildern könnte, führt es all zu oft zu deren Verschärfung . . . Während einer ungeheueren Masse immer noch das absolut Notwendige fehlt, leben einige in Üppigkeit und treiben Verschwendung. Nebeneinander bestehen Luxus und Elend. Einige wenige erfreuen sich weitestgehender Entscheidungsfreiheit, während viele fast jeder Möglichkeit ermangeln, initiativ und eigenverantwortlich zu handeln, und sich oft in Lebens- und Arbeitsbedingungen befinden, die des Menschen unwürdig sind". Wiederum werden hier "vielfältige institutionelle Reformen in der Wirtschaft, wie auch eine allgemeine Umstellung der Gesinnung und Verhaltensweise gefordert".[9]

Resümiert man an dieser Stelle den Kern der hier wieder aufgegriffenen Kapitalismuskritik der Kirche, dann ist vor allem im Rückgriff auf die Enzyklika "Quadragesimo anno" (1931) eine vierfache Perspektive festzuhalten:

— Die "Verkehrtheit" des an sich nicht abzulehnenden Lohnarbeitsverhältnisses beginnt dort, "wo das Kapital die Lohnarbeiterschaft in seinen Dienst nimmt, um die Unternehmungen und die Wirtschaft insgesamt einseitig nach seinem Gesetz und seinem Vorteil ablaufen zu lassen, ohne Rücksicht auf die Menschenwürde des Arbeiters, auf den gesellschaftlichen Charakter der Wirtschaft und auf Gemeinwohl und Gemeinwohlgerechtigkeit".

— Das Wachsen des Industrialismus hat auch zur Ausweitung der kapitalistischen Wirtschaftsweise geführt, "so daß sie tatsächlich auch den wirtschaftlichen und sozialen Verhältnissen des außerkapitalistischen Raumes ihr Gepräge aufdrückt, sie mit ihren Vorzügen, nicht minder aber mit ihren Nachteilen und Schäden maßgebend beeinflußt".

— Mit der Kapital-Akkumulation geht eine Macht- und Herrschaftskonzentration einher, die sich vor allem durch den "Imperialismus des internationalen Finanzkapitals in Richtung auf einen Machtkampf innerhalb der Wirtschaft, einen Kampf um die Macht über den Staat und der Staaten untereinander" auswirkt.

— Die "Erniedrigung der Staatlichen Hoheit" zur "willenlos gefesselten Sklavin selbstsüchtiger Interessen", verbunden mit Nationalismus und Imperialismus, sind der deutlichste Ausdruck dafür, daß "der freie Wettbewerb zu seiner Selbstaufhebung geführt und an die Stelle der freien Marktwirtschaft die Vermachtung der Wirtschaft" trat, wobei sich "das Gewinnstreben zum zügellosen Machtstreben" steigerte.[10]

9 Ebd., Nr. 63.
10 Pius XI., Enzyklika "Quadragesimo anno", 1931, Nr. 101 — 109.

Noch einmal findet sich die Wiederholung und Betonung dieser traditionellen Kapitalismuskritik in der Enzyklika "Populorum progressio" (1967). Hier kritisiert Paul VI. die Verbindung des Industrialismus und aller seiner technischen Errungenschaften mit dem wirtschaftspolitischen Konzept des Kapitalismus, daß sich vor allem darin zeige, daß "der Profit als hauptsächliches Anreizmittel zur Förderung des wirtschaftlichen Fortschritts, der freie Wettbewerb als oberste Norm des Wirtschaftens, das Privateigentum an den Produktionsmitteln als uneingeschränktes Recht betrachtet" werde. "Dieser ungehemmte Liberalismus führte zu jener Diktatur", dessen "Quelle" im Anschluß an "Quadragesimo anno" vor allem im "internationalen Kapitalismus der Hochfinanz" gesehen wird.[11]

Zweifellos ist dies ein Angebot zur Diskussion der anstehenden Probleme, ein Appell zu notwendigen Reformen, wobei die Dialektik von sozialem Sein und Bewußtsein in der Forderung nach "Gesinnungswandel und weitreichenden Änderungen in der Gesellschaft selbst" beachtet wird. Doch klafft zwischen Theorie und Praxis eine breite Kluft: den scharfsinnigen Analysen und ethischen Appellen steht ein nicht minder verengtes Bewußtsein der Christen gegenüber, wie es auch bereits für die Gesellschaft schlechthin konstatiert wurde. Die Praxis kirchlichen Handelns auf der politischen Ebene, die Praxis christlichen Lebens in den Gemeinden sind weit von diesem Angebot und dem damit verbundenen eigenen Anspruch entfernt.

Um diese Kluft zu überwinden, sollen die nachfolgenden Überlegungen Denkanstöße für jene geben, die sich als Christen und als Kirche "nachgefragt", angefordert fühlen, und die die Motivation zu gesellschaftlichen Reformen, zur praxisverändernden Bildung im Dienst dieser Reformen aus ihrer christlich-kirchlichen Sendung aufbauen.

Dazu einige neue Perspektiven aufzureißen, scheint um so dringlicher geboten, als die sogenannte "Tendenzwende" auch innerhalb der Kirche sich ausweitet und die Reformfreudigkeit abnimmt.[12] Ein Rückschritt hinter die Position des 2. Vatikanischen Konzils ist keine bloße theoretische Gefahr mehr. Wenn jedoch auf diesem Hintergrund zunehmend offensiver nach dem "Proprium des Christlichen" im Engagement für unsere Welt gefragt wird, dann läßt sich dieser Ansatz nutzen, auf die angeführte

11 Paul VI., Enzyklika "Populorum progressio", 1967, Nr. 26.
12 In seiner zuvor zitierten Eröffnungsansprache zur Herbstvollversammlung der Deutschen Bischofskonferenz 1974 "Zur Zukunft der Menschheit" beklagte Julius Kardinal Döpfner das geringe Echo, das die von ihm hier aufgerissenen Zukunftsprobleme der Menschheit in der Kirche fänden. Ich werde nachfolgend darauf näher eingehen. Zwei Jahre nach dieser Ansprache und dem frühen Tod Döpfners muß jedoch leider festgestellt werden, wie wenig Echo auch diese Ansprache in der Kirche bisher gefunden hat.

"Nachfrage" der Kirche ein konkret-konstruktives und nicht nur deklara-
torisch-appellatives "Angebot" zu machen.[13])

Konstruktiv: d.h. die Kluft zwischen Theorie und Praxis, zwischen Deklarationen und Appellen auf der einen und dem kirchlichen Leben wie dem
Handeln der institutionalisierten Kirche auf der anderen Seite zu sehen
und zu überbrücken suchen. Ein konstruktiver Beitrag der Kirche wie der
Christen beginnt mit darauf bezogenen eigenen Reformen. Diese machen
einen zweifachen Veränderungsprozeß notwendig. Der eine betrifft die den
kirchlichen Deklarationen nachfolgende, weiterführende Problemanalyse,
der andere die Ausrichtung des vom Christen stets geforderten Umkehr-
prozesses auf die hic et nunc geforderte soziale Verantwortung:

— Die Veränderung in der Problemanalyse und -diskussion etwa für die hier
aufgeworfenen Fragen gefährdeter Zukunft schien auch dem seinerzeitigen
Vorsitzenden der Deutschen Bischofskonferenz, Julius Kardinal Döpfner,
vordringlich, und zwar auch was den genannten Zusammenhang von kirchlichen Deklarationen und weiterführender Problemanalyse betrifft: Döpfner zitierte in seiner Eröffnungsansprache vor der Vollversammlung der
Deutschen Bischofskonferenz 1974 zunächst die Römische Bischofssynode
von 1971: "Die Nachfrage der reichen Länder — kapitalistischer wie sozialistischer — nach Rohstoffen und Energie (ähnlich wie die durch deren
Verbrauch verursachte Verschmutzung von Luft und Wasser) ist so groß,
daß wesentliche Elemente des Lebens auf Erden, wie Luft und Wasser,
unheilbar vergiftet würden, wenn der hohe Konsum und die hohe Verschmutzung noch weiter wachsend auf die ganze Menschheit übergriffe!"
Seine Forderung: die "darin implizierten gesellschaftspolitischen, aber insbesondere auch die theologischen und pastoralen Fragen müssen erörtert und
bearbeitet werden"; resigniert stellte Döpfner jedoch fest: "Leider ist
nicht zu leugnen, daß katholische Wissenschaftler und Politiker sich der
genannten Probleme kaum annehmen. Außer in Ansätzen schweigen sich
die Theologen zu dieser Frage aus. In den katholischen Akademien wird
dieser Komplex kaum angesprochen, oder er findet kein Echo. Auf dem
letzten Katholikentag gab es dankenswerterweise einige Arbeitskreise, die
sich der angesprochenen Auseinandersetzung stellten; nicht untypisch ist
jedoch, daß sie kaum besucht waren. Hier muß eine breite Sensibilisierung
der Verantwortlichen in der Kirche und aller Gläubigen erfolgen. Die
Kirche kann und muß wichtige Beiträge leisten, da die Probleme in dem

13 Dabei kann ich mich der eindeutigen Feststellung Julius Kardinal Döpfners anschließen, mit der er den zuvor genannten Vortrag abschloß: "Diese skizzenhafte
Reflexion sich abzeichnender geistiger Strömungen in unserer Welt will nur andeu-
ten, daß die Kirche in unserer Zeit mitten in einer Herausforderung steht; es bietet
sich eine neue Chance für die Verkündigung, aber auch für kirchliche Selbstverwirklichung. Gleichzeitig muß die Kirche neue Verantwortung übernehmen"
(S. 16).

Bereich menschlicher Wertordnung und gesellschaftlicher Normen liegen. Wir müssen uns also der Mühe unterziehen, unsere eigene Position zu überdenken und neu zu formulieren".[14]

Vergleicht man damit — wiederum exemplarisch für eine Reihe anderer Stellungnahmen — den "Diskussionsbeitrag" einer "Kommission des Zentralkomitees der Deutschen Katholiken" vom September 1976, dann wird die Feststellung Döpfners leider nicht nur bestätigt; der kritische Leser findet auch eine gegenüber den Praxisproblemen sich als "graue Theorie" erweisende metaphysische Spekulation. Dabei geht es um die sogenannten "Grundwerte". Die Diskussion bewegt sich also im Bereich der "nachgefragten" Veränderung des Wertbewußtseins. Ausgehend von dem historischen Tatbestand, daß es zu den "welthistorisch bedeutsamen Errungenschaften des Christentums" gehöre, "die Freiheit des einzelnen Menschen nicht mehr — wie noch die Antike — bloß darin zu sehen, daß er im Rahmen einer ihm uneingeschränkt vorgegebenen Sinn- und Wertorientierung einer bestimmten Gesellschaft anderen einzelnen als Freier und Gleicher gegenüber tritt", wird eine bedeutsame Konsequenz gezogen: "Vielmehr folgte aus der christlichen Überzeugung, daß sich jeder einzelne in seinem Gewissen unmittelbar vor dem persönlichen Gott verantworten muß, die Konsequenz, daß er prinzipiell auch von der Gesellschaft und deren gesamt-sozialer Orientierung freigestellt ist. Seitdem hat Freiheit eine andere, höhere Qualität: der Mensch ist, weil er Person ist, frei — auch dann, wenn er in unfreien Lebensverhältnissen existieren muß. Der Mensch und seine Freiheit sind in ihrem Kern nicht Produkt der Gesellschaft, sondern aus dem, was die als Personen freien Menschen einbringen, geht die Gestalt ihrer Gesellschaft hervor". Mit dieser Auflösung des dialektischen Verhältnisses von Person und Gesellschaft, zu deren Erklärung vor allem die Wissenssoziologie — ich zitierte bereits des öfteren P. Berger und Th. Luckmann — Wesentliches beigetragen hat, gerät die Aussage in die Nähe jener "solidaristischen" Position, die bereits 1960 Martinus G. Plattel als eine solipsistische Verirrung wichtiger Vertreter dieser kirchlichen Soziallehre zurückwies.[15] Wiederum scheint auch — vergleichbar der Situation dieser Solidaristen im 19. und 20. Jahrhundert — die Abwehr des Sozialismus für diese Einseitigkeit mitverantwortlich zu sein: "Demgegenüber ergibt sich eine ganz andere Vorstellung vom Grundwert der Freiheit, wenn man nicht darauf abhebt, daß der Mensch, weil er Gottes Geschöpf bzw. Person ist, von vornherein frei ist, sondern darauf, daß er erst befreit werden müsse. Hier wird Freiheit im Sinne von Emanzipation verstanden; es kommt hinzu, daß man den entscheidenden Beitrag zur Befreiung nicht vom Gewissen des einzelnen, sondern von der Schaffung einer neuen Gesellschaft erwartet. Nur durch eine grundlegende Umgestaltung der gesell-

14 Julius Kardinal Döpfner, Zur Zukunft der Menschheit, S. 12 f.
15 Vgl. M.G. Plattel, Der Mensch und das Mitmenschliche, Köln 1962.

schaftlichen Verhältnisse werde dem einzelnen Menschen die Möglichkeit eröffnet, sich als Person zu entfalten. Das läuft aber auf eine Auslieferung des Menschen an die Organisation der Gesellschaft hinaus".[16] Diese philosophisch-theologische Spekulation wird — wie ich im ersten Abschnitt meiner Überlegungen zur praxisverändernden Bildung darstellte — weder in der Theorie, noch weniger aber in der Praxis der Aufgabe gerecht, Freiheit in einer zunehmend "verwalteten Welt" zu erhalten bzw. neu zu schaffen und zugleich die partikularistische Verengung des sozialen Bewußtseins in eine größere soziale Verantwortung für die menschliche Mitwelt und die natürliche Umwelt zu wandeln. Der "Diskussionsbeitrag", zweifelsohne als Handlungsstrategie in der gegenwärtigen Auseinandersetzung gedacht, fällt ob seiner philosophischen Abstraktheit weit hinter die wesentlich konkreteren kirchlichen Deklarationen zu dieser genannten sozialen Verantwortung zurück. Es ist bezeichnend, daß diese Deklarationen wiederum nicht selten als "pastoral" abgewertet, ihnen gegenüber die "Lehre" bzw. "Doktrin" des "christlichen Menschenbildes" gegenübergestellt wird. Damit weitet sich der Konflikt zwischen Theorie und Praxis aus zum Problem des Selbstverständnisses einer solchen christlichen Sozialethik und zur Frage nach dem Sinn christlicher "Umkehr".

— Zu Recht verstand das 2. Vatikanische Konzil das Verhältnis von Kirche und Gesellschaft als ein dialektisches, im jeweiligen Geben und Nehmen verbunden. Danach ist die Kirche der menschlichen Gesellschaft "eingefügt", im Bewußtsein ihrer Glieder und hinsichtlich ihrer Strukturen aufs engste mit der jeweiligen Gesellschaft verflochten. Die biblische Forderung der ständigen "Umkehr" des Christen, soll sie nicht einer falschen Verinnerlichung zum Opfer fallen, schließt darum auch die sozialen Probleme einer die Freiheit, Gerechtigkeit und Solidarität einschränkenden, bedrohenden gesellschaftlichen Entwicklung ein. Darauf machte bereits der Prophet Jesaja sein Volk aufmerksam, das mit Gott rechnete, weil es fastete und Buße tat, Gott aber offenbar dies nicht bemerkte. Die Antwort Gottes durch den Mund des Propheten lautet: "Seht, an Euren Fasttagen macht Ihr Geschäfte und treibt zu aller Arbeit an. Während Ihr fastet, habt Ihr Streit und Zank und schlagt zu mit roher Faust. So wie Ihr jetzt fastet, wird droben Euer Rufen nicht gehört. Ist das ein Fasten wie ich es liebe, ist das ein richtiger Bußtag, wenn man den Kopf neigt wie ein Schilfrohr und sich in Sack und Asche bettet? Nennst Du das ein Fasten und einen Tag, der dem Herrn gefällt? — Das ist ein Fasten, wie ich es liebe: ungerechte Fesseln lösen, Stricke des Joches entfernen, Gefolterte freilassen, jedes Joch zerbrechen, Dein Brot an die Hungrigen austeilen, Arme, die kein Obdach haben, aufnehmen, wenn Du einen Nackten siehst, ihn be-

16 Der Staat und die Grundwerte. Ein Diskussionsbeitrag der Kommission I "Politik, Verfassung, Recht" des Zentralkomitees der deutschen Katholiken, hrsg. Bonn-Bad Godesberg 3. September 1976.

kleiden und Deinen Bruder nicht im Stich lassen! Dann bricht wie die Morgenröte Dein Licht hervor und Deine Heilung schreitet schnell voran. Deine Gerechtigkeit geht vor Dir her und die Herrlichkeit des Herrn folgt Dir nach. Wenn Du dann rufst, wird der Herr antworten, wenn Du schreist, wird er sprechen: hier bin ich!" (Jes. 58,1 – 9 a).

Das Joch beispielsweise eines inhumanen Leistungsprinzips, eines unsolidarischen Machtkampfes zum eigenen Nutzen im internationalen Beziehungsgefüge der Völker zu zerbrechen, fordert vom einzelnen Christen, innerhalb der Kirche, und damit beispielhaft und provozierend für die Gesellschaft, Freiheit zu ermöglichen und jene "Einheit" einzuüben, für die sich die Kirche ebenfalls auf dem 2. Vatikanischen Konzil als "Zeichen und Werkzeug" bekannte, als sich selbst so verstand: "Die Kirche ist gleichsam Zeichen und Werkzeug der Einheit der Menschen mit Gott und der Menschheit untereinander".[17] Auf den Grundkonflikt, der sich zwischen diesem Selbstverständnis der Kirche und ihrer praxisverändernden Kraft zu Ermöglichung von Zukunft für alle Menschen ergibt, soll im nächsten Abschnitt mehr eingegangen werden, um die dazu notwendigen weiterführenden Problemanalysen zu ermöglichen.

Für die gegenwärtige Diskussion über die offenkundige "Tendenzwende", näherhin um die Auseinandersetzung auch innerhalb der Kirche zur Bedeutung ständiger Reform scheint mir der wohl weithin in Vergessenheit geratene Beitrag des damaligen Vorsitzenden der Deutschen Bischofskonferenz, Julius Kardinal Döpfner, zur zeitgemäßen Interpretation der – wie Döpfner formuliert – "Wahrheit der 'Ecclesia semper reformanda', der wesensmäßig und deshalb immerfort gegebenen Notwendigkeit der Reform" der Kirche zu sein – datiert aus dem Jahre 1964! Döpfner weist dabei auf "drei Wesenseigenschaften der Kirche" hin, die eine ständige "strukturelle Reformbedürftigkeit" nach sich ziehen: ihre Menschlichkeit, ihre Geschichtlichkeit und ihre Bindung an die Sündhaftigkeit der Kirchenglieder. Auch die strukturellen Reformen, die für Döpfner vor allem mit dem 2. Vatikanischen Konzil begonnen hätten, gründen in der Bereitschaft zur Umkehr im Sinne des zuvor zitierten Prophetenworts: "Echte Reform kann nur geschehen im Geiste der Buße, der 'Metanoia' . . . Echte Reformbereitschaft wird . . . immer zuerst bei sich selbst beginnen." In diesem Sinne entwickelte Döpfner seine These von "Reform als Wesenselement der Kirche", indem er von der Reformgesinnung, dem Reformbewußtsein und der Reformbereitschaft als "Metanoia" des einzelnen Christen ausgehend die Reformbedürftigkeit der Kirche gerade heute dahingehend aufzeigte, "sich den Fragen der Zeit wirklich zu stellen". Dazu gehört heute, über ein Jahrzehnt nach diesen Überlegungen Döpfners, auch den Konflikt, den Widerspruch zwischen kirchlicher Reformmüdigkeit bis Reformfeind-

17 Dogmatische Konstitution "Lumen gentium", Nr. 1.

lichkeit und dem "Semper reformanda" zu sehen und zu überwinden, um überhaupt die Bereitschaft und die Fähigkeit der Kirche zu einem mehr als deklaratorischen oder appellativen Beitrag für die Lösung der Menschheitsprobleme zu wecken.[18]

Das gesamte Konfliktbündel — will man es nicht in philosophisch-abstrakter Spekulation einfachhin überspringen — zwingt somit die Kirche zunächst zur eigenen Einsicht und Umkehr, will sie tatsächlich Instanz zur Weckung eines neuen Wertbewußtseins sein. Verfehlt ihr "Angebot" diese Aufgabe, dann wird Religion, wie P. Berger in seiner Analyse der Dialektik von "Religion und Gesellschaft"[19] nachweist, ein zusätzlicher Faktor menschlicher Selbstentfremdung und der Verfestigung des status quo gegebenen Macht/Ohnmacht-Gefälles. Diesen Tatbestand spricht offenkundig die "Gemeinsame Synode der Bistümer in der Bundesrepublik Deutschland" an, wenn es in ihrem Beschluß "Unsere Hoffnung" heißt: "Die Welt braucht keine Verdoppelung ihrer Hoffnungslosigkeit durch Religion; sie braucht und sucht (wenn überhaupt) das Gegengewicht, die Spannkraft gelebter Hoffnung. Und was wir ihr schulden, ist dies: das Defizit an anschaulich gelebter Hoffnung auszugleichen".[20]

Die Wege zur Realisierung dieser Folgerung bzw. Forderung setzen konsequenterweise sowohl bei der Reflexion des Hoffnungspotentials christlichen Glaubens für die gegenwärtige Lebenssituation als auch bei der Veränderungsbereitschaft und -fähigkeit des einzelnen Glaubenden wie der Kirche als deren Gemeinschaft an. Man geht kaum fehl in der Annahme: so

---

18 J. Döpfner, Reform als Wesenselement der Kirche, Würzburg 1964, S. 10, 13 und 23. Auch die aus der neuen Situation sich an eine "Ecclesia semper reformanda" stellende Herausforderung scheint Döpfner verstanden und angenommen zu haben, wenn er in der zitierten Ansprache vor der Deutschen Bischofkonferenz ausführte: "Angesichts der neuerkannten Perspektiven unserer Weltsituation wird immer wieder ein neues Denken, eine neue Einstellung, ein neues Verhalten, eine neue Ethik gefordert. Diese Forderung richten viele in ihrer Sorge um die Zukunft der Menschheit gerade an die Kirche". Döpfner entwickelte sodann einige neue Ansatzpunkte für diese neue Ethik des Christen, die er mit dem Hinweis zusammenfaßte: "Die Schaffung eines neuen Bewußtseins und eines neuen Verhaltens ist wichtig und grundlegend. Allerdings darf uns das nicht unsere Verantwortung für die politischen Leitvorstellungen und Maßnahmen der Regierungen, insbesondere unserer Regierung und der Öffentlichkeit, vergessen lassen. Staat und öffentliche Meinung verbreiten ihre Konzeption über die Probleme des Bevölkerungswachstums, der Nahrungsmittelverknappung, der Erschöpfung der Rohstoff- und Energievorräte, der Umweltgefährdung und der beschleunigten industriellen Entwicklung. Werden diese Probleme richtig gesehen? Katholische Wissenschaftler und Politiker, unsere Verbände und Akademien stehen vor der Aufgabe sich mit all dem intensiver auseinanderzusetzen" (S. 14 f. und 16.). Vgl. auch J. Höffner, Der Hunger in der Welt, hrsg. vom Presseamt des Erzbistums Köln, 1975.

19 P. Berger, Zur Dialektik von Religion und Gesellschaft, Frankfurt 1973.

20 Beschluß der Gemeinsamen Synode der Bistümer in der Bundesrepublik Deutschland "Unsere Hoffnung", in: Gemeinsame Synode. Offizielle Gesamtausgabe, Bd. 1 Freiburg 1976, S. 101.

eng beide Positionen miteinander verbunden, dialektisch einander zuge-
ordnet sind, wird sich das Hoffnungspotential christlichen Glaubens darin
erweisen, wie konkret an die Stelle von Ohnmacht bzw. passiv hingenom-
menem sozialen Wandel christliche Gestaltungskraft, Mitbestimmung und
Mitverantwortung gesetzt und damit Möglichkeiten der Selbstbestimmung
und freiheitlichen Entfaltung geschaffen werden.

5.2. Kreative Konfliktlösung – Voraussetzung kirchlichen Engagements für ein neues Wertbewußtsein und für mehr Solidarität

Diese These ergibt sich m.E. zwingend aus den bisherigen Überlegungen:
weist doch der bereits angesprochene Grundkonflikt zwischen Theorie
und Praxis, näherhin, zwischen dem neuen Selbstverständnis der Kirche
als "Zeichen und Werkzeug der Einheit" und dem kirchlichen Leben an
der gemeindlichen Basis wie auch im kirchenamtlichen Handeln auf die
Notwendigkeit hin, Beiträge zur "Einheit", zur Solidarität der Menschen
aus der eigenen Konfliktbewältigung, aus einem eigenen neuen Wertbewußtsein heraus zu leisten. Ohne Zweifel hat für die Katholische Kirche
das 2. Vatikanische Konzil in dieser Richtung konfliktverschärfend ge-
wirkt, was z.T. die derzeitige "Tendenz" erklärt, zu einem angeblich kon-
fliktloseren Zustand zurückzufinden, wie er im Zeichen des 1. Vatikanischen Konzils mit der Stärkung päpstlicher Autorität möglich war. Die hier
sich zeigende geschichtliche Entfaltung des kirchlichen Selbstverständnisses und auch die damit verbundene spezifische Tradition des Konfliktumgangs ist aus der Theologie- und Kirchengeschichte einigermaßen einsichtig
zu erklären. So hat beispielsweise die Wirkmacht paulinischer Bilder von
der Kirche eine starke Tendenz zu ihrer Mystifizierung ausgelöst, wie sie
sich etwa in der Definition vom "Corpus Christi Mysticum" zeigt, was
besagen will, daß mit einer bleibenden Verbindung Christi mit der von
ihm gestifteten Kirche diese gleichsam als Mystischer Organismus verstanden werden soll, in dem Christus das Haupt und die Gläubigen die Glieder
darstellen.[1] Die notwendige Einheit bei aller Vielfalt dieses "Corpus" zu
wahren, vollzieht das hierarchische Amt eine besondere Leitungs- und
Autoritätsfunktion. So stellte sich immer wieder die Reinerhaltung der
kirchenamtlichen Lehre bei Theologen und Gläubigen auch als eine "Einheit stiftende" Funktion dar, wonach die Konfliktlösung über das "Ana-
thema sit" ("er sei im Bann", d.h. ausgeschlossen) jahrhundertelang Praxis
der Kirche war.

Inzwischen ist die Konfliktforschung ein wesentliches Stück vorangekommen und hat ideologische Fixierungen, wie die des marxistisch-antagoni-

---

1 Vgl. Pius XII., Enzyklika "Corpus Christi mysticum", 1947; sowie T. Robinson,
The body, study in Pauline Theology, London 1952; E. Käsemann, Leib und
Leid Christi, Tübingen 1933; A. Wickenhauser, Die Kirche als der mystische Leib
Christi nach dem Apostel Paulus, Münster 1937.

stischen Gesellschaftsverständnisses, deutlicher herausgearbeitet. Vor allem aber ist die Polarität von Solidarität und Konflikt näher untersucht worden.[2]

Ohne hier auf die verschiedenen Konflikttheorien näher einzugehen, halte ich eine Abgrenzung meines eigenen Verständnisses von Konflikt für notwendig, nicht zuletzt um das erkenntnisleitende Interesse beim nachfolgenden exemplarischen Aufriß von Konfliktfeldern und Modi der Konfliktlösungen in den Kirchen offenlegen zu können. Es ist das Verdienst aller modernen Konflikttheorien, die negativen Assoziationen, die der Begriff Konflikt bisher auslöste, nicht nur stark abgebaut, sondern mehr und mehr in eine positive Bewertung umgewandelt zu haben.[3] Diese positiven Chancen der Konfrontation mit einer rationalen, kreativen Bearbeitung von Konflikten werden jedoch in den Kirchen, und zwar den Kirchenleitungen wie auch dem Kirchenvolk für die Verwirklichung oder Verlebendigung der Kirche noch nicht genügend beachtet. Sie bilden jedoch für meine weiteren Überlegungen den entscheidenden Ausgangspunkt. Die Mehrdeutigkeit des Begriffs "Konflikt" hebt insgesamt seine positive Wertung nicht auf. Da dieser Begriff jedoch angewandt wird auf innere psychische Zustände, auf das individuelle Verhalten und Handeln wie auch auf den interpersonellen, kommunikativen Bereich, verbindet sich mit den verschiedenen Konfliktarten auch die Möglichkeit der unterschiedlichen negativen wie positiven Strategien in den jeweiligen Konfliktsituationen, ohne um die Sekundär- oder Tertiärwirkungen von vornherein zu wissen, ganz abgesehen von den total negativen Strategien einer Tabuisierung oder gar machtmäßig-autoritären Verdrängung bzw. Beendigung von Konflikten. Die gegenwärtig vertretenen, älteren wie jüngeren Konflikttheorien tragen allerdings ihrerseits nicht dazu bei, eine einheitliche Meinungsbildung über den positiven Wert des Konflikts als soziales Entwicklungsphänomen zu fördern. So stehen etwa die Auffassung G. Simmels, wonach der Konflikt eine Form der Vergesellschaftung und notwendiges Element zur Erhaltung einer Gesellschaft darstellt, und die Meinung T. Parsons, für den der Konflikt eine Art Krankheit des sozialen Organismus und ein außergewöhnliches oder gar abweichendes Verhalten darstellt, vordergründig betrachtet einander konträr gegenüber. Eine ähnlich antithetische Begriffsbestimmung trifft man auch bei neueren Vertretern der Konflikttheorie an, z.B. bei R.

---

2 Vgl. H. Feger, Beiträge zur experimentellen Analyse des Konflikts, in: Handbuch der Psychologie, Bd. 2, Göttingen 1965, S. 332 ff.
3 Vgl. etwa L.A. Coser, Theorie sozialer Konflikte, Neuwied-Berlin 2. Aufl. 1972; K. Lewin, Die Lösung sozialer Konflikte, Bad Nauheim, 3. Aufl. 1968; G. Simmel, Soziologie. Untersuchungen über die Formen der Vergesellschaftung, 3. Aufl. München, Leipzig 1923; W.L. Bühl (Hrsg.), Konflikt und Konfliktstrategie, München 1972; R. Dahrendorf, Soziale Klassen und Klassenkonflikt, Stuttgart 1957; H.J. Krysmanski, Soziologie des Konflikts, Hamburg 1971; D. Senghaas, Konflikt und Konfliktforschung, in: Kölner Zeitschrift für Soziologie und Sozialpsychologie, 21. Jg. Heft 1 (1969), S. 31 ff.

Dahrendorf und L.A. Coser. Es müßte jedoch einmal näher untersucht werden, ob diese unterschiedliche Bewertung eine echte Gegensätzlichkeit der grundsätzlichen Auffassung oder verschiedene konflikt-theoretische Ansätze und Perspektiven offenlegt, die durch den wissenschaftstheoretischen, -disziplinären oder auch — was vor allem für die Soziologen gilt — gesellschaftstheoretischen Standort im engeren Sinn vorbestimmt sind. Einigkeit besteht darin, den Konflikt als ein Grundphänomen des sozialen Lebens und als ein Grundelement jeder Interaktion anzusehen. Seine positive oder negative Bedeutung für das soziale Leben ist jedoch weiterhin umstritten.

In Anlehnung an die Position L.A. Cosers möchte ich dem Konflikt einen hohen Stellenwert zur Festlegung und Wahrung der Identität von Gruppen und Gesellschaften gegenüber ihrer Umwelt zuschreiben. Dabei ist der Konflikt bereits ein Indikator für die Dichte der sozialen Beziehungen: je enger die Beziehungen, desto intensiver kann der Konflikt sein! Die Anerkennung solcher Konflikte und die Bereitschaft, sie zugunsten der Verbesserung sozialer Beziehungen zu lösen, ist ein Zeichen der Beziehungsstärke und Beziehungsstabilität. Nur leicht zerbrechliche Sozialstrukturen können sich keine offenen Konflikte leisten. Allerdings wird diese Zerbrechlichkeit zumeist normativ ideologisiert. Beides steht in engem Zusammenhang: da jeder Konflikt dazu beiträgt, die bestehenden Normen innerhalb einer Gruppe oder eines sozialen Systems neu zu hinterfragen, zu beleben oder zu verändern, wird leicht mangelnder Mut zur Veränderung durch ideologische Fixierung der Normen kaschiert. Jeder soziale Konflikt kann als Mechanismus der Anpassung von Normen an veränderte gesellschaftliche Bedingungen verstanden werden. Das wird besonders einsichtig bei Außenkonflikten, die entweder die gemeinsamen Werte und Normen wieder stärker ins Bewußtsein heben oder in Richtung auf eine größere Solidarität verändern. Konflikte innerhalb eines sozialen Systems können jedoch auch Personen und Gruppen zusammenführen, die sonst in keiner oder nur in einer lockeren Beziehung standen. Die zuvor angesprochene Gefahr einer Ideologisierung des Konflikts ist vor allem dann gegeben, wenn sich die Teilnehmer des Konflikts nur als Vertreter einer Idee oder eines Kollektivs verstehen und dafür kämpfen. Die damit einhergehende Entpersönlichung des Konflikts ist im Grunde das Spiegelbild der Ideologisierung. Sie kann die Konfliktaustragung soweit radikalisieren, daß er zu einem Unwert wird, der zerstörend wirkt.

Gerade für das Konfliktfeld "Kirchen" lassen sich viele historische Beispiele für die zerstörerische Kraft einer solchen Konfliktaustragung, aber auch für die autoritäre Unterbindung des geistigen Kampfes in antagonistischen Beziehungen oder Interaktionen erbringen. Ein dem äußeren Schein nach konfliktloser Zustand sozialer Systeme wird zumeist erkauft mit dem Preis sich verfestigender und nicht selten verselbständigter Herrschafts- bzw.

Verwaltungsstrukturen mit entsprechend schwachen sozialen Beziehungen und mangelnder sozialer Entwicklung. Dagegen bieten schöpferische Konfliktlösungen die Chance, zu Veränderungen jener Situation beizutragen, die den Konflikt ausgelöst hat. Das setzt bei besonders ausgeprägten Abhängigkeitsverhältnissen ein besonderes Maß an Kommunikationsbereitschaft und die Fähigkeit voraus, auf den Einsatz autoritärer Machtausübung zu verzichten, ggf. sogar die Lösung des Konflikts durch kompromißhaften Konsens und nicht durch demokratische Abstimmung zu erreichen.

Diese wenigen Hinweise mögen genügen, um meinen eigenen Standort abzugrenzen. Zugleich aber wurde damit, so hoffe ich, auch eine Proposition zu den hier gefragten Konflikten in den Kirchen deutlich, die bereits problemorientiert sein wollte.

In einer weiteren Stufe dieser Problemorientierung soll kurz auf den bisherigen Umgang mit sozialen Konflikten in den Kirchen reflektiert werden, und zwar von der Basis heutiger konflikttheoretischer Erkenntnisse her. Quer durch die verschiedenen Konflikttheorien werden grundsätzlich fünf Modi des Umgangs mit sozialen Konflikten unterschieden und relativ einhellig positiv bzw. negativ gewertet:

— Eine rasche autoritäre Beendigung des Konflikts durch Ausschluß der Opponenten. Man kann auch von einer negativen Sanktionierung des Konflikts sprechen. Die Situation sozialer Systeme, in denen solcher Konfliktumgang vorherrscht, ist vor allem durch die zuvor angedeutete Ideologisierung aller Konflikte gekennzeichnet, die eine Veränderung bestehender Normen um angeblich höherer Werte willen nicht zuläßt.

— Der Konflikt wird ebenfalls autoritär beendet, indem unter Einsatz repressiver Mittel und unter Beschwörung des Gruppengeistes und seiner Tradition der Opponent unterworfen wird.

— Der Konflikt wird dadurch negativ sanktioniert, daß Koalitionen zu dem Zweck gebildet werden, genügend starke Mehrheitsverhältnisse zu schaffen, die es erlauben, die Opponenten zu überstimmen und auszuschalten. Die dabei entwickelten Konfliktstrategien sind nicht selten durch Macht, Zwang und Gewalt gekennzeichnet; der Sieg der einen und die Unterwerfung der anderen läßt keine Entwicklung kreativer Kräfte zu.

— Man fürchtet und scheut den Konflikt als unwürdigen Streit. Um "des lieben Friedens willen" einigt man sich auf Kompromisse, die ebenfalls keine schöpferischen Potenzen auslösen. Die sozialen Beziehungen solcher Systeme sind von geringer Dichte gekennzeichnet.

— Konflikte werden von einem sozialen System ernst genommen, und zwar als Indikator unterschiedlicher Bedürfnisse und Interessen. Diese werden von den jeweiligen Vertretern rational analysiert und untereinander bzw. voneinander akzeptiert. Was im Konflikt auf dem Spiel steht, wird sowohl empfunden wie auch erkannt. Einer Veränderung der Situation wird ein hoher Wert beigemessen, da sie die Möglichkeit schafft, personale Beziehungen nicht zuletzt auch um der Stabilisierung der jeweiligen Gruppe bzw. des sozialen Systems willen neu zu begründen und abzusichern.

Generalisierend ließe sich die zuerst genannte Konfliktbehandlung vor allem der katholischen Kirche zuschreiben, evtl. auch die an vierter Stelle genannte Form des Konfliktumgangs, wenn nicht so sehr die Kirche als Ganze, sondern Gliederungen in Form von Gemeinden, kirchlichen Verbänden und Organisationen in den Blick genommen werden. Entsprechend könnte man die an zweiter und dritter Stelle genannten Modi des Umgangs mit sozialen Konflikten vor allem für die Kirchen der Reformation vermuten. Für beide christlichen Kirchen etwa in der Bundesrepublik Deutschland ließe sich jedoch auch mit Recht die Frage anschließen, ob die Ergebnisse der neueren Konflikttheorien mit ihrer neuen Bewertung des Konflikts als soziales Entwicklungsphänomen nicht dazu geführt haben, daß bereits in einzelnen Konfliktfällen oder in der Grundtendenz des Konfliktumgangs die an fünfter Stelle genannte Konfliktbehandlung sich durchgesetzt hat. Da es mir nicht darauf ankommt, eine kirchenhistorische Aufrechnung der bisherigen Konfliktbehandlung aufzustellen, ist die zuletzt genannte Frage von besonderer Bedeutung.

Abgesehen von der Wirkmacht wissenschaftlicher Konfliktheorien sind die Kirchen in eine Situation geraten, daß ihre Glaubwürdigkeit und damit ihre Existenz in einem hohen Maße davon abhängig sind, wie die von den Menschen unserer Tage mit wacherem Bewußtsein als früher registrierten Konflikte ausgetragen werden. Die Existenzfrage stellt sich deshalb, weil sich neben den genannten fünf Modi der Konfliktbehandlung für die Kirchen eine sechste Form empirisch aufzeigen läßt, nämlich eine Verdrängung des Konflikts durch den freiwilligen Auszug der Opponenten aus der Kirche. Wenn sich damit jedoch, wie eingangs bereits angedeutet, ein neues Verständnis von einem "anonymen Christentum" bzw. einer "Kirchlichkeit" verbindet, das nur mit der gegenwärtigen "Institution Kirche" bricht, nicht jedoch mit dem geistigen und geistlichen Anspruch ihres Gründers Jesus Christus, dann könnte diese Form der Konfliktaustragung die Chance enthalten, die im Konflikt sich offenbarende Notwendigkeit von Veränderungen zu erreichen. Ein "Auszug aus der Kirche" allein um eine dem biblischen Anspruch entsprechendere Kirche zu schaffen, stellt noch keine positive Lösung des Konflikts dar. Sie gleicht in vielfacher Hinsicht der Sektenbildung früherer Epochen. Der Dialog und der Kommunikationsprozeß dürften dabei zwischen den antagonistischen Gruppen nicht abbrechen. Hier bieten derzeit beide Seiten keinen Grund, auf eine kreative Konfliktlösung zu hoffen. Zwar wird die neue Sensibilisierung der Menschen gegenüber Autorität, Macht und Herrschaft, vor allem wenn ihre Ausübung als unrechtmäßig und die Freiheit beeinträchtigend empfunden wird, beispielweise von den Bischöfen der katholischen Kirche in den Dokumenten des 2. Vatikanischen Konzils ausdrücklich anerkannt und akzeptiert. Danach will sich die Kirche etwa an der Aufgabe beteiligen, "eine politische, soziale und wirtschaftliche Ordnung zu schaffen, die immer besser im Dienst des Menschen steht und die dem Einzelnen wie den Gruppen dazu verhilft, die ihnen eigene Würde zu behaupten und zu entfalten."[4] Da sich die Kirche in dem gleichen Dokument als ein gesellschaftliches System versteht, dessen Ordnungsstrukturen durch die jeweiligen Normen der gesamtgesellschaftlichen Ordnung mitbestimmt werden, gilt alles das, was über die "gesellschaftliche Ordnung" ausgesagt ist, auch für sie selbst. Dazu bekennt sich die Kirche des 2. Vatikanums ausdrücklich. Es stellt sich aber immer ernsthafter die Frage nach der Praxis ihrer "Kirchenzucht", ihrer Veränderungsbereitschaft und ihrer Fähigkeit, den ihr spezifischen Ideologisierungsbann zu durchbrechen. Es gilt auch für die Kirche selbst, was sie über die Gesellschaft aussagt: "Die gesellschaftliche Ordnung und ihre Entwicklung müssen sich dauernd am Wohl der Personen orientieren, denn die Ordnung der Dinge muß der Ordnung der Personen dienstbar werden, und nicht umgekehrt. So deutet der Herr selbst an, als er sagt, der Sabbat sei um der Menschen willen da, nicht der Mensch um des Sabbat willen. Die gesellschaftliche Ordnung muß sich ständig weiter entwickeln, muß in Wahrheit gegründet, in Gerechtigkeit aufgebaut und von Liebe beseelt werden und muß in Freiheit ein immer humaneres Gleichgewicht finden. Um dies zu verwirklichen, sind Gesinnungswandel und weitreichende Änderungen in der Gesellschaft selbst notwendig".[5] Mit diesem Anspruch ist weder eine Tabuisierung von Konflikten noch eine autoritäre Beendigung vereinbar, vor allem wenn das Konzil "im Lichte Christi alle Menschen ansprechen" will, "um das Geheimnis des Menschen zu erhellen und mitzuwirken dabei, daß für die dringlichsten Fragen unserer Zeit eine Lösung gefunden wird".[6] Zu den "dringlichsten Fragen" zählt jedoch auch der Umgang mit sozialen Konflikten, dem eine neue, positive Bewertung des Konflikts als solchem vorausgehen muß, und zwar in Theorie und Praxis der Kirche selbst. Hier klaffen Theorie und Praxis in allen Kirchen auseinander. Aber auch die Theorie steht in Frage. Die zitierten und vergleichbaren Aussagen des 2. Vatikanischen Konzils sind zu Recht als eine neue Zuwendung zur Welt interpretiert worden. Was dabei an Forderungen nach Veränderung erhoben wurde, zielt beispielsweise auf die globalen Konflikte zwischen Arm und Reich, zwischen geistig-geistlicher Wertnahme der heutigen Menschen

---

4 Pastoralkonstitution des Zweiten Vatikanischen Konzils "Gaudium et spes", Nr. 10.
5 Ebd., Nr. 26.
6 Ebd., Nr. 10.

und dem zunehmenden Trend zur Ökonomisierung und Hedonisierung oder auch auf die endgültige Aufarbeitung eines über viele Jahrhunderte hinweg tradierten unchristlichen Dualismus von Diesseits und Jenseits. In Theorie und Praxis der Kirchen sind jedoch die Perspektiven über die Anerkennung epochaler Dynamik im sozialen Wandel zur Gruppen-Dynamik, mit der notwendigen positiven Bewertung von Konflikt und Aggression, noch nicht ausgezogen worden. Dabei bieten gerade die Kirchen exemplarische Erfahrungsfelder dafür, wie Unterdrückung und Verdrängung von Konflikten zu einem Stau von Aggressionen führen, und damit zur Blockierung einzelmenschlicher Entfaltung wie zur Lähmung von Gruppen und Gemeinden. Die schon zitierte Unterscheidung Mitscherlichs von „ungekonnten" und "gekonnten" Aggressionen und eine daran ansetzende Neubewertung etwa der Tugend der Friedfertigkeit als Ausdruck "gekonnter Aggression" mag in den Ohren vieler Kirchenchristen noch abenteuerlich bis gefährlich klingen.[7] Dennoch ist auch nach Meinung neuerer kritischer Exegese die bekannte Seligpreisung der Bergpredigt, die sich mit dem Frieden beschäftigt, einem gravierenden Mißverständnis ausgesetzt, wenn sie übersetzt wird mit: "Selig die Friedfertigen!" Wenn der Friedfertige der "Angepaßte" ist, der keinen Ärger macht, der Untertan, der sich duckt, und der im Hinblick auf das Jenseits alles Unrecht des Diesseits geduldig erträgt, der vor allem aber keine Unruhe stiftet, nicht ungehorsam wird, seine Aggressionen verleugnet, dann ist damit ein Zerrbild des Friedens Wirklichkeit. Übersetzt und versteht man aber den Urtext so: "Selig, die den Frieden bereiten, die den Frieden machen", oder: "Selig die Friedensstifter", dann kommt jenes dynamische Element zum Tragen, das dem Geist der Bergpredigt entspricht, und das sich sowohl in den Konfliktsituationen innermenschlicher wie zwischenmenschlicher Art in friedensstiftendem Agieren und Reagieren realisieren muß. Dann erst läßt sich auch hier "Entwicklung als neue Interpretation von Frieden" bezeichnen.[8]

Dazu ist jedoch in interdisziplinärer Zusammenarbeit vor allem von Theologie, Psychologie und Soziologie spezifische kirchliche Konfliktforschung zu leisten. Viele Veränderungen innerhalb der Kirchen würden dem eignen Anspruch, "in mehr Freiheit ein immer humaneres Gleichgewicht zu finden", mehr genügen, wenn ihnen eine solche Konfliktforschung vorausginge. Ich möchte mich in meinen nachfolgenden Überlegungen exemplarisch einigen kirchlichen Konfliktfeldern zuwenden.

Beim innerkirchlich-theologischen Konflikt zwischen der Kirche als "Zeichen" und als "Institution" könnte man mit einigem Recht von einem "Kernkonflikt" sprechen, der für die katholische Kirche heute vor allem

7 Vgl. A. Mitscherlich, Aggression und Anpassung, in: Die Idee des Friedens, S. 91.
8 Vgl. Paul VI., Enzyklika Populorum progressio, Rom 1967.

dadurch offenkundig geworden ist, daß sie sich auf dem 2. Vatikanischen Konzil mit einer neuen Definition ihres Selbstverständnisses unter einen neuen, erhöhten Anspruch gestellt hat. An die Stelle der früheren, die Kirche mehr mystifizierenden Formulierungen ist die Definition getreten: die Kirche sei "Zeichen und Werkzeug der Einheit der Menschheit mit Gott und der Menschen untereinander".[9] Dieser Anspruch stellt für eine Zeit, die durch erhebliche Uneinigkeit bzw. den Mangel an Solidarität gekennzeichnet ist, wodurch die Menschheit offenkundig zum ersten Mal mit der Frage ihrer eigenen Zukunft konfrontiert ist, eine starke Herausforderung dar. Denn um "Zeichen der Einheit", und d.h. für diese unsere Welt: Zeichen der Hoffnung auf mehr Solidarität, sein zu können, sind Veränderungen des "status quo" notwendig, die — um der Glaubwürdigkeit des Zeichens selbst willen — in den Kirchen zu beginnen haben. So stehen sich heute in einem harten Konflikt der Anspruch des Zeichens und die Realität der Institution wie der Praxis der Kirche gegenüber. Eine Organisation und Institutionalisierung des Kirchenvolkes ist notwendig; sie ist aber, das zeigt die ganze Geschichte der Kirche, auch immer zeitbedingt und einem steten Wandel unterworfen. Wieviele Konflikte sich bereits daraus ergeben haben, daß die Kirche nicht wandlungsfähig genug war, oder daß sie an Organisationsformen festhielt, die sie in Anlehnung an eine längst vergangene Gesellschaftsordnung übernommen hatte, sehen wir heute deutlicher als früher. Deutlicher als früher hat die katholische Kirche auch auf der Kirchenversammlung des 2. Vatikanums zugestanden, hinsichtlich ihrer "gesellschaftlichen Struktur die Möglichkeit und Tatsache der Bereicherung durch die Entwicklung des gesellschaftlichen Lebens" zu haben, um so hinsichtlich ihres Auftrags für die Welt immer "tiefer erkannt, besser zur Erscheinung gebracht und zeitgemäßer gestaltet werden zu können".[10] Gemessen an ihren eigenen Aussagen hinsichtlich der notwendigen Veränderungen unserer Gesellschaft hin zu mehr Gerechtigkeit, Menschlichkeit und Freiheit, und auf dem Hintergrund etwa der um die Kirche herum sich ausbreitenden Demokratisierung aller Lebensbereiche bedeutet beispielsweise das Festhalten an anachronistischen Formen der Machtausübung, der Organisation, der Relationen von Kirche, Gesellschaft und Staat, daß der Konflikt durch den eigenen Anspruch verschärft und deutlicher ins Blickfeld von Christen und Nichtchristen gehoben wird.

Neben solchen Anachronismen aber stehen sich auch der theologisch-theoretische Anspruch und die kirchliche Praxis des religiösen und sonstigen innerkirchlichen Lebens nicht selten antagonistisch gegenüber. Hier meine ich vor allem jene Praxis an der sogenannten Basis kirchlicher Gemeinden und Verbände, wo in voller Erfüllung kirchlicher Gebote eine von

9 Dogmatische Konstitution des Zweiten Vatikanischen Konzils "Lumen gentium", Nr. 1.
10 Pastoralkonstitution "Gaudium et spes", Nr. 44.

diesen Geboten in bestimmten Kulthandlungen festgelegte Religiosität geübt oder in introvertierten Formen katholisches Verbindungs- und Verbandsleben gepflegt wird. Katholische Sozialbewegung und katholische Soziallehre beschuldigten sich in jüngster Zeit gegenseitig, für die abnehmenden Potenzen zur christlichen Gestaltung unserer Gesellschaft verantwortlich zu sein.[11] Wohl kaum ist fernerhin die Tatsache zu übersehen, daß kirchliche Gemeinden auch ohne den Spaltungseffekt pluraler Theologie in der steten Gefahr sind, zur Sekte zu werden. Das ist vor allem dann der Fall, wenn seitens des Kirchenvolkes vor allem "religiös konsumiert" wird, ohne daß dazu immer das notwendige Bedürfnis besteht, sondern lediglich in Befolgung des Gesetzes. Wenn Kritiker der Kirche diese heute auf die gleiche Ebene mit freizeitgestaltenden Vereinen stellen wollen, dann steht zumindest fest: für diese Kritiker ist die Kirche nicht "Zeichen der Einheit und Hoffnung", entspricht die Praxis kirchlichen Lebens nicht der theologischen Theorie, daß sich daraus für sie eine besondere Privilegierung oder Partnerschaft nahe legt. Der Trend nach innen, der sektenhafte Zug ins Ghetto, wird jedoch nicht nur von außen, von Gegnern der Kirche aufgezwungen, er ist vielmehr trotz dieser Außenbedrohung eine latente Gefahr, die durch eine übermäßige Beschäftigung mit sich selbst, etwa mit liturgischen Reformen und einer Umorganisation von Verwaltung und Leitung auftritt. Denn das "Zeichen" bedeutet nach dem eigenen Anspruch ein Heilsdienst, der gleichzusetzen ist mit Weltdienst.[12] Ohne diesen Weltdienst wäre der christliche Glaube tot, und die in Gemeinden oder Verbänden, in hierarchischen oder demokratischen Organisationsformen institutionalisierte Kirche würde zum Hindernis für die Verwirklichung ihrer Heilsbestimmung. Der übermäßige Blick nach innen, von dem sich auch beispielsweise die Gemeinsame Synode der Bistümer in der Bundesrepublik Deutschland offenbar nicht losreißen konnte, läßt die gesellschaftspolitische und sozialkritische Dimension des kirchlichen Selbstverständnisses als "Zeichen" für diese Welt nicht genügend zum Durchbruch kommen. Zu Recht kritisieren darum gerade junge Menschen heute eine neben dem gemeindlich-religiösen Leben her getätigte Caritas, bzw. Diakonie, wenn diese der alleinige Ausdruck kirchlicher Weltverantwortung bleibt; denn sehr schnell gerät sie in die Gefahr der Lückenbüßerfunktion für die etablierte Gesellschaft, oder auch der Alibifunktion für eine weltflüchtige Seelsorge.[13]

11 Vgl. Tod der katholisch-sozialen Bewegung? Dokumentation einer Diskussion, hrsg. vom Katholisch-Sozialen Institut der Erzdiözese Köln in Verbindung mit der Katholischen Nachrichten-Agentur, Bad Honnef 1971.

12 Vgl. W. Dreier, Heilsdienst als Sozialdienst der Kirche auf der Ebene der Gemeinde, in: Ortskirche — Weltkirche. Festgabe für Julius Kardinal Döpfner, hrsg. von H. Fleckenstein u.a., Würzburg 1973, S. 572 ff.

13 Vgl. W. Dreier, Sozialarbeit — Lückenbüßer der Leistungsgesellschaft? Hrsg. von Generalsekretariat des Deutschen Caritasverbandes und der Zentrale Sozialdienst Katholischer Männer, Freiburg/Köln 1972.

Theologisch betrachtet macht dieser Kernkonflikt zwischen Anspruch und Wirklichkeit, zwischen Zeichenhaftigkeit und institutioneller wie religiöser Praxis einen gewichtigen Teil des sakramentalen Charakters von Kirche aus, nämlich als Gemeinschaft derer, die an die Heilstat Gottes in Leben, Tod und Auferstehung Jesu glauben, für diese Welt selbst Werkzeug des Heils zu sein.

Das "Zeichen Kirche" realisiert sich jedoch allein in dieser sakramentalen Funktion an der Welt. "Darum ist nicht alles in der Kirche (als Ecclesia semper reformanda) gradlinige Entwicklung nach oben; es gibt das schuldhafte Verfehlen des von Gott Gewollten. Es kann die Darstellung der Liebe Christi mangelhaft sein, wenn die Kirche etwa Mittel der Macht und nicht der Demut — der Gewalt und nicht des Dienstes einsetzt. Kurzum, die Kirche kann schuldhaft hinter dem von Gott jeweils Gewollten zurückbleiben aus Bequemlichkeit, Selbstsucht, Herrschsucht, Trägheit usw." Gegenüber jeder Art Mystifizierung der Kirche etwa als der "fortlebende Christus" muß mit dem klaren Wort Döpfners immer wieder betont werden: "Hier ist die Grenze, wo das Inkarnationsgeheimnis nicht mehr auf die Kirche übertragen werden kann. Der Gottmensch war persönlich von jeder Sünde frei, doch die Fortführung seines Werkes hat er anfechtbaren, sündigen Menschen anvertraut". Allerdings darf nunmehr nicht an die Stelle falscher Mystifizierung der Kirche eine solche der sog. Sündhaftigkeit und Menschlichkeit treten: in jeder geschichtlichen Situation — Döpfner nennt die Menschlichkeit, die Geschichtlichkeit und die Sündhaftigkeit ihrer Glieder "die drei Wesenseigenschaften der Kirche" — ist der Konflikt zwischen Anspruch und Wirklichkeit des "Zeichens und Sakraments Kirche" nüchtern zu untersuchen und die konstruktive Konfliktlösung zum konkreten Inhalt der auch von Döpfner in diesem Zusammenhang zu Recht geforderten Umkehr zu machen: "Echte Reform kann nur geschehen im Geiste der Buße, der Metanoia". So ist — soziologisch betrachtet — der Umgang mit diesem der "Metanoia" zugrundeliegenden Konflikt ein Indikator für das Leben der Kirche, für ihre Wirksamkeit als "Zeichen und Werkzeug der Einheit".[13a]

Was dies für eine praxisverändernde kirchlich-theologische Bildung bedeutet, kann vor allem der erahnen, der über eine religiöse Konsumentenhaltung hinaus die Identifikation mit einer Kirche als "Zeichen und Werkzeug der Einheit" sucht. Was darum zuvor über die Identitätskrisen, näherhin über das verengte Problembewußtsein und ein daraus sich erklärendes partikulares Denken und Handeln in unserer Gesellschaft festgestellt wurde, zwingt auch die Kirche in dieser unserer geschichtlichen Situation zur Reform; wobei die zufällige Analogie der Formulierungen Döpfners und

13a J. Döpfner, Reform als Wesenselement der Kirche, S. 12 f.

Krockows ins Auge springen: "Reform als Wesenselement der Kirche" — "Reform als politisches Prinzip".

In der Praxis kirchlichen Lebens spaltet sich dieser Kernkonflikt gleichsam auf zu einem Konfliktbündel, indem auf den verschiedenen Gebieten, etwa des engeren religiösen Lebens im Gottesdienst, im Verständnis tradierter Normen und Gesetze bzw. der dynamischen Zuordnung von Freiheit, Gesetz und Norm, hinsichtlich der Möglichkeiten vertiefter und neuer Erkenntnis der biblischen Forderungen Jesu, ihrer ersten kerygmatischen Zuordnung auf die Situation der Urgemeinden sowie ihrer dogmatischen Abgrenzung und Festlegung in den nachfolgenden Jahrhunderten, in der Abgrenzung und Zuordnung von Amt und sogenannten Laien in der Kirche beharrende und auf Veränderung drängende Kräfte miteinander konfrontiert und in allen von der modernen Konflikttheorie herausgestellten möglichen Formen der Auseinandersetzung begriffen zu sein scheinen. Wenn dabei Versuche autoritärer Konfliktbeendigung, wie sie in der Geschichte der Kirchen immer wieder getätigt wurden, heute Schlagzeilen machen, dann ist dies ein Zeichen dafür, daß eine neue Sensibilisierung für Glaubens- und Gewissensfreiheit nicht nur in der pluralen Gesellschaft, sondern auch innerhalb der Kirchen stattgefunden hat. Andererseits ist die wachsende Zahl der sogenannten Auswahlchristen und jener, die ohne Bindung an eine Kirche sich als Christen verstehen, eine direkte Frage an sogenannte fortschrittliche und traditionelle Theologen, Amtsträger und Kirchenleitungen zugleich, den persönlichen Konflikt dieser Menschen mit ihrer Kirche zunächst provoziert, dann jedoch in der nachfolgenden Identitätskrise und beim Abbruch der Beziehungen zur Kirche ohnmächtig beiseitegestanden zu haben. Gegenüber dem Auszug aus der Kirche stellt jedoch das Verbleiben in der Kirche keineswegs ein Zeichen für besondere Konfliktfähigkeit und Konfliktbereitschaft dar. Für diese These bietet auch der nachfolgende zweite exemplarische Aufriß eines Konfliktfeldes verifizierende Daten und Fakten, die, unserem Thema entsprechend, für die Kategorie gesellschaftlicher Konflikte bedeutsam sind.

Zur Vorbereitung der Gemeinsamen Synode der Bistümer in der Bundesrepublik Deutschland wurde eine umfangreiche schriftliche und mündliche Umfrage bei Katholiken durchgeführt, die zur bisher größten und ergebnisreichsten religionssoziologischen Studie für die katholische Kirche führte. Neben einer allgemeinen schriftlichen Umfrage mit 21 Millionen ausgegebenen Fragebogen und einem Rücklauf von 4,4 Millionen fand eine repräsentative Kontrollerhebung bei 4 500 Katholiken statt. Dazu wurde eine mündliche Repräsentativumfrage bei 4 000 Katholiken durchgeführt. Der Entwurf, die organisatorische Betreuung, die Durchführung der Untersuchungen und ihre Auswertung wurde vom Institut für Demoskopie Allensbach verantwortet. Innerhalb der zuletzt genannten mündlichen Repräsentativumfrage fand die von Milton I. Rosenberg entwickelte sozialpsychologische Theorie der affektiv-kognitiven Balance erstmalig in diesem großen Umfang Anwendung.[14] Die Theorie der affektiv-kognitiven Balance enthält die These, daß Einstellungen der Menschen eine kognitive und eine affektive Dimension haben, und daß diese zwar unabhängig voneinander sind, aber in einer dynamischen Beziehung stehen. Die kognitive Dimension repräsentiert ein relativ komplexes System, das sich vor allem aus den zwei folgenden Positionen zusammensetzt: Orientierung des Einzelnen an Werten und Perzeption eines Einstellungsobjekts unter dem Gesichtspunkt seiner Instrumentalität für die Werte bzw. Ziele einer Person. Rosenberg postulierte, je größer die Instrumentalität eines Objekts (kognitive Struktur), desto stärker ist die Neigung zu diesem Objekt bzw. desto positiver die Einstellung (Affektivität). Mit Hilfe eines Kartenspiels, auf dem 36 verschiedene Wertungen abgedruckt waren, bezeichneten die 4 000 befragen Katholiken zunächst das, was ihnen erstrebenswert schien. Sodann wurden ihnen dieselben Karten noch einmal vorgelegt, um durch erneute Plazierung der einzelnen Karten nunmehr aussagen zu können, welche Werte die katholische Kirche fördere oder behindere. Eine Diskrepanz war von vornherein zu vermuten. Wie groß diese jedoch ist, und in welchen Wertbereichen die Diskrepanzen besonders auffällig sind, ergab die Auswertung. Es zeigte sich, daß Katholiken zwischen dem gesellschaftlichen Wertsystem, wonach sie streben, und dem, wofür ihrer Ansicht nach die Kirche einsteht, wie G. Schmidtchen in der Auswertung anführt, "eindrucksvolle Diskrepanz empfinden". Ich stütze mich im nachfolgenden auf die Auswertung G. Schmidtchens.[15] Danach ist festzustellen, daß die Kirche zwar für viele Dinge, die die Menschen heute engagiert anstrengen, eintritt, daß dieselbe Kirche aber auch Werten entgegensteht, die viele Menschen hochschätzen und zu verwirklichen trachten. In der Kultivierung der Beziehung zu anderen Menschen und der Konkretisierung der Nächstenliebe leistet die Kirche mehr, als viele bereit sind, zu tun. 65 % erklären, das Verständnis für andere werde durch die Kirche gefördert, aber nur 40 % streben diesen Wert an. 79 % empfinden, daß die Kirche mahne, Menschen zu helfen, die in Not geraten sind, aber nur 43 % räumen dem eine große Bedeutung ein. 68 % halten den Wert, für die Gemeinschaft tätig zu sein, von der Kirche besonders gefördert, aber nur 17 % der Menschen wollen das. Für andere Menschen da sein, ist ein allgemeiner humaner Zielwert, von dem 73 % meinen, die Kirche sei zu seiner Verwirklichung förderlich tätig. Aber nur 26 % wollen sich dazu persönlich engagieren. Gesellschaftliche Werte wie: genug Selbstvertrauen

14 Vgl. Milton J. Rosenberg, Cognitive Structure and Additudinal Affect, in: Journal of Abnormal and Social Psychology, 1956, pp. 367 – 372.
15 Vgl. G. Schmidtchen, Zwischen Kirche und Gesellschaft. Forschungsbericht über die Umfragen zur Gemeinsamen Synode der Bistümer in der Bundesrepublik Deutschland (in Verbindung mit dem Institut Allensbach), Freiburg, Basel, Wien 1972.

gewinnen, im Leben vorwärtskommen, sich notfalls auch hart durchsetzen, etwas vom Leben haben, möglichst großer wissenschaftlicher Fortschritt, soziale Gerechtigkeit, sich möglichst frei fühlen — das wollen viele, aber gleichzeitig stellen sie fest, daß die Kirche zu all dem wenig beitrage. Dagegen wirke sie auf die Menschen ein, um sie bescheiden zu machen, aber das wollen in der Wertnahme die befragten Katholiken in der Mehrheit nicht. Hinsichtlich der seelsorgerischen Leistungen der Kirche meinen 80 %, daß die Kirche dafür da ist, im Glauben Halt zu bieten, aber nur 37 % meinen, einen solchen Halt zu brauchen. 73 % erklären, daß die Kirche es ermögliche, Trost zu finden, wenn man traurig und verzweifelt ist. Aber nur 28 % sind ernsthaft der Ansicht, daß sie Trost brauchen. Die größte Kongruenz findet sich hinsichtlich der Werte: an sich selbst arbeiten, nicht selbstzufrieden werden, meine Ruhe haben, meinen Frieden haben, immer ausgeglichen sein, daß man die heutige Welt verstehen kann, das Leben tapfer anpacken. Die verbreitetsten Wünsche sind: den Frieden bewahren und in geordneten Verhältnissen leben; viele der Befragten, aber nicht alle, empfinden, die Kirche trage dazu bei.[16]

In einer speziellen Auswertung hinsichtlich der Frage, in welchen Wertbereichen die Kirche als besonders hinderlich empfunden und wo sie als wertindifferent gesehen wird, sind die folgenden Ergebnisse beachtenswert: an der Spitze der Werte, von denen die Befragten meinen, sie würden durch die Kirche behindert, stehen: möglichst frei und unabhängig in den Beziehungen zum anderen Geschlecht sein, überflüssige Autoritäten abbauen, etwas vom Leben haben, möglichst großer wissenschaftlicher Fortschritt, in einer fortschrittlichen Gesellschaft leben, daß man sich als freier Mensch fühlt und möglichst frei und unabhängig sein kann, daß man die heutige Welt verstehen kann, für eine neue, menschlichere Gesellschaft arbeiten. Behinderung und Wertindifferenz werden am wenigsten gesehen bei den Wertsystemen: nicht nur für heute Leben, sondern auch an die Ewigkeit denken, daß man an etwas glauben kann, einen Halt hat, ein guter Mensch sein, für Sitte und Ordnung eintreten, Menschen helfen, die in Not geraten.

Es ist mir hier aus Zeitgründen nicht möglich, weiter ins Detail der Befragung vorzustoßen. So ist es zweifelsohne von besonderem Interesse, daß unterschiedliche Bildung abweichende Wertsysteme zu Folge hat. So haben beispielsweise Katholiken mit Volksschulbildung ohne weiterführende Bildung vor allem den Faktoren Ordobedürfnis, Festigkeit durch Glauben, Lebensgenuß einen hohen Stellenwert beigemessen, dagegen Katholiken mit Hochschulbildung vor allem den Faktoren: Fortschritt und Humanität, Mitmenschlichkeit und Selbstverwirklichung. Entsprechend sind auch die affektiven Bindungen an die Kirche, d.h. mit zunehmender Bildungskapazität erhöht sich der Wertkonflikt. Die Bindung an

16 Ebd., S. 57 ff.

die Kirche läßt in dem Maße nach, in dem die Wertsysteme von Kirche und Gesellschaft auseinanderklaffen. Schmidtchen kommt zu dem Ergebnis: "Die Strukturen Kirche und Gesellschaft werden von vielen Katholiken als diskrepant empfunden. Die Menschen verstehen sich heute von der Gesellschaft her und versuchen, sich infolgedessen auch von der Gesellschaft her zu gestalten. Das ist modernes säkulares Bewußtsein. Verbreitet sind Fortschrittserwartungen, Erwartungen an die Selbstgestaltungsfähigkeit des Menschen, die utopisch-religiöse Züge tragen. Die Kirche und die christliche Überlieferung werden von vielen nicht mehr als instrumentell für diese Werte empfunden. So geraten sie mit christlicher Überlieferung oder mit dem, was sie dafür halten, in Konflikt, geben die Beziehung zur Kirche auf."[17]

Auf diesem Hintergrund lassen sich wiederum — vergleichbar der zuvor angedeuteten Möglichkeit von Kern- und Randkonflikten — einzelne gesellschaftliche Konflikte ausdifferenzieren und in einen neuen Begründungszusammenhang bringen. Das gilt auch für solche gesellschaftlichen Konflikte, die nicht in dem gesellschaftlichen Subsystem Kirche entstanden, sondern in sie aus der Gesellschaft hineingetragen werden. Die Auseinandersetzungen zwischen einzelnen und Gruppen des Kirchenvolkes wie zwischen diesem und dem Kirchenamt bzw. den Kirchenleitungen, beispielsweise über die Forderungen nach Arbeitnehmer-Mitbestimmung oder nach einer breiteren Eigentumsstreuung, über die Präsenz der Kirche im Bildungssektor, des Schul- und Hochschulbereichs sowie der außerschulischen Bildung oder auch im caritativen Wirkfeld, nicht zuletzt aber auch die gegenwärtig wieder Schlagzeilen erzeugenden Auseinandersetzungen über das Verhältnis von Kirche und Staat, sowie staatlichen Initiativen zur Reform des Strafrechts, des Familienrechts oder auch des Jugendhilferechts, diese und andere Konfliktfälle verlangen auch innerhalb der Kirchen nach einer anderen Lösung als der gegenseitigen Diffamierung, links oder rechts zu stehen, kapitalistisch oder antikapitalistisch zu denken und entsprechend innerhalb oder außerhalb der Kirche zu stehen.

Damit wollte ich nicht bereits das Fazit gezogen haben. Die Formen der Konfliktaustragung in den Kirchen sind heute bereits differenziert. Wenn jedoch die These der modernen Konflikttheorie gilt, daß erst auf der Grundlage authentischer sozialer Beziehungen positive Konfliktlösungen möglich sind, dann reißt die mangelnde Konfliktfähigkeit in den Kirchen ein Kommunikationsproblem besonderer Tragweite auf. Die christliche Botschaft mit ihrem Hauptgebot der Liebe bedarf im Grunde keiner zusätzlichen Konflikttheorie, sieht man von vertiefenden und erhellenden interdisziplinären wissenschaftlichen Erkenntnissen über den Stellenwert des Konflikts, über die Formen seiner Austragung und die Möglichkeiten

17 Ebd., S. 68.

seiner Auswertung für die Entwicklung jedes Sozialsystems ab. So kann die moderne Konflikttheorie als eine Herausforderung der Kirche verstanden werden, sich auf ihr eigenes Selbstverständnis und die rechte Interpretation der biblischen Botschaft zu besinnen. Zu Recht kommt O. Hürter zu dem Schluß: "Der Umfang mit Konfrontation und Konflikt steht nicht im Gegensatz zum christlichen Ethos von Liebe, Frieden, Verständnis, Verzeihung. Vielmehr macht er deutlich, daß diese Werte nicht billig durch Behauptungen und Beschwörungen realisiert werden, sondern in fairer Auseinandersetzung. Darin nimmt sie den Partner ernst und macht ihn nicht von vornherein herabsetzend zum Objekt einer verweichlichenden 'Caritas', die den anderen letztlich demütigt und in Unfreiheit hält; ganz abgesehen davon, daß ein überbehutsames Vorgehen den Verdacht nahelegt, daß das in der oft unbewußten Angst geschieht, selbst in eine offene, klare, kräftige Auseinandersetzung gezogen zu werden."[18] Ich möchte dem abschließend anfügen, was der Vertreter des Österreichischen Episkopats, Bischof Johann Weber von Graz, auf der Römischen Bischofssynode äußerte. Die Menschen, meinte der Bischof, erwarten keine Kirche ohne menschliche Schwächen, aber eine Kirche, die sie herausfordert und mitreißt. Unter den Gaben des Geistes, auf die sich die Kirche stütze, sei in besonderem Maße die "Gabe der Stärke" hervorzuheben. Die Kirche dürfe allerdings nicht nur auf die Stärke setzen, sonst laufe sie Gefahr, "falsche Wege zu beschreiten oder auf einem falschen Platz stehen zu bleiben". Aus dem Wesen des Geistes Gottes, wie es in der Bibel dargestellt wird, sei der Mut des Christen auf Dynamik und Bewegung gerichtet. Die Welt "ändert sich ständig. Deshalb wird die Kirche die Tapferkeit zur Änderung immer wieder aufbringen müssen". Wenn jedoch Vertreter der Kirche "grundsätzlich den Eindruck der Trostlosigkeit des ausweglosen Pessimismus und der ständigen Anklage erwecken, so könnte es sein, daß dadurch schuldhafterweise andere Menschen vom Glauben, von Christus abgehalten werden". Die Gläubigen wollen nach Ansicht Webers nicht "in erster Linie nur Institutionen erleben, sondern zu Menschen der Hoffnung hinblicken, insbesondere zu Bischöfen". Es gelte daher, einen großen Einfallsreichtum zu entwickeln, um die Menschen zur Selbständigkeit zu erziehen. Sie sollten "auch ohne unsere direkte Anleitung in der Lage" sein, "die rechten Glaubens- und Lebensentscheidungen zu treffen."[19] Damit ist ein emanzipatorischer Entwicklungsprozeß für die Kirche gefordert, dessen neuralgischer Punkt jedoch der zukünftige Umgang mit Konflikten sein wird, beginnend mit der positiven Bewertung von Konflikten überhaupt und ihrer kreativen Austragung als einem Mittel,

---

18 O. Hürter, Soziale Konflikte und christliches Ethos, in: Humanum, hrsg. von J. Gründel u.a. Festgabe für R. Egenter, Düsseldorf 1972, S. 140; vgl. ferner A.K. Ruf, Konfliktfeld Autorität. Zur Ethik eines dialogischen Gehorsams, München 1974.
19 Vgl. KNA. Aktueller Dienst Vatikan, Nr. 241 vom 17.10.1974.

daß die Kirchen ihrem eigenen Anspruch als Zeichen der Hoffnung und des Heils entsprechen und damit der Menschheit den Weg zur Solidarität weisen können.

5.3. Reform statt Restauration und "Revolution"

Auf die Gefahr, mit philosophisch-abstrakten Abhandlungen des christlichen Menschenbildes, deklariert als Diskussionsbeiträge zur Lösung konkreter gesellschaftlicher Probleme, hinter die weitaus praxisbezogeneren Aussagen des 2. Vatikanischen Konzils zurückzufallen, habe ich bereits aufmerksam gemacht. Hier trifft das Wort K. Lefringhausens ins Schwarze: "Christliche Gesellschaftslehre wird nicht mehr mit philosophischer Gelassenheit alternative Gesellschaftsordnungen gegeneinander abwägen können, sondern mit Hilfe der Theorien sozialen Wandels die Chancen von Veränderungen zum Hauptgegenstand ihrer Untersuchungen machen." Dazu gehört es "die Regelmechanismen von Initiative und Widerstand, die Frage der Formulierbarkeit kollektiver Ziele, die in der Lage sind, Transformationsprozesse einzuleiten, die wissenschaftliche Kontrolle von Konsequenzen, die sich aus Handlungsmodellen ergeben, und die stabilisierende oder auch dynamisierende Funktion von Wertsystemen, die Offenheit und Lernfähigkeit gesellschaftlicher Systeme" als drängende und zu beantwortende Frage anzunehmen.[1]

Vor diesem Anspruch muß jedoch auch eine andere Gefahr gesehen werden, nämlich in einer falschen Alternative von Restauration oder Revolution die konkreten Ansätze der Reform aus dem Auge zu verlieren. Wir stehen derzeit offenbar wieder in einer Phase der Restauration, wobei nicht das reformerische Anliegen eines notwendigen "Wertkonservativismus" übersehen werden soll.

Keineswegs stellt jedoch die gegenwärtige "Tendenzwende" eine Reaktion auf revolutionäre Veränderungen oder auch nur Veränderungstendenzen dar, und zwar weder im innerkirchlichen noch im gesellschaftlichen Raum. Ohne zu übersehen, daß die kirchlichen Reformen im liturgischen oder auch im institutionell-organisatorischen Bereich zum Teil weitreichende Auswirkungen und tiefgreifende Änderungen nach sich zogen, die auch das Bewußtsein der aktiven Kirchenmitglieder berührten, verblieben diese Veränderungen doch im engen Bereich innerkirchlichen Lebens. Für sie und für das kirchliche Engagement im politischen Raum — etwa zu Gunsten menschlicher Grund- bzw. Lebenswerte — kann das Epitheton "revolutionär" kaum in Anspruch genommen werden. Dagegen stellen die hier geforderten Reformen eine revolutionäre Veränderung von Sein und Bewußtsein dar, wie sie — theoretisch bzw. deklaratorisch — auch in verschie-

---

1 K. Lefringhausen, Die gesellschaftliche Verantwortung der Theologie, in: Zeitschrift für Evangelische Ethik, 16. Jg., H. 5, 1972, S. 278 f.

denen kirchlichen Verlautbarungen gefordert werden. Die obengenannte These "Reform statt Restauration oder Revolution" wandelt sich somit zu eine Hypothese, deren Problematisierung ein Stück Dialektik kirchlicher Theorie und Praxis aufreißt.

Dazu möchte ich zunächst zwei Positionen aufzeigen, deren "revolutionäres" Potential kaum ausreicht, die entstehenden Reformen auszulösen; schon gar nicht vermögen sie den Grund für restaurative Tendenzen abzugeben.

5.3.1 "Populorum progressio" – eine "revolutionäre" Enzyklika?

Als eine revolutionäre Enzyklika wurde "Populorum progressio" von Papst Paul VI. aus dem Jahre 1967 bezeichnet. Von dem Leitgedanken her, "Frieden als Entwicklung" zu sehen, zeichnet die Enzyklika den Weg von "weniger menschlichen" zu "menschlicheren Lebensbedingungen" auf: "Weniger menschlich: das sind die materiellen Nöte derer, denen das Existenzminimum fehlt; das sind die sittlichen Nöte derer, die vom Egoismus zerfressen sind. Weniger menschlich: das sind die Züge der Gewalt, die im Mißbrauch des Besitzes oder der Macht ihren Grund haben, in der Ausbeutung der Arbeiter, in der Ungerechtigkeit von Geschäften. Menschlicher: das ist das deutlichere Wissen um die Würde des Menschen, das Ausrichten auf den Geist der Armut, die Zusammenarbeit zum Wohle aller, der Wille zum Frieden. Menschlicher: das ist die Anerkennung letzter Werte und die Anerkennung Gottes, ihrer Quelle und ihres Zieles, von seiten des Menschen. Menschlicher: das ist endlich vor allem der Glaube, Gottes Gabe, angenommen durch des Menschen guten Willen, und die Einheit in der Liebe Christi, der alle gerufen hat, als Kinder am Leben des lebendigen Gottes teilzunehmen, des Vaters aller Menschen".[2] Für diese Entwicklung gilt die folgende Konflikt-Strategie: "Sollte ein Konflikt zwischen den wohlerworbenen Rechten des einzelnen und den Grundbedürfnissen der Gemeinschaft entstehen, dann ist es an der staatlichen Gewalt, unter aktiver Beteiligung der einzelnen und der Gruppen eine Lösung zu suchen".[3] Die angeführten "Lösungen" klingen in der Tat äußerst revolutionär: "Das Gemeinwohl verlangt deshalb manchmal eine Enteignung, wenn ein Besitz wegen seiner Größe, seiner geringen oder überhaupt nicht erfolgten Nutzung, wegen des Elends, das die Bevölkerung durch ihn erfährt, wegen eines beträchtlichen Schadens, den die Interessen des Landes erleiden, dem Gemeinwohl hemmend im Wege steht. Das Konzil hat das ganz klar gesagt. Und nicht weniger klar hat es erklärt, daß verfügbare Mittel nicht einfach dem willkürlichen Belieben der Menschen überlassen sind und daß egoistische Spekulationen keinen Platz haben dürfen. Man braucht es deswegen nicht zu dulden, daß Staatsbürger mit übergroßen Einkommen

2 Paul VI., Populorum progressio, Nr. 21.
3 Ebd., Nr. 23.

aus den Schätzen und der Arbeit des Landes davon einen großen Teil ins Ausland schaffen, zum ausschließlichen persönlichen Gebrauch, ohne sich um das offensichtliche Unrecht zu kümmern, das sie ihrem Land damit zufügen".[4] Die Enzyklika stellt sodann diese äußerst konkreten Forderungen in den Zusammenhang der traditionellen kirchlichen Kapitalismus-Kritik: "Zum Unglück hat sich mit diesen neuen Formen des Lebens ein System verbunden, das den Profit als den eigentlichen Motor des wirtschaftlichen Fortschritts betrachtet, den Wettbewerb als das oberste Gesetz der Wirtschaft, das Eigentum an den Produktionsgütern als ein absolutes Recht, ohne Schranken, ohne entsprechende Verpflichtungen der Gesellschaft gegenüber. Dieser ungehemmte Liberalismus führte zu jener Diktatur, die Pius XI. mit Recht als die Ursache des 'internationalen Kapitalismus der Hochfinanz' brandmarkte. Man kann diesen Mißbrauch nicht scharf genug verurteilen".[5] Etwas allgemeiner gehalten, aber dennoch erkennbar, in seiner Zielrichtung auf die Überwindung des gegenwärtigen chaotischen Wachstums gerichtet, stellt die Enzyklika fest: "Jedes Programm zur Steigerung der Produktion hat nur so weit Berechtigung, als es dem Menschen dient. Es ist da, um die Ungleichheiten zurückzuschrauben, Verfehlungen zu bekämpfen, den Menschen aus seiner Versklavung zu befreien, ihn fähig zu machen, in eigener Verantwortung sein materielles Wohl, seinen sittlichen Fortschritt, seine geistige Entfaltung in die Hand zu nehmen. Entwicklung sagen bedeutet, sich um den sozialen Fortschritt genauso kümmen wie um den wirtschaftlichen. Es reicht nicht, den allgemeinen Reichtum ansteigen zu lassen, um ihn dann gleichmäßig zu verteilen. Es reicht nicht, die Technik auszubauen, damit die Erde menschlicher zu bewohnen sei. Die Irrtümer derer, die ihnen voraus sind, sollten die Entwicklungsländer vor den Gefahren auf diesem Gebiet warnen. Die Technokratie von morgen kann genauso schwere Fehler begehen wie der Liberalismus von gestern. Wirtschaft und Technik erhalten ihren Sinn erst durch den Menschen, dem sie zu dienen haben. Und der Mensch ist nur in dem Maß wahrer Mensch, als er, Herr seiner Handlungen und Richter über ihren Wert, selbst an seinem Fortschritt arbeitet, in Übereinstimmung mit seiner Natur, die ihm der Schöpfer gegeben hat und zu deren Möglichkeiten und Forderungen er in Freiheit sein Ja sagt".[6]

Die mit diesen Forderungen notwendig verbundenen Veränderungsprozesse sind von vielen Kritikern der Enzyklika als revolutionär deklariert, als solche aber auch abgelehnt worden. Dennoch stellen sie nur den konkreten Inhalt dessen dar, was auch das 2. Vatikanische Konzil mit "weitreichenden Änderungen in der Gesellschaft", mit "vielfältigen institutionellen Reformen in der Wirtschaft" wie auch "einer allgemeinen Umstellung der

4 Ebd., Nr. 24.
5 Ebd., Nr. 26.
6 Ebd., Nr. 34.

Gesinnungs- und Verhaltensweise" umschreibt. Die Enzyklika "Populorum progressio" bringt sich jedoch selbst um die Früchte dieser klaren Problemanalyse, indem sie, den revolutionären Gehalt solcher Reformen ahnend, das Problem der Revolution selbst aufgreift. Danach haben die Kritiker recht, die am Ende der Enzyklika, trotz besserer Einsicht, den Rückfall in eine der Tradition verhaftete restaurative Tendenz aufrechnen.

Die diesbezügliche Diskussion entzündete sich vor allem an der folgenden Aussage: "Es gibt ganz sicher Situationen, deren Ungerechtigkeit zum Himmel schreit. Wenn ganze Völker, am Notwendigsten leidend, in einer solchen Zwangslage leben, daß sie nichts selber tun und lassen können, keine Möglichkeit des kulturellen Aufstiegs haben, keine Möglichkeit, am sozialen und politischen Leben teilzunehmen, dann ist die Versuchung groß, solches gegen die menschliche Würde verstoßende Unrecht mit Gewalt zu beseitigen. Trotzdem: Jede Revolution — ausgenommen im Fall der eindeutigen und lange dauernden Gewaltherrschaft, die die Grundrechte der Person schwer verletzt und dem Gemeinwohl des Landes gefährlich schadet — zeugt neues Unrecht, bringt neue Störungen des Gleichgewichts mit sich, ruft neue Zerrüttung hervor. Man kann ein Übel nicht mit einem noch größeren Übel vertreiben.

Man verstehe Uns recht: Wir müssen uns der gegenwärtigen Situation mutig stellen und ihre Ungerechtigkeiten tilgen und aus der Welt schaffen. Das Entwicklungswerk verlangt kühne, bahnbrechende Umgestaltungen. Drängende Reformen müssen unverzüglich in Angriff genommen werden. Alle müssen sich hochherzig daran beteiligen, vor allem jene, die durch Erziehung, Stellung, Einfluß große Möglichkeiten haben. Möchten sie doch, Beispiel gebend, wie es einige Unserer Brüder aus dem Episkopat taten, aus ihrem eigenen Vermögen etwas opfern. Damit entsprechen sie der Erwartung der Menschen, damit gehorchen sie dem Geist Gottes, denn 'der Sauerteig des Evangeliums hat im Herzen der Menschen den unbezwingbaren Anspruch auf Würde erweckt und erweckt ihn auch weiter' ".[7]

Zweifellos ist hier das traditionelle Revolutionsverständnis beibehalten worden, nämlich der aktive Widerstand gegen die Staatsgewalt. Zwar gibt es neuere Interpretationen dieser Lehrtradition und auch Vorstöße zum Verständnis und zur Bewertung sozialer Revolutionen.[8] Eindeutig spricht sich jedoch die Enzyklika äußerst skeptisch gegenüber den Möglichkeiten einer Revolution aus, ja, sie verweist auf die unheilvollen Begleiterscheinungen und Folgen einer revolutionären Umwandlung gesellschaftlicher und politischer Verhältnisse. Sie knüpft auch im Sinne der Lehrtradition eine ganze Reihe von Bedingungen an diese Möglichkeit an, die nicht so

7 Ebd., Nr. 30 — 32.
8 Vgl. M. Rock, Christ und Revolution, Augsburg 1968; ders., Widerstand gegen die Staatsgewalt, Münster 1966.

rasch zu erfüllen sein dürften. Zu diesen Bedingungen zählt etwa auch die Einsicht in die Verhältnisse, aus der ein sittlich gerechtfertigtes, klares Urteil über das Vorhandensein einer sogenannten Gewaltherrschaft resultiert. Ferner wird gefordert, daß es sich um eine offenkundige, lang andauernde und schwerwiegende Gewaltherrschaft handeln müsse, wodurch grundlegende Menschenrechte verletzt und dem Gemeinwohl schwerer Schaden zugefügt wird. Die klar umschriebenen sozialen Ungerechtigkeiten sollen progressiv und evolutiv, Stufe für Stufe, im Geiste christlicher Solidarität abgebaut werden. Die Revolution, die hier am Ende gefordert wird, ist eine Revolution der Gesinnung.

Hans-Jürgen Benedict meint darin "zuviel Gottvertrauen in einer revolutionären Welt" zu erblicken.[9] Zwar mache die Enzyklika darauf aufmerksam, daß es Situationen gäbe, aus der allein heraus die Revolution noch helfen könne. Es sei jedoch besser, darauf zu verzichten, da sie neues Unrecht erzeuge. Benedict meint, daß der Papst im Grunde die gesamte Dritte Welt in einer halbrevolutionären Lage sehe, die jedoch nicht durch revolutionäre Methoden verändert, sondern nur durch Gesinnungsreformen zur Ordnung zurückgeführt werden könne. Dies kommt am deutlichsten zum Ausdruck, wo Folgerungen hinsichtlich der mangelnden Hilfe seitens der Wohlstandsvölker bezogen werden. Die Enzyklika meint, daß "ihr hartnäckiger Geiz das Gericht Gottes und den Zorn der Armen erregen" werde. Benedict stellt dazu fest: "An dieser Stelle wird ein entscheidender Fehler der Enzyklika sichtbar: aus Enttäuschung über die bisher ausgebliebene Solidarität mit den armen Völkern beurteilt sie die westliche Gesellschaft im Überfluß in unangemessenen moralisch-individuellen Kategorien, d.h. sie führt auf individuelle Laster, die Habsucht, Gier und Luxussucht zurück und hält durch den Appell für abstellbar, was für den Fortbestand dieser Gesellschaftsform unerläßlich und daher vom bösen Willen einzelner unabhängig ist ... So wird zum Normalfall, was die Enzyklika als exzeptionell bezeichnet: Situationen, in denen sowohl die Grundrechte der Person als auch das Gemeinwohl des Landes schweren Schaden erleiden. Dadurch aber wird revolutionäre Gewalt als Gegengewalt notwendig, um, wie Herbert Marcuse formuliert, 'höhere Formen der Freiheit gegen den Widerstand der etablierten Formen zu sichern' ".[10]

5.3.2 Die Ohnmacht "Politischer Theologie" und der "Theologien der Revolution"

Diese Kontroversen lassen die Frage interessant werden, ob die neuere Politische Theologie oder die Theologien der Revolution den genannten Mangel an Konsequenz ausgleichen? Zwar bezeichnet J.B. Metz die "Ent-

9 H.J. Benedict, Schöne Worte jenseits der Fronten? in: Weltfrieden und Revolution, hrsg. von H.E. Bahr, Hamburg 1968, S. 248.
10 H.J. Benedict, Schöne Worte jenseits der Fronten? S. 251 f.

privatisierungstendenz gegenwärtiger Theologie" als "die primäre theologiekritische Aufgabe" einer Politischen Theologie. Gleichzeitig erblickt Metz jedoch in der von ihm konzipierten Politischen Theologie "positiv den Versuch, die eschatologische Botschaft unter den Bedingungen unserer gegenwärtigen Gesellschaft zu formulieren".[11] Wenn sich die Politische Theologie als "ein Mittel zeitgemäßer Hermeneutik" versteht, die den "gesellschaftskritischen Gehalt der Heilsbotschaft freilegen und entfalten will", dann könnte man durchaus eine neue Konkretisierung der christlichen Weltverantwortung erwarten. Dabei würde auch der Stellenwert genannter sozialer Revolutionen abgeklärt werden müssen. Metz betont, daß Politische Theologie weiterhin den Zweck verfolge, "die Situation des Glaubenden konkret und differenziert in den Blick zu bekommen und eine gesellschaftsbezogene Glaubenssprache zu finden, die kritisch befreienden Charakter hat". Entscheidend ist im Sinne unserer Fragestellung, daß es sich dabei nicht um die Identifikation christlicher Verheißungen mit gegebenen politischen Ordnungen und Formen handelt, sondern im Gegenteil, um "ein kritisch dialektisches Verhältnis zur gesellschaftlichen Gegenwart". Politische Theologie ist also in einem gewissen Sinne "theologia negativa des Politischen", wobei dieses Politische näherhin bestimmt ist "in der Erfahrung des bedrohten Humanums", in negativer Vermittlung von Möglichkeiten der Solidarisierung und einer "gemeinsamen Front des Protestes" zwischen Christen und Nichtchristen, vor allem um eine Solidarisierung von Christen und Sozialisten. Im Sinne und in der Art Hegelscher Begriffe geht es also um "negative Vermittlung" des positiv Humanen, um "dialektische Bezogenheit von Gesellschaftsprozeß und eschatologischem Heilsprozeß". So verbinden sich in der Politischen Theologie Kritik des Glaubens an der existierenden Gesellschaft und Kritik an einer individualisierenden Theologie, wobei am Ende beide Arten der Kritik institutionalisiert werden sollen in der Kirche. Die Kirche wird verstanden als "Institution kritischer Freiheit gegenüber dem gesellschaftlichen Prozeß mit seinen Verabsolutierungen und Verschließungen". Aufgabe der Kirche ist es also heute, nicht eine systematische Soziallehre zu entwickeln, sondern Sozialkritik zu entfalten: in steter dialektischer Kritik die eigene Aufgabe zu erkennen. Darum ist bei Metz die Rede von der "kritisch befreienden", "kritisch-revolutionären" Aufgabe der Kirche, von "schöpferischem Widerstand", von der Ausübung einer "gesellschaftlichen Kraft", von christlicher Liebe als "gesellschaftskritischer Potenz", die "unter Umständen" so etwas wie "revolutionäre Gewalt" gebieten kann, um in "kritischem Widerstand gegen das Grauen und den Terror der Unfreiheit und der Ungerechtigkeit" die Welt zu verändern.

Aus den zuletzt zitierten Formulierungen wird zweifelsohne die Nähe der "Politischen Theologie" zur "Theologie der Revolution" deutlich. Beide,

11 J.B. Metz, Kirche und Welt, Mainz, München 1968, S. 29 ff.

die Politische Theologie und die Theologie der Revolution lassen sich trotz aller Unterschiede auf den gemeinsamen inhaltlichen Nenner bringen, daß eschatologisch ausgerichteter Glaube und revolutionäre Existenz in einem inneren Verhältnis stehen. Der Promotor einer Theologie der Revolution, der Amerikaner Richard Shaull, ermahnt zwar den Christen, selbst der Revolution gegenüber kritisch eingestellt zu bleiben, d.h. der Versuchung aller Revolutionen nach ihrer eigenen Verabsolutierung zu widerstehen.[12]

Es drängt sich darum die Frage auf, ob mit einer Institutionalisierung der Kritik an der bestehenden Ordnung nicht eine Flucht nach vorn angetreten wird. Mir scheint, daß J. Moltmann diese Gefahr klar erkannt hat. Er schreibt: "Für die christliche Hoffnung ist die Welt nicht ein belangloser Wartesaal für die Himmelsreise der Seele, sondern der Schauplatz der Neuschöpfung aller Dinge und der Kampfplatz der Freiheit. Sie darf die Gegenwart nicht durch Zukunftsträume entleeren. Sie darf eine leere Gegenwart nicht durch Zukunftsträume kompensieren. Sie muß die erhoffte Zukunft ins Elend der Gegenwart hineinziehen und zur praktischen Initiative, zur Überwindung des Elends führen. Durch Kritik und Protest auf der einen Seite und schöpferische Phantasie und die Tat auf der anderen Seite wird Freiheit für die Zukunft ausgebreitet".[13] Ohne Zweifel ist die eine Seite, nämlich die der "Kritik" und des "Protestes" in den Theologien der Revolution zur Geltung gebracht. Sie findet ihre Begründung und Berechtigung vor allem in der Situation vieler Länder der sogenannten Dritten Welt. Ich betonte bereits, daß hier um des Friedens willen eine revolutionäre Änderung in der Sozial- und Wirtschaftsstruktur erst die Voraussetzung für eine friedliche Entwicklung schaffen können. Folgt man jedoch nicht der marxistisch-kommunistischen Utopie eines dialektischen Umschlags in eine neue Welt, dann muß mit "schöpferischer Phantasie" die nach-revolutionäre Phase angegangen werden. Verbleibt man dagegen in der These von der "permanenten Revolution" ohne diese Utopie, dann schlägt, um mit Christian Walther zu sprechen, "das Denken in eine Irrationalität um", näherhin gedeutet als die "Weise, in der das gegenwärtig Bestehende nach vornehin überholt wird. Dadurch kann aber nur eine Eskalation der Negation in Gang gesetzt werden, die sich bis zu einem blinden Anarchismus steigert und damit gerade die Sache der Revolution, der man dienen will, abwertet. Denn der Revolutionär will ja gerade nicht die totale Negation, sondern nur die bestehenden Machtverhältnisse verändern. Je unanschaulicher das 'Neue' bleibt, desto mehr sieht sich das

---

12 R. Shaull, Die revolutionäre Herausforderung an Kirche und Theologie, in: Appell an die Kirchen der Welt. Dokumente der Weltkonferenz für Kirche und Gesellschaft, hrsg. vom Ökumenischen Rat der Kirchen. Dt. Ausgabe bes. von H. Krüger, Berlin/Stuttgart 6. Jg.
13 J. Moltmann, Gott in der Revolution, in: Diskussion zur 'Theologie der Revolution', hrsg. von E. Feil und R. Weth, München, Mainz 1969.

Denken auf jenes Konkrete, das die Gegenwart ist, zurückgeworfen, das es aber, um des erhofften 'Neuen' willen, um so stärker ablehnen muß. Letztlich ist das Prinzip der Negation das eigentlich dominierende. Weil und insofern es durch die Theologie der Revolution an die eschatologische Hoffnung gekoppelt wird, kommt ihm eine gewisse heilsgeschichtliche Bedeutung zu. Die Negation selber wird zur schöpferischen Kraft, zum Geburtshelfer einer neuen Zeit. Die Verwandtschaft, mindestens der amerikanischen Spielart der Revolutionstheorie, zum Denken Herbert Marcuses enthüllt sich an dieser Stelle. Denn für Marcuse ist die Negation bis jetzt die einzige 'konkrete Alternative, denn in dem Negativen selbst steckt schon das Positive'. Mit der ihm eigenen drastischen Sprache kann er dann jeden zum 'Vollidioten' erklären, der nicht sehen will, 'daß in der negativen Formulierung bereits das Positive steckt'. Was hinter dieser schwerverständlichen Dialektik freilich steht, ist die visionär erfaßte Zukunft, die fundamental anders sein wird als die Gegenwart, denn in ihr könnte der Mensch tatsächlich seiner Eigentlichkeit ein Stück näherkommen. Wie das jedoch konkret geschehen kann, wird nicht gesagt. So bleibt das einzig Konkrete an diesem sozialen Prophetismus die zum Kult eines totalen Negativismus gesteigerte Absage an die 'bestehenden Bedürfnisse' ''.[14]

Die Reformen und auch geistigen Veränderungsprozesse, um die es in beiden aufgezeigten Positionen geht, haben in ihrem Ansatz, gemessen an den derzeit sich verhärtenden Macht- und Unrechtsstrukturen, zweifelsohne einen äußerst revolutionären Tiefgang. Nicht minder revolutionär wirkt sich aber auch vor den "Grenzen des Wachstums" und einem drohenden "Weltkollaps" das derzeitige chaotische Wachstum als Folge der gegebenen Macht- und Herrschaftsstrukturen aus. Meinem erkenntnisleitenden Interesse zufolge, gesellschaftliche Reformen über praxisverändernde Bildung zu erreichen, wäre darum der Ansatz der skizzierten Problemanalyse in der Enzyklika "Populorum progressio" weiter zu verfolgen, nicht jedoch mit der Schlußfolgerung einer bloß individuellen Gesinnungsethik. Vielmehr muß darüber hinaus in konsequenter Konkretisierung der Zielsetzungen 'Politischer Theologie' eine Christliche Sozialethik entwickkelt worden, die Handlungsstrategien zur Veränderung der von "Populorum progressio" angeprangerten Zustände bereitstellt.

5.3.3 Reformen konkret: das "Memorandum der Gemeinsamen Konferenz der Kirchen für Entwicklungsfragen" zur UNCTAD IV

Wie stark auch das kirchlich-theologische Engagement für mehr oder minder revolutionäre Veränderungen einen Konjunkturverlauf aufzeigt, kommt deutlich darin zum Ausdruck, daß die Diskussionen um beide

14 Chr. Walther, Christenheit im Angriff, Gütersloh 1969, S. 29 f.

zuvor aufgerissenen Positionen in den letzten Jahren immer mehr abgeflaut sind. Lediglich innerhalb einiger Entwicklungsländer behaupten sich weiterhin Theologien der Revolution. Auf diesem Hintergrund ist das gemeinsame Bemühen der beiden Kirchen in der Bundesrepublik Deutschland, zur IV. UN-Handelskonferenz für Handel und Entwicklung (UNCTAD IV) im Mai 1976 ein gemeinsames Memorandum vorzulegen, ein gewaltiger Schritt nach vorn. Er ist inzwischen erfolgt und stellt einen brauchbaren Ansatz für die notwendige Konkretisierung bisheriger kirchlicher Deklarationen und kirchlicher Problemanalysen der gegenwärtigen internationalen sozialen Entwicklung dar. Noch ist nicht abzusehen, wie stark das Echo sein wird. Wie die beiden unterzeichnenden Bischöfe Hermann Kunst und Heinrich Tenhumberg feststellen, "bekennen sich die Kirchen (in diesem Memorandum) nicht nur zu ihrer Rolle als Anwalt der Armen dieser Erde. Sie tragen auch Grundsätze einer neuen internationalen Wirtschaftsordnung vor und nehmen im einzelnen zu den Fragen des Welthandels und der Rohstoffpolitik, der Entwicklungshilfe, der Agrarpolitik, des Technologie-Transfers, des Rüstungsexports, der Privatinvestitionen und der strukturellen Anpassungen im eigenen Land Stellung. Ein 'neuer Lebensstil' soll die erforderlichen Maßnahmen begleiten".[15] Der Ausgangspunkt eines solchen Schritts nach vorn wird nüchtern eingeschätzt: Die Veränderungen im Macht/Ohnmacht-Gefälle der Nationen, die im Zuge der sogenannten Ölkrise eintraten, aber auch die Untersuchungen des Club-of-Rome sowie die seit 1973 anhaltende Rezession in der Wirtschaft habe "das Verständnis für Einsparungen und für sorgfältigeren Umgang mit den natürlichen Ressourcen verstärkt. Sie hat aber vor allen Dingen anhaltende Arbeitslosigkeit in den westeuropäischen Ländern bewirkt und dadurch die Bereitschaft zu wirtschaftlichen Alleingängen, zum Protektionismus, zu restriktiven Maßnahmen gegenüber ausländischen Arbeitnehmern, kurzum: zur Betonung eigener nationaler Interessen, erhöht. Meist sah man, so auch in der Bundesrepublik, dabei in Entwicklungshilfe und Entwicklungspolitik politische Bereiche, in denen man Einsparungen vornehmen und dabei der Zustimmung breiter Bevölkerungskreise sicher sein konnte. Die Forderungen der Kirche, daß Entwicklungshilfe nicht durch konjunkturell bedingte Haushaltsschwierigkeiten eingeschränkt werden dürfe, verhallte ungehört".[16]

Entsprechend nüchtern analysiert das Memorandum die Situation der internationalen wirtschaftlichen und gesellschaftlichen Beziehungen. Auf einen Nenner gebracht: UNCTAD IV findet zu einer Zeit statt, da sich die Lage in vielen Entwicklungsländern und in der Weltwirtschaft ingesamt

15 Soziale Gerechtigkeit und internationale Wirtschaftsordnung, hrsg. von Bischof Hermann Kunst und Bischof Heinrich Tenhumberg, München, Mainz 1976, S. VIII.
16 Ebd., S. VIII.

dramatisch verschärft hat. Seit UNCTAD I, 1964, stehen zwar vielfach die gleichen Themen auf der Tagesordnung, die zu lösenden Probleme sind jedoch schwieriger geworden als je zuvor.

Die Kirchen stellen sich mit diesem Memorandum offen in den Dienst der Verwirklichung einer "Neuen internationalen Wirtschaftsordnung", wie sie die 7. Sondergeneralversammlung der Vereinten Nationen 1975 forderte. Dies heißt näherhin:

— Was fehlt, sind leistungsfähige Konzeptionen und wirksame Einzelmaßnahmen, welche die Lage der Menschen in den Entwicklungsländern nachhaltig ändern und die Startbedingungen der Dritten Welt entscheidend verbessern.

— Dazu ist ein Interessenausgleich zwischen Industrie- und Entwicklungsländern durch konstruktives politisches Handeln anzustreben, was auch einen Strukturwandel in unserer eigenen Wirtschaft und Gesellschaft zur Folge hat: Verzicht darauf, die privaten Konsumgewohnheiten des Überflusses einfach fortzuschreiben, die Bereitschaft, im Zuge unseres eigenen Wirtschaftswachstums mehr Kapital zum Wirtschaftsaufbau der Entwicklungsländer zur Verfügung zu stellen, den Mut, die notwendige Umstrukturierung unserer Produktion zu fördern, wie sie im Hinblick auf eine stärkere Beteiligung der Dritten Welt an der Industrieproduktion und am Welthandel vorgenommen werden muß.

— Diese neue Zusammenarbeit zwischen Entwicklungs- und Industrieländern kann nur erfolgreich sein, wenn die notwendigen Änderungen der wirtschaftlichen Strukturen, der politischen Prioritäten und auch des persönlichen und Gruppen-Verhaltens von der Mehrheit der Bevölkerung in unserer Gesellschaft akzeptiert werden. Gegenwärtig scheint das allgemeine Bewußtsein bei uns in dieser Hinsicht noch immer 'unterentwickelt' zu sein. Die Kirchen fühlen sich in die Verantwortung genommen, eine neue Bewußtseinsbildung zu wecken und zu stärken.

— Dazu wird auf die negativen Auswirkungen einer über zwei Jahrzehnte fast ununterbrochenen wirtschaftlichen Expansion verwiesen. Die Verwirklichung höherer Lebensqualität und größerer sozialer Gerechtigkeit, gleichberechtigten Miteinanderlebens und langfristigen Überlebens, sind nicht länger durch materiellen Fortschritt und durch forciertes quantitatives Wirtschaftswachstum zu erreichen, wenn diese vor allem auf der bedenkenlosen Ausbeutung der Güter der Erde beruhen. Wachstum und Fortschritt müssen vernünftig gesteuert und auf verantwortbare Ziele gerichtet werden, so daß lebenssichernde Ressourcen geschont und die tatsächlichen Bedürfnisse der Bevölkerung befriedigt werden. Es geht um nicht weniger, als Einstellungen und Verhaltensweisen einzuüben, die eines Tages, soll die Menschheit eine Zukunft haben, die herrschenden werden sein müssen.

— Solche verändernden Einstellungen und Verhaltensweisen gewinnen ihre ökonomische Vernunft, indem sie dazu verhelfen, daß statt künstlich gesteigerter Nachfrage nach Überfluß- und Luxusgütern mehr gespartes Geld in Investitionen jener Branchen fließen kann, die entwicklungsfördernd wirken, weil sie eine sachgerechte internationale Arbeitsteilung ermöglichen. Dem Staat wird dabei eine bedeutsame lenkende und steuernde Funktion zugewiesen. Den Zusammenschlüssen von Entwicklungsländern wird nach dem Prinzip der "counter-vailing power" (J.K. Galbraith) eine dem Machtausgleich dienende Funktion zuerkannt. Das marktwirtschaftliche Ordnungsprinzip muß für eine "Neue Weltwirtschaftsordnung" so lange in Frage gestellt werden, als Leistungs-, Start- und Verteilungsgerechtigkeit nicht gegeben sind. Eindeutig ziehen die Industrieländer aus den heutigen "marktwirtschaftlichen" Tauschbeziehungen größeren Nutzen als die Entwicklungsländer. Auch eine Verbesserung ihrer Startbedingungen ergibt sich keineswegs als Resultat des Marktmechanismus: Startgerechtigkeit ist mit einer Umverteilung der Einkommen und auch mit einer Umverteilung der Macht verbunden.

— Menschliche Solidarität ist nicht teilbar. Eine ganzheitliche Entwicklung des Menschen kann nur im Zusammenhang einer solidarischen Entwicklung der Menschheit erfolgen. Die einzelnen Länder sind nicht in der Lage, ihre Interessen in Isolation wahrzunehmen und sich entsprechend zu entwickeln, da Wohlstand und Fortschritt des einen Landes den Wohlstand und Fortschritt des anderen teils zur Ursache hat, teils verursacht oder umgekehrt dazu beiträgt, Abhängigkeit und Unterentwicklung eines anderen Landes aufrechtzuerhalten.

"Der gelebte christliche Glaube selbst gewinnt eine neue Dimension. Vom Bekenntnis zur Welt als Schöpfung Gottes und zur Einheit der Menschheit lassen sich die Kirchen anleiten, Verantwortung für Frieden und soziale Gerechtigkeit für alle Menschen zu übernehmen. Durch ihr Bekenntnis zu Jesus Christus sind sie zur Liebe und zur Solidarität gegenüber allen benachteiligten und unterdrückten Menschen und Völkern verpflichtet. Der Glaube an die Erneuerung durch den Heiligen Geist und die Hoffnung auf das kommende Reich Gottes macht sie frei, sich mit den bestehenden Machtverhältnissen nicht abzufinden, sondern mutige Schritte der Veränderung um der notleidenden Menschen willen zu tun. Dazu gehört auch, daß Besitzstandsdenken und ängstlicher Kleinglaube überwunden werden".[17]

Dieses letzte Zitat zeigt, wie auch das Memorandum trotz seiner konkreten Vorschläge für eine "Neue Weltwirtschaftsordnung" — deren Diskussion bereits auf der Konferenz in Nairobi von den reichen Industrienationen weithin blockiert wurde — auch nicht frei ist von deklamatorischen Fest-

17 Ebd., S. 6 ff.

stellungen. Ihre christliche Lebenswirklichkeit gewinnen diese erst durch eine Veränderung auch des christlichen Bewußtseins, d.h. näherhin durch eine Umkehr im zuvor beschriebenen Sinn des Jesaja-Wortes. Ihre politische Realisierung bedarf der weiteren Konkretisierung — etwa in Richtung alternativer Modelle der Rohstoffpolitik, wie sie in der Gemeinsamen Konferenz bereits bearbeitet werden —, sowie eines basis-politischen Aufbruchs, vergleichbar den Initiativen und Aktionen zu Gunsten des Lebens in den letzten Jahren. Praxisverändernde Bildung vermag auch hier eine Basis zu schaffen, die vom erweiterten Problembewußtsein über die eigenen Praxisveränderung im privaten, beruflichen und politischen Leben neue Möglichkeiten zur politischen Reformstrategie im nationalen und internationalen Zusammenleben eröffnet.

Ausblick: "Lernziel Unsolidarität" oder "Mut zur Utopie".

Von der Ausgangs- und Grundthese meiner Analyse: gesellschaftliche Reformen über praxisverändernde Bildung möglich zu machen, dabei zum Verständnis von lebenslanger Bildung des Menschen zu finden, die nicht losgelöst sein kann von der Entwicklung zu einer menschlicheren Lebenswelt, mag diese Alternative wie ein teils unheilsdrohendes, teils illusionäres Fazit klingen. Dennoch gehört es zwingend zur Analyse unserer gegenwärtigen Situation und möglichen Zukunftschance. Es spiegelt die derzeitigen Strukturen und Entwicklungstrends im Bildungsbereich wieder, auch wenn — was nicht bestritten werden soll — noch Inseln einer "heilen Welt" und auch Vorstöße zu einer Reform im Sinne der hier vorgelegten Veränderungen vorhanden sind. Vom "Lernziel Unsolidarität" zu sprechen, ist keine nur polemische Feststellung mangelnder Solidarität als einer ethischen Kategorie, oder auch eines Mangels, wie er etwa im Sinne "bewußten Seins" durch die Ökonomisierung des Leistungsprinzips ausgelöst wurde. Was bereits in der Analyse der Sozialisationswirkungen durch die moderne Absatzwerbung zum Ausdruck kam, wiederholt sich heute verstärkt im schulischen Bildungsbereich: eine Eskalation unsolidarischen Denkens und Handelns, und dies als — sicherlich ungewollte — Nebenwirkung sogenannter Oberstufenreform. Hier erhält das bereits zitierte Wort von A.M.K. Müller eine neue Verifizierung, daß unsere heutige Krise in der "Steigerung der mörderischen Kollision partikularer Interessen ins Selbstmörderische"[1] bestehe. Wenn bislang die Einsicht und die Kräfte fehlen, dieser Eskalation Einhalt zu bieten, dann kann nicht übersehen werden, wie die Apathie selbst der Betroffenen das System erhält, das solcherart Destruktionskräfte auslöst, und dies unter dem hohen Anspruch gymnasialer Bildung. Trotz noch fehlender empirischer Untersuchungen kann jedoch vermutet werden, daß mit der Ausweitung der Bildungskrise zur Beschäftigungskrise ähnliche Tendenzen in allen Bereichen unseres Ausbildungs- und Fortbildungswesens wirksam werden; auch die Furcht, den Arbeitsplatz, den man einmal erlangt hat, zu verlieren, stärkt offenkundig partikulares Denken zu Lasten der notwendigen Solidarität und Kollegialität.

Was Georg Picht unter dem Titel "Mut zur Utopie" vor rd. einem Jahrzehnt problematisierte, habe ich ausschnitthaft bereits zitiert. Seine damaligen Überlegungen haben eine neue Aktualität erhalten. Dabei wird Picht wegen seiner Rede vom "Bildungsnotstand" nicht selten mitverantwortlich für die gegenwärtige Bildungskrise gemacht, wobei dann auf das Zusammenbrechen nicht entsprechend ausgebauter und vor allem reformierter Strukturen unseres Schul- und Hochschulsystems verwiesen wird. Der Numerus clausus ist für diese "Bildungskatastrophe" das symptomatische

---

1 A.M.K. Müller, Die präparierte Zeit, S. 30.

Zeichen, wie einmal geweckter Bildungswille an unserer Unfähigkeit scheitert, auch die dazu notwendigen strukturellen Reformen durchzuführen. Dazu gehört auch die aufgezeigte qualitative Veränderung unseres Wachstums- und Verteilungsprozesses, nämlich die vorhandenen Ressourcen mehr für notwendige öffentliche Investitionen vor allem unserer geistigen Infrastruktur und zu Lasten weiterer problematischen Wachstums konsumierbaren Überflusses zu verwenden. Mehr denn je ist der von Picht geforderte "Mut zur Utopie" vonnöten. Denn die zuvor genannte Eskalation unsolidarischen Denkens und Handelns, die Wirksamkeit des "Lernziels Unsolidarität" erschwert aufgrund der aufgezeigten Dialektik von Sein und Bewußtsein die notwendigen gesellschaftlichen Reformen umsomehr, als anstelle darauf ausgerichteter praxisverändernder Bildung eine weitere Zunahme verengten sozialen Bewußtseins tritt.

Es stellt sich ganz konkret die Frage: ist die "Leistungsgesellschaft" gerade bei rückläufigen Wachstumsmöglichkeiten dabei, sich die "Leistungsschule" zu schaffen, in der Unsolidarität systematisch provoziert, produziert und erlernt wird? Wenn diese "Internalisierung" im Sinne der wissenssoziologischen Analyse von Berger und Luckmann zur erneuten "Externalisierung" führt, dann ist damit der circulus vitiosus partikularen, unsolidarischen Denkens und Handelns und den ihnen entsprechenden irrationalen Strukturen erneut verfestigt.

Der Kritiker mag einwenden, daß das nachfolgende Beispiel längst noch "keine Schule gemacht" habe. Dennoch halte ich es für ein Alarmsignal, das nicht überhört werden kann. Es ergänzt die bereits im 2. Abschnitt aufgezeigten "Jugendfragen", zumal auch hier die Ausweitung der Bildungskrise zur Beschäftigungskrise einen neuen circulus vitiosus auszulösen droht, der durch die Ohnmacht der Betroffenen und ihrer Familien verfestigt wird.

Die Psychologen Manfred Amelang und Wolfgang Zaworka von der Universität Heidelberg legten in diesen Tagen eine Untersuchung über die schulische Situation in den drei letzten Klassen verschiedener Gymnasien in der Bundesrepublik vor. Sie stellten ihre Ergebnisse unter das hier zitierte Wort: "Lernziel Unsolidarität". Der Hintergrund, der sowohl zur Motivation dieser Untersuchung als auch zur Situationsanalyse der schulischen Situation gehört, ist zuvor bereits des öfteren aufgezeigt worden: infolge des Numerus clausus an den Hochschulen und darüber hinaus der Einsparungsmaßnahmen in den Lehrberufen verschärft die Beschäftigungskrise die ohnehin schon vorhandene Bildungskrise. Nicht ohne Ironie stellt die Zeitschrift "Psychologie heute" vor dem Bericht über die Untersuchung der beiden Psychologen fest: "Vor langer, langer Zeit — einige Jahre schon ist es her —, da wurden Lernziele für unsere Schulen aufgestellt: 'Kooperation', 'Solidarität' und 'Kritikfähigkeit'. Heute gelten andere Ziele. Der

Abiturient 76 muß so aussehen: stromlinienförmig in der persönlichen Meinung, anpassungsfähig, egoistisch und sehr, sehr fleißig".[2] Amelang und Zaworka bestätigen mit ihren Untersuchungen andere Alarmrufe in der jüngsten Zeit, wonach es auf das Zeugnis ankommt wie nie zuvor, wo von einer "gnadenlosen Notenmaschinerie", von zunehmenden "Rivalitätskämpfen", von "unsozialen Motivationen", von "Konkurrenzdruck und Ellenbogendenken", von "Duckmäusertum" und vom "Zerfall der Klassenstrukturen" die Rede ist.[3] Im Ergebnis der Untersuchungen wird das "Lernziel Unsolidarität" durch vier spezielle "Lernziele" erklärt: es sind dies die "Lernziele"

— "Untertänigkeit": "Das Schüler-Lehrer-Verhältnis wird durch Numerus clauses und Leistungsdruck beeinflußt. Mit Herannahmen des Abiturs ist ein Anstieg an untertäniger Gesinnung zu beobachten. Gute Noten durch Anbiederung werden nach Meinung der Schüler zwar zunehmend weniger gegeben, wahrscheinlich aber nur deshalb, weil in den letzten Klassen schon alles gelaufen ist und Anbiederung nichts mehr bringt. Die Schüler bemerken eine strengere Benotung im letzten Schuljahr. Das widerlegt Vermutungen, daß Lehrer oft etwas anheben, um ihren Schülern einen guten Start zu verschaffen.

— "Verschlechterung des Klassenklimas": "Mit zunehmender Nähe zum Abitur verschlechtert sich die Güte des Klassenklimas. Das Verhältnis der

2 Vgl. M. Amelang und W. Zaworka, Lernziel Unsolidarität, in: Psychologie heute, 3. Jg. H. 5, 1976, S. 11.
3 Vgl. Der Spiegel, Nr. 22/75, 8/76 und 23/76; ferner den Bericht einer Untersuchung der Jungen Union in Westberlin in der ihr nahestehenden "Berliner Rundschau" vom 7. Oktober 1976 mit der Überschrift: "Die Schule ist nur noch eine seelenlose Produktionsstätte von Zeugnissen". Näherhin heißt es: "Eines der auffälligen Kennzeichen der Sekundarstufe II an den Gymnasien (Oberstufe) ist eine übermäßige Leistungsanforderung . . . Zwei Folgeerscheinungen haben sich inzwischen ergeben: 1. ein unvertretbarer Leistungsdruck, 2. eine immer weiter um sich greifende Resignation der Schüler. Die Folgen dieser Streß-Situation für den einzelnen und deren unmittelbare Auswirkungen auf die Gesellschaft sind gravierend. Durch den Zwang zur permanenten Leistung wird der Schüler zum Wissensegoisten für seinen persönlichen Vorteil. Unsoziales Verhalten und eine daraus resultierende Zerstörung der mitmenschlichen Solidarität haben schwere Nachwirkungen auf unsere Gesellschaft. Kritiklosigkeit, 'Duckmäusertum' und Desinteresse an der Umwelt sind weitverbreitete Eigenschaften vieler Gymnasiasten, und nicht kritisches Engagement, wie es die demokratische Gesellschaftsordnung verlangt. Der Schüler verliert Spontanität und Kreativität, er wird zur bloßen Maschine, die Wissen zwar aufnehmen, aber nicht reflektieren kann. Eine Gesellschaft, die solche Mitglieder hervorbringt, ist jedoch letztlich zum Scheitern verurteilt, da sie erstarrt, weil aufgrund des fehlenden kritischen Engagements ihrer Mitglieder eine Weiterentwicklung nicht möglich ist . . . Interessenlosigkeit gegenüber den gesellschaftlichen Vorgängen und die Ablehnung des eigenen Beitrags für die soziale Innovation können verheerende Folgen für das freiheitliche System der Bundesrepublik haben" (S. 5). Vgl. ferner C.H. Evers, Versäumen unsere Schulen die Zukunft? Düsseldorf, Wien 1971.

Schüler untereinander ist dadurch gekennzeichnet, daß Solidarität klein geschrieben wird, daß Gruppenarbeit für das Weiterkommen des einzelnen als unergiebig betrachtet wird und daß Abschreibenlassen als schädlich für das eigene Fortkommen gilt".

— "Angst": "Die (ermittelten) Werte sind differenziert nach dem Leistungsniveau der Schüler. Bei schlechten Schülern ist eine erheblich größere psychische und physische Labilität zu registrieren, eine gesteigerte Angst vor der Zukunft. Schlechte Schüler versuchen, Leistungssteigerung einerseits und Angstverminderung andererseits durch Einnahme von Drogen in den Griff zu bekommen".

— "Sinkende Leistungsmotiviertheit": "Mit der Leistung der Schüler sinkt auch ihre Leistungsmotiviertheit. Gute Schüler werden offensichtlich durch die Gewißheit, es nahezu geschafft zu haben, weiterhin angespornt, während schlechte und mittelmäßige kurz vor dem Abitur zu resignieren scheinen".[4]

Die Resignation von Abiturienten ohne Studienplatz, von stellenlosen Lehrern, von arbeitslosen Jugendlichen — vor allem der Schulentlassenen von Haupt- und Sonderschulen —, spiegelt das Gegenteil jener Fortschritts- und Wachstums-Euphorie wider, die uns noch im letzten Bundestagswahlkampf aus allen Reden, von vielen Plakaten und aus aufwendig gedruckten Broschüren entgegenleuchtete. Wenn, wie ich im 2. Abschnitt zitierte, Erhard Eppler davon spricht, daß "kein Recht auf Arbeit ohne mehr Solidarität" bestehe, dann wird hier deutlich, wie schwierig es sein wird, diese Solidarität als Lebens- und Überlebenswert überhaupt noch bildungsmäßig zu erkennen, zu erlernen und auch für seine politisch-strukturelle Absicherung einzutreten. Denn nur durch eine radikale Veränderung des Bewußtseins vom offenkundigen "Erfolgswert" erlernter Unsolidarität kann der nicht minder radikale Veränderungsprozeß solidarischen Denkens und Handelns in der Welt mit Erfolg ausgelöst werden. Praxisverändernde Bildung, die mit dem "Lernziel Solidarität" zu diesem Veränderungsprozeß beitragen will, muß heute den "Mut zur Utopie" haben.[5]

---

4 M. Amelang und W. Zaworka, Lernziel Unsolidarität, S. 14 f.

5 Mit dieser politischen Dimension gesellschaftlicher Reformen umgreift mein Ansatz auch den Entwurf des Psychoanalytikers Horst E. Richter, Lernziel Solidarität, Hamburg 1974. Der von Richter entwickelte Dreischritt: die Hemmfaktoren solidarischen Verhaltens aufzudecken, Versuche gemeinsamer Umerziehung in spontanen Gruppen vorzunehmen und sodann eine Solidarisierung nach unten zu beginnen, d.h. näherhin über die kooperative Arbeit mit Randgruppen bis zur Auseinandersetzung mit der hier gefragten Öffentlichkeit und Verwaltung vorzustoßen, entspricht — wie bereits dargestellt — auch dem Konzept praxisverändernder Bildung gerade in den Praxisfeldern Jugend- und Sozialarbeit. Vgl. hierzu auch: S. Hering, Strategien sozialen Lernens. Veränderungen von Resozialisierungsbedingungen, Düsseldorf 1973.

Der hier aufgezeigte soziale Konflikt, mag er im gesamten Kontext des Widerspruchs von Freiheit und Verwaltung in unserer "Leistungsgesellschaft" noch so sehr von spezifischen Kategorien der schulischen Situation geprägt sein, signalisiert noch einmal in aller Deutlichkeit die Dialektik von Sein und Bewußtsein. Die Strukturen auch einer nicht mehr von hohen Wachstumsraten gekennzeichneten "Leistungsgesellschaft" prägen offenkundig die offiziellen und noch mehr die inoffiziellen Lernziele im Bildungsprozeß, und zwar mit einer Macht, daß die Schlußfolgerung verständlich erscheint, zunächst diese Strukturen zu verändern, um personale Bildung in und zu mehr Freiheit erreichen zu können. Ich wies auf die diesbezüglichen Positionen im 2. Abschnitt hin.[6] Allerdings muß auch beachtet werden, wie nach Marcuse die jetzt waltende Dialektik von Sein und Bewußtsein nur durch einen revolutionären Sprung in die konkrete Utopie aufgehoben werden kann. Die neuen Strukturen produzieren einen neuen Menschen, prägen ein neues Bewußtsein. Dagegen zielt praxisverändernde Bildung auf die gleichzeitige Veränderung von sozialem Bewußtsein und sozialen Sein; die Priorität liegt hier gegenüber der zuvor genannten Position bei der Veränderung des Bewußtseins. Die Lernziele eines solchen Bildungsprozesses richten sich sowohl auf die Praxis des privaten Lebensbereichs, des beruflichen Arbeitsfeldes als auch der öffentlichen, der politischen Verantwortung. Ihre Verwirklichung ziehen notwendigerweise Strukturveränderungen auch des Bildungssystems als eines gesellschaftlichen Subsystems nach sich.[7] Aber auch das Ordnungssystem unserer Wirtschaft, die Modi politischer Konfliktaustragung im Produktions- und Absatzbereich, die Strukturen unseres Systems sozialer Sicherung werden zu Lernfeldern für den Bildungsprozeß, mehr Freiheit einzuüben, partikulares Denken und Handeln in universales, solidarisches zu wandeln. Zugleich kann die Einsicht in die gesamte Problemsituation aus der jeweiligen Erfahrungs- und Entscheidungskompetenz heraus die Motivation und die Fähigkeit zur politischen Mitbestimmung in Richtung auf gesellschaftliche Reformen stärken.

Das "Lernziel Solidarität" darf jedoch hinsichtlich seines utopischen Entwurfs nicht mißverstanden werden, wenn es um die einzelnen Schritte des

6 Vgl. dazu auch die Ansätze einer emanzipatorischen Pädagogik und Andragogik, die eine ähnliche Verlagerung des Strategieschwerpunktes auf die Strukturveränderung vornehmen, etwa: D. Axmacher, Erwachsenenbildung im Kapitalismus, Frankfurt 1974; O. Negt, Soziologische Phantasie und exemplarisches Lernen, 2. Aufl. Frankfurt 1968; P. v. Oertzen, Arbeiterbildung als kritisch-emanzipatirische Erwachsenenbildung, Hannover 1973; K. Ehlich, J. Hohnhäuser, F. Müller, D. Wiele, Spätkapitalismus — Soziolinguistik — Kompensatorische Spracherziehung, in: Kursbuch 24, 1971. Vgl. ferner M. Gronemeyer, Motivation und politisches Handeln, Hamburg 1976.
7 Vgl. dazu F. Vilmar, Strategien der Demokratisierung, v.a. Bd. II Modelle und Kämpfe der Praxis, Darmstadt, Neuwied 1973; C.R. Rogers, Lernen in Freiheit, München 1974; I. Illich, Entschulung der Gesellschaft, Hamburg 1973.

notwendigen Veränderungsprozesses geht. Wie ich bereits im 2. Abschnitt zur praxisverändernden Bildung ausführte, beginnt jeder auf Veränderung des Verhaltens zielende Bildungsprozeß mit der Artikulation der eigenen Interessen und Bedürfnisse. Auch politische Apathie kann nur überwunden werden in einem zunächst partikularen Prozeß der Konfrontation eigener Interessen und Bedürfnisse mit denen der Verwaltung, der Institutionen und auch des herrschenden Bewußtseins. Diese Lernschritte praxisverändernder Bildung von unten nach oben, die vielfach auch unter dem Stichwort der "Basisdemokratisierung" diskutiert werden, sind gerade für den utopischen Entwurf des angestrebten universalen, solidarischen Denkens und Handelns unaufhebbar. Wie mühsam und auch wie revolutionär sich solche Schritte ausnehmen, ließe sich bei dem Versuch testen, mit Initiativgruppen der zuvor genannten Abiturienten, mit Elternbeiräten der betreffenden Schulen oder auch mit Lehrergruppen die beschriebene schulische Situation zu verändern.[8]

Mit der Verwendung des Begriffs "Utopie" wird hier in Übereinstimmung mit der neueren sozialwissenschaftlichen Forschung der Versuch unternommen, den wissenschaftlich zweifelsohne problematischeren Ausgriff in die Zukunft vom ursprünglichen Wortsinn der "Utopie" zu stützen. Bereits in den großen Renaissance-Utopien des Thomas Morus, Campanella oder auch Bacon ging der Ausgriff in eine bessere Zukunft von der Erfahrung gegebener Mängel der gesellschaftlichen Verhältnisse aus, verbunden mit der Überzeugung, daß der Mensch zu einer Veränderung dieser Verhältnisse fähig sei. In der Neuzeit haben die sogenannten pessimistischen Utopien etwa von Orwell und Huxley die Vision des totalen Verlustes aller Freiheit ausgemalt. An die Stelle des Wunschbildes trat das Schreckbild, ein Vorgang, der, wie U. Hommes zu Recht betont, "sehr wohl zumindest auch typisch ist für die Erfahrungen des Menschen in der modernen Welt".[9] In der neuerlichen Verwendung des Begriffs "Utopie" durch die Sozialwissenschaften kommt, wie gesagt, der ursprüngliche Sinn wieder erneut zum tragen, und zwar zunehmend mit der Bereitschaft, auch seitens der Wissenschaft Mitverantwortung für die Zukunft zu übernehmen. Dies kann auch den sogenannten konkreten Utopien des totalen Friedens, der absoluten Freiheit und Gleichheit nicht abgesprochen werden. Aber aus der totalen Negation des Bestehenden ergibt sich nicht automatisch

8 Vgl. auch den kritischen Beitrag von H. Lander, Der Kindergartenbeirat — ein Kooperationsmodell. Feigenblatt oder ein Schritt zu mehr Demokratisierung? In: Sozialpädagogische Blätter, Nr. 1/1977, in dem die Probleme deutlich sichtbar werden, die sowohl auf Seiten der Eltern als auch der Verwaltungen auf den verschiedenen Ebenen bestehen, echte Mitbestimmung und Mitverantwortung wahrzunehmen. Vgl. ferner W. Dreier, Schlaglicht Brokdorf: Gefährdung der Zukunft durch chaotisches Wachstum, in: Image. Informations- und Diskussionsforum der kath. Hochschulgemeinde Würzburg, Nr. 28, 1976, S. 16 ff.
9 U. Hommes, Art. Utopie, S. 1573.

die Möglichkeit des Neuen. Im Gegensatz zu der hier entwickelten Position, politische Reformen machbar werden zu lassen, treten Negation und Glaube an die daraus resultierenden Möglichkeiten der revolutionären Umwälzung. Hommes stellt fest: "In dem Maße, wie die Utopie sich am Ideal des vollendeten Lebens bemißt, entfernt sie sich von der Chance ihrer Realisierung. Das Problem liegt danach in ihrem Bezug zur Geschichte. Nicht wie weit ein utopischer Entwurf über das Bestehende hinausgreift, ist das Entscheidende, sondern ob es überhaupt einen Weg dorthin gibt, aus dem Bestehenden selbst hinaus, ob es sich bei dem, was die Utopie präsentiert, also um eine geschichtliche Möglichkeit handelt, oder um das Ende der Geschichte". Der "Mut zur Utopie" praxisverändernder Bildung ist genau dadurch notwendig und bestimmt, was der Philosoph Hommes in diesem Zusammenhang erfragt: "Sollte es stimmen, daß das System der gegenwärtigen Gesellschaft sich nicht zuletzt dadurch auszeichnet, daß es allen grundsätzlichen Wandel zu unterbinden strebt, dann wird Kritik, die diesen Wandel sucht, sich in der Tat immer mehr utopisch ausnehmen". Die Utopie als Möglichkeit wird jedoch zur Notwendigkeit: "Der Fortschritt der Gesellschaft braucht die Utopie, weil die politisch-soziale Bewegung nicht nur auf realisierbare Nahziele geht, sondern sich im Ganzen artikulieren muß. Was der Begriff der Freiheit verheißt, wird nur dann einmal Wirklichkeit sein, wenn es zu der Zeit verkündet wird, da es noch unmöglich scheint. Das Bestehen der Utopie als Utopie ist so gesehen eine unerläßliche Voraussetzung dafür, daß wir dem, was sie gegenwärtig hält, überhaupt näherkommen können. Jede Kritik des Ganzen bedarf also des Vorblicks einer Utopie, die sagt, was einmal sein wird, d.h. wir brauchen die Fähigkeit aus dem gegenwärtigen Material der Erkenntnis etwas Neues erstehen zu lassen, brauchen die Einbildungskraft als Garanten der Freiheit inmitten vielfältig bedrängender Unfreiheit".[10] In diesem Sinne ist der "Mut zur Utopie" auch das Kriterium dafür, ob wir die geistige Kraft besitzen, das Ganze zu erfassen, d.h. die Möglichkeit einer solidarischen Zukunft zu entwerfen, auf die hin praxisverändernde Bildung den zwar langen und mühsamen, aber unverzichtbaren Weg der kleinen Schritte darstellt.

10 Ebd., S. 1575 f.

Literaturverzeichnis

Abbott L., Qualität und Wettbewerb, München und Berlin 1958.

Abele A., Mitzlaff St., Nowack W., Abweichendes Verhalten, Scheinerklärungen und praktische Probleme, Stuttgart 1975.

Adam H., Die konzertierte Aktion in der BRD, Köln 1972.

Amelang M. und Zaworka W., Lernziel Unsolidarität, in: Psychologie heute, 3. Jg., H. 5, 1976, S. 11 ff.

Badura F., Wirtschaftsverfassung und Wirtschaftsverwaltung, Frankfurt 1971.

Bäuerle A., Sozialarbeit und Gesellschaft, Weinheim 1976.

Becker H.S., Außenseiter. Zur Soziologie abweichenden Verhaltens, Frankfurt 1973.

Belardi N., Die vernachlässigte Beziehungs- und Erfahrungsebene in der Jugendbildungsarbeit, in: Deutsche Jugend, H. 23, 1975, S. 506 ff.

Bellebaum A./Braun H. (Hrsg), Reader: Soziale Probleme, Bd. I, Empirische Befunde, Frankfurt, New York 1974.

Bellebaum A./Braun H. (Hrsg.), Reader: Soziale Probleme, Bd. II, Initiativen und Maßnahmen, Frankfurt, New York 1974.

Benedict H.J., Schöne Worte jenseits der Fronten?, in: H.E. Bahr (Hrsg.), Weltfrieden und Revolution, Hamburg 1968, S. 168 ff.

Bennis G., The Planing of Change, New York 1966.

Bennis W.G., K.D. Benne, R. Chin, Änderung des Sozialverhaltens, Stuttgart 1975.

Berger P., Zur Dialektik von Religion und Gesellschaft, Frankfurt 1973.

Berger P., Luckmann, Th., Die gesellschaftliche Konstruktion der Wirklichkeit, Frankfurt 1969.

Beugen M. van, Agogische Intervention. Planung und Strategie, Freiburg 1972.

Blaich F. (Hrsg.), Wirtschaftssysteme zwischen Zwangsläufigkeit und Entscheidung, Stuttgart 1971.

Bleistein R. (Hrsg.), Kirchliche Jugendarbeit, Düsseldorf 1976.

Bleuel H.P., Alte Menschen in Deutschland, München 1972.

Blinkert B., Huppertz N., Der Mythos der Supervision, in: Neue Praxis, H. 2, 1974, S. 112 ff.

Bornstein M., Comparative Economic Systems, Models and Cases, Homewood 1969.

Bremme G., Freiheit und soziale Sicherheit, Stuttgart 1961.

Bress L., Hensel K.P., Wirtschaftssysteme des Sozialismus im Experiment, Frankfurt 1972.

Briefs G., Art. "Klassische Nationalökonomie" in: Handwörterbuch der Sozialwissenschaften, Bd. 6, 1959, S. 4 — 19.

Bühl W.L., Konflikt und Konfliktstrategie, München 1972.

Bundesminister für Arbeit und Sozialordnung, Übersicht über soziale Sicherung, 9. Aufl., Bonn 1974.

Busch M., Edel G. (Hrsg.), Erziehung zur Freiheit durch Freiheitsenzug, Darmstadt 1969.

Chazel A., Poyet J., L'Economie Mixte, Paris 1965.

Commoner B., Wachstumswahn und Umweltkrise, München 1971.

Coser L.A., Theorie sozialer Konflikte, Neuwied-Berlin, 2. Aufl. 1972.

Dahrendorf R., Soziale Klassen und Klassenkonflikte, Stuttgart 1957.

Deist H., Wirtschaft von morgen, Berlin 1959.

Dichter E., Strategie im Reich der Wünsche, Düsseldorf 1961.

Döpfner Julius Kardinal, Zur Zukunft der Menscheit und den Bedingungen für ein künftiges menschenwürdiges Leben, Bonn 1974.

Dröge I.W., Qualität des Lebens, Opladen 1973.

Dogmatische Konstitution des Zweiten Vatikanischen Konzils, "Lumen Gentium", in: Lexikon für Theologie und Kirche, Bd. II. Sp. 137 ff.

Dohrendorf E.M., Das Problem der Marktkonformität wirtschaftspolitischer Mittel, in: Jahrbuch der Sozialwissenschaft, H. 1, 1953, S. 22 ff.

Dreier W., Das Familienprinzip. Familienlastenausgleich, Großaufgabe des 20. Jhdt., Münster 1960.

Dreier W., Funktion und Ethos der Konsumwerbung, Münster 1964.

Dreier W., Heilsdienst als Sozialdienst der Kirche auf der Ebene der Gemeinde, in: H. Fleckenstein u.a. (Hrsg.), Ortskirche — Weltkirche, Festgabe für Julius Kardinal Döpfner, Würzburg 1973, S. 572 — 591.

Dreier W. (Hrsg.), Jahresprogramme und Jahresberichte der Akademie für Jugendfragen, Münster 1970 — 1977.

Dreier W., Sozialarbeit — Lückenbüßer der Leistungsgesellschaft. Hrsg. vom Dt. Caritasverband und Sozialdienst Kath. Männer, Freiburg 1972.

Dreier W., Raumordnung als Bodeneigentums- und Bodennutzungsreform, Köln 1968

Dreier W., Wirtschaftliche und soziale Sicherung von Ehe und Familie, Münster 1965.

Dreier W., Kümmel R. (Hrsg.), Zukunft durch kontrolliertes Wachstum, Universität Würzburg 1976.

Dreier W., Estor M., Risse H.Th., Zum Dienst der Kirche in der Leistungsgesellschaft, in: Emeis D., Sauermost B. (Hrsg.), Synode — Ende oder Anfang, Düsseldorf 1976.

Dreier W., Zur Reform des Familienlastenausgleichs, hrsg. vom Familienbund der deutschen Katholiken, München 1969.

Dreier W., Zur Situation von Ehe und Familie — sozialwissenschaftliche Analysen und Perspektiven, in: Berichte und Dokumente des Zentral Komitees des deutschen Katholiken, Bd. 22, 1974, S. 29 ff.

Dreier W., Die Rolle des Gefangenenseelsorgers in Kirche und Gesellschaft, in: Zeitschrift für Strafvollzug und Starffälligenhilfe, H. 4, 1976, S. 209 ff.

Dreier W., Schlaglicht Brokdorf. Gefährdung der Zukunft durch chaotisches Wachstum, in: Image. Informations- und Diskussionsforum der kath. Hochschulgemeinde Würzburg, Nr. 28, 1976, S. 16 ff.

Dreitzel H.P., Sozialer Wandel, Zivilisation und Fortschritt als Kategorien der soziologischen Theorie, Neuwied, Berlin 1972.

Dürr E., Neue Wege der Wirtschaftspolitik, Berlin 1972.

Ehrlicher W., Geldwert und öffentlicher Haushalt, in: Währung zwischen Politik und Wirtschaft, Stuttgart 1962.

Einsele H., Das Verbrechen, Verbrecher einzusperren. Strafvollzug der positiven Hinwendung, Düsseldorf 1970.

Ellwein Th., Politik und Planung, Stuttgart 1968.

Emeis D. und Sauermost B., Synode — Ende oder Anfang, Düsseldorf 1976.

Eppler E., Ende oder Wende, Stuttgart 1975.

Eppler E., Maßstäbe für eine humane Gesellschaft: Lebensstandard oder Lebensqualität, Stuttgart 1974.

Eppler E., Kein Recht auf Arbeit ohne mehr Solidarität, Auszug aus einer Rede, in: Frankfurter Rundschau vom 28.5.1975.

Eucken W., Grundsätze der Wirtschaftspolitik, Hamburg 1959.

Evangelisches Stadtjugendamt (verantw. M. Jürgens), Offener Brief, Frankfurt, März 1976.

Feger H., Beiträge zur experimentellen Analyse des Konflikts, Handbuch der Psychologie, Bd. 2, Göttingen 1965, S. 332 ff.

Fourastie J., Courthèoux J.P., Planifacation Economique en France, Paris 1968.

Freire P., Pädagogik der Unterdrückten, Hamburg 1973.

Friedländer W.A. (Hrsg. der amerikanischen Ausgabe), Pfaffenberger H. (Hrsg. der deutschen Ausgabe), Grundbegriffe und Methoden der Sozialarbeit, 2. Aufl., Neuwied, Berlin 1974.

Forrester J.W., Ist Humanität überholt? in: Bild der Wissenschaft, 11. Jg., H. 6. 1974, S. 82 ff.

Gäfgen G. (Hrsg.), Leistungsgesellschaft und Mitmenschlichkeit, Limburg 1972.

Galbraith J.K., Der amerikanische Kapitalismus im Gleichgewicht der Wirtschaftskräfte, Stuttgart, Wien, Zürich 1956.

Galbraith J.K., Gesellschaft im Überfluß, München, Zürich 1959.

Garaudy R., Die Alternative, Wien München, Zürich 1972.

Gareis B., Wiesnet E., Gefängniskarrieren, Innsbruck, Würzburg 1973.

Gareis B., Hat Strafe Sinn?, Freiburg 1974.

Geiger K., Rechtsformen der Wirtschaftslenkung als Mittel der franz. Planifikation, Berlin 1972.

Geißler U., Armut in Deutschland — eine Neue Soziale Frage? in: Sozialer Fortschritt, 3/76, S. 49 ff.

Geißler U., Armut, Sozialhilfe und Sozialpolitik, Zur Armutsdiskussion in der BRD, in: Theorie und Praxis der sozialen Arbeit, 8/76, S. 290 ff.

Gemper B., Die Zukunft des Wachstums, Düsseldorf 1973.

Giersch H., Allgemeine Wirtschaftspolitik, 1. Bd., Grundlagen, Wiesbaden 1960.

Giersch H., Demand Management (Globalsteuerung), Symposium des Instituts für Weltwirtschaft 1971, Tübingen 1972.

Glasser W., Identität und Gesellschaft, Weinheim, Basel 1974.

Gollwitzer H., Die kapitalistische Revolution, München 1974.

Golowin S. u.a., Grenzen der Leistung, Freiburg 1975.

Greiffenhagen M., Demokratisierung in Staat und Gesellschaft, München 1973.

Grieswelle G., Sozialarbeit, Pädagogik und Jugendstrafrecht, Stuttgart 1972.

Gronemeyer M., Motivation und politisches Handeln. Grundkategorien politischer Psychologie, Hamburg 1976.

Haavelmo T., Multiplier Effects of a Balanced Budget, in: Econometrica Vol. 13, 1945, S. 311 ff.

Habermas J., Legimitationsprobleme im Spätkapitalismus, Frankfurt 1973.

Habermas J., Erkenntnis und Interesse, Frankfurt 1968.

Hanf Th., Hättich M., Hillingen W., Vente R.E., Zwiefelhofer H., Sozialer Wandel, 2 Bde., Frankfurt 1975.

Harich W., Kommunismus ohne Wachstum?, Babeuf und der "Club of Rome", Reinbek 1975.

Hartfiel G., Die autoritäre Gesellschaft, 3. Aufl., Opladen 1972.

Hartfiel G., Einführung in Hauptprobleme der pädagogischen Soziologie, in: ders., Bildung und Erziehung in der Industriegesellschaft, Opladen 1973.

Heckhausen H., Das Leistungsprinzip in der Industriegesellschaft, Köln 1974.

Heierli U., Gefangenenarbeit und Resozialisierung, Zürich 1973.

Heilbronner R.L., Jagd nach Reichtum — Aus der Chronik der Habgier, Köln 1960.

Heimann E., Soziale Theorie der Wirtschaftssysteme, Tübingen 1963.

Hensen H., Die Finanzen der sozialen Sicherung im Kreislauf der Wirtschaft, Kiel 1955.

Höffner, J., Zehn Thesen zur Mitbestimmung, in: W. Schreiber und W. Dreier (Hrsg.), Joseph Höffner. Reden und Aufsätze, Münster 1966.

Höffner J., Der Hunger in der Welt, Köln 1975.

Hörning K.H., Ansätze zu einer Konsumsoziologie, Freiburg 1970.

Hommes U., Art. "Utopie", in: Handbuch philosophischer Grundbegriffe, Studienausgabe Bd. 6, München 1974, S. 1571 ff.

Horkheimer M., Die Funktion der Theologie in der Gesellschaft, in: P. Neuenzeit (Hrsg.), Die Funktion der Theologie in Kirche und Gesellschaft, München 1969, S. 222 ff.

Horn K., Zur Überwindung politischer Apathie, in: M. Greiffenhagen, Demokratisierung in Staat und Gesellschaft, München 1973, S. 209 ff.

Hoppmann E., Konzentrierte Aktion. Kritische Beiträge zu einem Experiment, Frankfurt 1971.

Hürter O., Soziale Konflikte und christliches Ethos, in: J. Gründel u.a. (Hrsg.), Humanum. Festgabe für R. Egenter, Düsseldorf 1972, S. 131 ff.

Jouhy E., Das programmierte Ich. Motivationslernen in der Krisengesellschaft, München 1973.

Junker J.P., Alter als Exil — Zur gesellschaftlichen Ausgrenzung des alten Menschen, Zürich/Einsiedeln/Köln 1973.

Käsemann E., Leib und Leid Christi, Tübingen 1933.

Kaiser J.H., Die Repräsentation organisierter Interessen, Bern 1956.

Kant I., Was ist Aufklärung? in: Gesammelte Schriften, Akademie-Ausgabe, Bd. 8, Berlin 1968.

Katholische Akademie Trier, Strafvollzug im Wandel, Seminarbericht 2. — 6. Juni 1975.

Katholische Akademie Trier, Strafvollzug — Öffentlichkeit ausgeschlossen? Beiträge und Materialien der Informationstagung für Journalisten und im Strafvollzug Tätige vom 17. — 19. Oktober 1975, Trierer Protokolle 3, 1976.

Katholische Akademie Trier, Strafvollzug — Stiefkind der Kirchen? Dokumentation, zusammengestellt am 9.11.1976, 3. Verb. Aufl. Trier 1976.

Katholisches-Soziales Institut der Erzdiözese Köln und Katholische Nachrichten-Agentur, Tod der katholisch-sozialen Bewegung? Dokumentation, Bad Honnef 1971.

Kirche im Strafvollzug. Einführung in die Seelsorgearbeit mit Strafgefangenen. Studientagung Würzburg 1974. Referate und Ergebnisse hrsg. von der Konferenz der katholischen Geistlichen bei den Justizvollzugsanstalten der Bundesrepublik mit Westberlin, Landsberg am Lech, o.J.

Klages H., Planungspolitik. Probleme und Perspektiven der umfassenden Zukunftsgestaltung, Stuttgart 1971.

Klee E., Prügelknaben der Gesellschaft, Düsseldorf 1971.

Klee E., Resozialisierung — Handbuch zur Arbeit mit Strafgefangenen und Entlassenen, München 1973.

Klee E., Der Schrotthaufen der Menschlichkeit, Düsseldorf 1976.

Kleiner U. (Hrsg.), Strafvollzug, Analysen und Alternativen, Mainz, München 1972.

Knowles M.S., Informal Adult Education, New York o.J. (1950); dt. zusammen mit Husén: Erwachsene lernen, Stuttgart o.J. (1963).

Krockow Ch.Graf von., Reform als politisches Prinzip, München 1976.

Kropff H.F.J., Angewandte Psychologie und Soziologie in Werbung und Vertrieb, Stuttgart 1960.

Krüger H., Interessenpolitik und Gemeinwohlfindung in der Demokratie, München 1976.

Krysmanski H.J., Soziologie des Konflikts, Hamburg 1971.

Kühn E., Kinder zwischen Leistung und Konsum, Tübingen 1972.

Küng E., Wohlstand und Wohlfahrt, Tübingen 1972.

Kunst H., Tenhumberg H., Soziale Gerechtigkeit und internationale Wirtschaftsordnung, München, Mainz 1976.

Lander H., Macht Supervision emanzipatorische Lernprozesse machbar? Macht/Gegenmacht und Partnerschaft als Dialektik der Supervision, in: Der Sozialarbeiter, Nr. 3, 1975, S. 1 ff.

Lander H., Der Kindergartenbeirat/ein Kooperationsmodell. Feigenblatt oder ein Schritt zu mehr Demokratisierung? In Sozialpädagogische Blätter, Nr. 1/1977, S. 15 ff.

Lander, H., Subjektive Aggression — ungleiche institutionelle Machtverhältnisse, in: Sozialpädagogik, 18. Jh., H. 6, 1976, S. 277 ff.

Lefringhausen K., Die gesellschaftliche Verantwortung der Theologie, in: Zeitschrift für Evangelische Ethik, 16. Jg., H. 5, 1972, S. 273 ff.

Lell J., Menne F. (Hrsg.), Religiöse Gruppen. Alternativen in Großkirchen und Gesellschaft, Düsseldorf, Göttingen 1976.

Lempert W., Leistungsprinzip und Emanzipation, Frankfurt 1971.

Lewin K., Die Lösung sozialer Konflikte, Bad Nauheim, 3. Aufl., 1968.

Lompe K., Gesellschaftspolitik und Planung, Freiburg 1971.

Mackenroth G., Die Reform der Sozialpolitik durch einen deutschen Sozialplan, in: Schriften des Vereins für Sozialpolitik, NF. Bd. 4, Berlin 1952, S. 40 f.

Marcuse H., Der eindimensionale Mensch, 5./6. Aufl., Neuwied und Berlin 1968.

Marcuse H., Das Ende der Utopie, in: ders., Psychoanalyse und Politik, Frankfurt 1968.

Marcuse H., Zum Begriff der Negation in der Dialektik, in: Ideen zu einer Kritischen Theorie der Gesellschaft, 3. Aufl., Frankfurt 1969.

Martineau P., Kaufmotive — neue Weichenstellung für Werbung und Kundenpflege, Düsseldorf 1959.

Mayer M., Madison Evenue. Verführung durch Werbung, Köln 1959.

Meadows D.L., Wachstum bis zur Katastrophe, Stuttgart 1974.

Meadows D.L. und D.H., Das globale Gleichgewicht, Stuttgart 1974.

Meadows D. u.a., Die Grenzen des Wachstums, Stuttgart 1972.

Menne F., Neue Sensibilität. Alternative Lebensmöglichkeiten, Darmstadt/Neuwied 1974.

Mergen A., Tat und Täter — Das Verbrechen in der Gesellschaft, München 1971.

Mesarovic M., Pestel E., Menschheit am Wendepunkt, Stuttgart 1974.

Metz J.B., Kirche und Welt im Lichte einer 'Politischen Theologie', in: ders., Zur Theologie der Welt, Mainz, München 1968.

Meyer-Dohm P., Sozialökonomische Aspekte der Konsumfreiheit, Freiburg 1965.

Michaelis W., Verhalten ohne Aggression? Versuch zur Integration der Theorien, Köln 1976.

Mitscherlich A., Die Idee des Friedens und die menschliche Aggressivität. Vier Versuche, Frankfurt 1974.

Molitor R., Zehn Jahre Sachverständigenrat zur Begutachtung der gesamtwirtschaftlichen Entwicklung, Frankfurt 1973.

Mollenhauer K. (Hrsg.), Zur Bestimmung von Sozialpädagogik und Sozialarbeit, Weinheim 1966.

Moltmann J., Gott in der Revolution, in: Feil E., Weth R. (Hrsg.), Diskussion zur 'Theologie der Revolution', München, Mainz 1969.

Moltmann J., Theologie der Hoffnung, München 1965.

Mommsen W., Deutsche Parteiprogramme, München 1960.

Moser T., Jugendkriminalität und Gesellschaftsstruktur, Frankfurt 1972.

Müller A.M.K., Die präparierte Zeit. Der Mensch in der Krise seiner eigenen Zielsetzungen, Stuttgart 1972.

Müller K.D., Jugend im Element der Lieblosigkeit, Neuburgweier, Karlsruhe 1973.

Müller-Armack A., Magna Charta der sozialen Marktwirtschaft, Heidelberg 1952.

Müller-Armack A., Soziale Marktwirtschaft, in: Handwörterbuch der Sozialwissenschaften, Bd. 9, 1956, S. 390 ff.

Müller-Armack A., Wirtschaftslenkung und Marktwirtschaft, Hamburg 1947.

Müller-Dietz H., Der Alternativentwurf eines Strafvollzuggesetzes und die Strafvollzugsreform, in: Vorgänge, 12. Jg. 1974, H. 7, S. 15 ff.

Müller-Dietz H., Seelsorge im Strafvollzug, in: Zeitschrift für Strafvollzug, Jg. 1970, S. 136 ff.

Müller-Dietz H., Sozialarbeit als zentrale Aufgabe der Strafrechtspflege, in: Bewährungshilfe, 20. Jg. 1973, S. 104 ff.

Müller-Dietz H., Straffälligenhilfe als gesellschaftliche Aufgabe, in: Archiv für Wissenschaft und Praxis der sozialen Arbeit des Deutschen Vereins für öffentliche und private Fürsorge, Frankfurt 1976, H. 1, S. 23 ff.

Müller-Dietz H., Strafvollzug und Gesellschaft, Bad Homburg, Berlin, Zürich 1970.

Müller-Dietz H., Strafzwecke und Vollzugsziel, Tübingen 1973.

Naegeli E., Die Gesellschaft und die Kriminellen. Strafreform als Gesellschaftsreform, Zürich 1972.

Naphtali F., Wirtschaftsdemokratie, Neudr. Frankfurt 1966.

Naschold F., Systemanalyse des Gesundheitswesens in Österreich. Eine Studie über Entstehung und Bewältigung von Krankheit im entwickelten Kapitalismus, 5 Bde. Wien 1975.

Nell-Breuning O. von, Wir, unsere Politiker, die Ölscheiche und das große Unrecht in der Welt, in: Publik-Forum, Sonderdruck zum Katholikentag 1974.

Nell-Breuning O. von, Worum geht es bei der Mitbestimmung? in: Stimmen der Zeit, Jg. 91/I, 1966, S. 266 ff.

Nell-Breuning, O. von, Zur christlichen Gesellschaftslehre, Wörterbuch der Politik, H. 1, 2. Aufl., Freiburg 1954.

Nemitz K., Sozialistische Marktwirtschaft, Frankfurt 1960.

Nitsche R., Das vergessene Alter. Im Abseits der Gesellschaft, München, Wien 1972.

Nussbaum H. von (Hrsg.), Die Zukunft des Wachstums. Kritische Antworten zum Bericht des Club of Rome, Düsseldorf 1973.

Oestreich G., Kinder zwischen Angst und Leistung, Freiburg 1975.

Packard V., Die geheimen Verführer — Der Griff nach dem Unbewußten in Jedermann, Düsseldorf 1958.

Packard V., Die große Verschwendung, Düsseldorf 1961.

Pastoralkonstitution des Zweiten Vatikanischen Konzils "Gaudium et spes", in: Lexikon für Theologie und Kirche, Bd. III, Sp. 241 ff.

Patterson G., Soziales Lernen in der Familie, München 1975.

Paul VI, Enzyklika "Populorum progressio", 1967.

Peacock A.P., The Economics of National Insurance, Edinbourgh, London, Glasgow 1952.

Peter H., Freiheit der Wirtschaft. Kritik des Neoliberalismus, Köln 1953.

Picht G., Mut zur Utopie, München 1969.

190

Pius XI, Enzyklika "Quadragesimo anno", 1931.

Pius XII, Enzyklika "Corpus Christi mysticum", 1947.

Plattel M.G., Der Mensch und das Mitmenschliche, Köln 1962.

Reiwald P., Die Gesellschaft und ihre Verbrecher, Frankfurt 1973.

Rias-Funk-Universität, hrsg. von Kurzrock R., Das Kind und die Gesellschaft, Berlin 1973.

Richardson J.H., Economic and Financial Aspects of Social Security, London 1960.

Richter H.E., Lernziel Solidarität, Hamburg 1974.

Riesmann D./Glazer N., Kriterien der politischen Apathie, in: Zimpel G., Der beschäftigte Mensch, München 1970, S. 114 ff.

Ritter H., Verrat an der sozialen Marktwirtschaft, Hamburg 1972.

Robinson T., The body, study in Pauline Theology, London 1952.

Rock M., Christ und Revolution, Augsburg 1968.

Rock M., Widerstand gegen die Staatsgewalt, Münster 1966.

Rogers C.R., Lernen in Freiheit, München 1974.

Röpke W., Die Gesellschaftskrisis der Gegenwart, Erlenbach-Zürich o.J.

Rollmann D. (Hrsg.), Strafvollzug in Deutschland. Situation und Reform, Frankfurt und Hamburg 1967.

Rosenberg M.J., Cognitive Structure and Additudinal Affect, in: Journal of Abnormal and Social Psychology, 1956, S. 367 ff.

Rossmann M., Lernen für eine neue Gesellschaft, Weinheim, Basel 1974.

Rüstow A., Das Versagen des Wirtschaftsliberalismus, 2. Aufl., Godesberg 1950.

Ruf A.K., Konfliktfeld Autorität, München 1974.

Ruthe R., Erziehung zur Aggressionsbewältigung, München 1973.

Scarbath H., Jugend als Veränderungspotential, in: Diakonia, H. 5, 1974, S. 305 ff.

Scharpf F., Demokratie als Partizipation, in: Greiffenhagen M. (Hrsg.), Demokratisierung in Staat und Gesellschaft, München 1973, S. 117 ff.

Schelsky H., Einsamkeit und Freiheit, Hamburg 1963.

Schelsky H., Der selbständige und der betreute Mensch, in: FAZ, Nr. 227 vom 29.9.1973, S. 11.

Schibilski M., Emanzipierte Sensibilisierung, in: Menne F. (Hrsg.), Neue Sensibilität, Neuwied 1974, S. 126 ff.

Schmidtchen G., Zwischen Kirche und Gesellschaft, Freiburg-Basel, Wien 1972.

Schmidtobreich B. (Hrsg.), Kriminalität und Sozialarbeit, Freiburg 1972.

Schreiber W., Existenzsicherheit in der industriellen Gesellschaft, Köln 1955.

Die Schule ist nur noch eine seelenlose Produktionsstätte von Zeugnissen, in: Berliner Rundschau vom 7.10.1976, S. 5.

Schur E.M., Abweichendes Verhalten und Soziale Kontrolle. Ettikettierung und gesellschaftliche Reaktionen, Frankfurt, New York 1974.

Seibel H.D., Gesellschaft im Leistungskonflikt, Düsseldorf 1973.

Senghaas D., Konflikt und Konfliktforschung, in: Kölner Zeitschrift für Soziologie und Sozialpsychologie, 21. Jg., H. 1 (1969), S. 31 ff.

Seydel E., Kirchliche Jugendarbeit. Freiraum und Konflikt, Stuttgart 1974.

Shaull R., Die revolutionäre Herausforderung an Kirche und Theologie, in: Appell an die Kirchen der Welt, hrsg. vom Ökumenischen Rat der Kirchen, deutsche Ausgabe bes. von H. Krüger, Berlin/Stuttgart o.J.

Shonfield A., Geplanter Kapitalismus, Köln, Berlin 1968.

Simmel G., Soziologie, München, Leipzig 1923.

Sölter A., Investitionswettbewerb und Investitionskontrolle, Köln 1973.

Sozialwissenschaftliches Institut der ev. Kirchen in Deutschland (Hrsg.), Lebensqualität — zur inhaltlichen Bestimmung einer aktuellen politischen Forderung, Wuppertal 1973.

Spiegelredaktion, Unterpriviligiert, Neuwied, Berlin 1973.

Steinkamp H., Paralysierte Strukturen. Kirchliche Jugendarbeit zwischen Systemzwängen und Selbstorganisation, in: Kirchliche Jugendarbeit, hrsg. von R. Bleistein, Düsseldorf 1976, S. 52 ff.; ders., Neue Akzente in der Kirchlichen Jugendarbeit, in: Kirchliche Jugendarbeit, Nr. 5, 1973, S. 77 ff.

Steinkamp H., Gruppendynamik und Demokratisierung. Ideologiekritische und sozialethische Studien zur empirischen und angewandten Kleingruppenforschung, mit einem Vorwort von Wilhelm Dreier, München, Mainz 1973.

Strickrodt G., Gutachtergremium — Bewährungsprobe der volkswirtschaftlichen Gesamtrechnung?, in: Der Betriebsberater, 7. Jg. 1962, H. 28.

Stuberger U.G., Frielinghaus V., Die Ausgeschlossenen Eingeschlossenen. Straffälligkeit und Strafvollzug, Stuttgart 1974.

Tautscher A., Die Wende in der Wirtschaftsentwicklung. Von den ökonomischen Quanten zum Quale des Menschen, Berlin 1975.

Tautscher A., Lebensstandard und Lebensglück, Berlin 1963.

Treiber H., Widerstand gegen Reformpolitik, Düsseldorf 1973.

Unsere Wirtschaft — Basis, Dschungel, Dogma? Marktwirtschaft in der gegenwärtigen Auseinandersetzung, hrsg. von der Landeszentrale für Politische Bildung Nordrhein-Westfalen, Köln 1973.

Vilmar F., Strategien der Demokratisierung, Bd. I: Theorie der Praxis, Bd. II: Modelle und Kämpfe der Praxis, Darmstadt und Neuwied 1973.

Walther Chr., Christenheit im Angriff, Gütersloh 1969.

Weisser G., Für oder gegen Marktwirtschaft — eine falsche Frage, 2. Aufl., Köln 1954.

Wickenhauser A., Die Kirche als der mystische Leib Christi nach dem Apostel Paulus, Münster 1937.

Wieczorek W., Erneute Warnung oder der II. Report an den Club of Rome, deutsch in: Aktuelle Ostinformation Nr. 3/4, 1975.

Wilhelm J., Einige Gedanken zur Supervision in Theorie und Praxis der Sozialarbeit, in: Neue Praxis, H. 2, 1975, S. 133 ff.

Willgerodt H., Die Krankheit unserer Wirtschaft. Nicht nur Kreislaufschwäche — eine Ordnungskrise, in: FAZ Nr. 182 vom 9.8.1975, S. 9.

Wolff J. (Hrsg.), Wirtschaftspolitik in der Umweltkrise, Stuttgart 1974.

Zeitschrift für Gesellschaftspolitik "Vorgänge", Kinderfeindlichkeit oder: Die Chancen einer wehrlosen Minderheit, H. 7, 12. Jg., 1974.

Zentralkomitee der deutschen Katholiken, Der Staat und die Grundwerte, Bonn-Bad Godesberg, Sept. 1976.

Ziele und Aufgaben kirchlicher Jugendarbeit, Beschluß der Gemeinsamen Synode der Bistümer in der Bundesrepublik Deutschland, in: Offizielle Gesamtausgabe, Freiburg 1976, S. 288 ff.

Zimpel G. (Hrsg.), Der beschäftigte Mensch, München 1970.

Zullinger H., Die Angst unserer Kinder, Stuttgart 1966.

Zullinger H., Umgang mit dem kindlichen Gewissen, Frankfurt und Hamburg 1969.

Stichwortverzeichnis

196

THEORIE UND PRAXIS DER SOZIALETHIK
Bd. 1
herausgegeben von Wilhelm Dreier

ZUKUNFT DURCH KONTROLLIERTES WACHSTUM

Naturwissenschaftliche Fakten – Sozialwissenschaftliche Probleme –
Theologische Perspektiven

Ein interdisziplinärer Dialog
herausgegeben von Wilhelm Dreier und Reiner Kümmel

in Zusammenarbeit mit
R. Allert, R. Kies, N. Klinger, J. Königshausen, H. Krenberger,
T. Möller, B. Plail, G. Reents, V. Waiz, G. Wolf

220 Seiten, DM 24,–. 1977

Das Ergebnis einer mehrjährigen interdisziplinären Forschungsarbeit, verbunden mit öffentlichen Lehrveranstaltungen an der Universität Würzburg, wird nunmehr auch einem
größeren Kreis von Interessenten aus der Jugend- und Sozialarbeit, der Erwachsenenbildung,
der Religionspädagogik und des schulischen Religions- und Sozialkunde-Unterrichts, der
politischen Meinungsbildung in Verbänden, Parteien und öffentlichen Medien, nicht zuletzt
für den weiteren wissenschaftlichen, auf Praxisveränderung gerichteten Dialog der drei
Club of Rome-Berichte zugänglich. Das von der Universität Würzburg – vom Institut für
Christliche Sozialwissenschaft und vom Physikalischen Institut – herausgegebene Manuskript
ist seit einiger Zeit vergriffen. Zum erstenmal wird hier aus dem erkenntnisleitenden Interesse CHRISTLICHER SOZIALETHIK der interdisziplinäre Versuch unternommen, den
unleugbaren Tatbestand gefährdeter Zukunft aufzugreifen und Wege zur Veränderung des
heutigen Wertbewußtseins und der damit dialektisch verbundenen politischen Strategie zum
Überleben in einer für alle Menschen lebbaren Welt aufzuzeigen.

„Können wir – das ist die drückend schwere Gewissensfrage, vor der wir stehen und die uns
dieses Buch vor Augen führt – das, was uns angesichts der Begrenztheit dieses Raumschiffs
,Erde‘ und seiner Vorräte an Energie und anderen Naturschätzen an Wachstumsmöglichkeiten überhaupt noch offensteht, zugunsten der unterentwickelten Länder ausnutzen, indem
wir Bewohner der fortgeschrittenen, industriell hochentwickelten Länder auf weiteres eigenes
wirtschaftliches Wachstum verzichten? Und wenn wir es können, sind wir dazu bereit?
Genauso, wie wir kein Patentrezept haben, um das Wettrüsten abzustellen und die Gefahr
eines dritten, mit Nuklearwaffen geführten Weltkrieges zu bannen, so haben auch die Mitarbeiter dieses Buches kein Patentrezept zur Lösung der Aufgabe, die sie sich gestellt haben
und uns stellen ... Zuerst aber kommt es darauf an, daß wir uns von ihr (der hier ange-
schnittenen Frage) betroffen fühlen. Wenn es den Herausgebern und Mitarbeitern dieses
Buches gelungen ist, diese Betroffenheit bei uns herzustellen, dann haben sie bereits Großes
geleistet."
                                                            Oswald von Nell-Breuning

VERLAG REGENSBERG MÜNSTER